教養としての中東政治

今井宏平
|編著|

ミネルヴァ書房

はじめに

本書の目的

中東に関する記事やニュースは毎日のようにネットやテレビで流れている。ただし、多くの日本人にとって中東は地理的にも心理的にもいまだに「遠い」地域である。中東の出来事はどこか他人事のようであるし、多くの場合、日本の生活に大きな影響を及ぼすこともない。また、中東の多くの人々が信仰するイスラームやイスラエルの人々の多くが信仰するユダヤ教も日本人にとって馴染みが薄く、彼らの信条を十分に理解できない。そのため、中東は難しい、複雑だ、わかりづらいという思考に陥りがちである。

読者の中にリジッドデニム（ノンウォッシュデニム、または生デニムとも言われる）を育てたことがある人はいるだろうか。リジッドデニムは買ったばかりはごわごわで固く、履くのが困難だ。しかし、中性洗剤でしっかり糊を落とし、短時間脱水して形を整え陰干しするとごわごわ感がかなり軽減される（ワンウォッシュ）。こうなるとあとはガンガン履いて体に馴染ませ、経年変化を楽しむだけだ。中東を理解するのはリジッドデニムを育てる作業と似ている。ユーズド加工されているデニム、洗っても縮まない洗練されたデニムも格好いい。しかし、自分で育てたデニムほどの愛着は湧かないし、体に馴染まない。それと同じで、わかりやすい事実だけを追うだけでは何も身に付かないだろう。中東を理解したり、他の地域と比較したりしようと努め、修練することで中東の事象がよりよくわかるようになる。

我々の仕事は大学生や社会人の方々のために、「中東はわかりにくい」というバイアスを洗い流すことである。そのうえで中東の政治をより深く分析するための基礎的な知識と方法を提供し、中東をより適切な形で理解してもらう。あとは日々起こる中東のニュースに関し、基礎的な知識と方法を利用し、各自で分析を重ね、知見を深めるとともにより良い分析の仕方を模索してもらうだけである。リジッドデニムの色落ちがそうであるように、同じ知識や分析の作法を学んでも読者の方々の分析の仕方は千差万別である。各自の最善の方法を見つけ出してほしい。

本書の特徴

本書の特徴の一つは、教科書としての一体性を出すため、すべての執筆者が各章に関与している点である。言い換えれば、本書は完全な共著となっている。

本書は中東の数あるトピックのなかでもその政治的現象をよりよく理解することを目指している。そのため、第3章以降は、まず政治学および国際関係論の概念や理論のエッセンスを紹介したうえでいくつかの事例を取り上げ、検証する。このスタンスは近年、日本の中東研究のなかでトレンドの一つとなりつつある「中東政治学」に沿ったものである。中東政治学は端的に言えば、社会科学の概念や理論を活用し、中東の政治現象を分析、比較するなかで一般化（generalization）を目指すという立場である。

日本の研究において、非西洋地域であるアジア、アフリカ、中東、ラテンアメリカなどはまず何よりもそうした地域に深く入り込み、その地域について深く知ること、理解することが重要とされてきた。これが日本で「地域研究」が発展し、現地語に精通する専門家が育成された背景であった。編者の今井が所属する日本貿易振興機構アジア経済研究所もそうした地域研究を牽引してきた研究機関の一つであり、「三現主義」（現地語・現地主義・現地調査）が重視されてきた。しかし、近年大きく二つの問題が生じている。一つは三現主義だけでは捉えられないトランスナショナルな、もしくはグローバルな現象が常態化してきているという現実である。二つ目に世界の研究潮流などを鑑みると、地域研究が盛んに行われている国や研究機関は少ない。研究の国際的競争力を上げるためにも「三現主義プラス α」が求められる時代となった（町北 二〇一〇）。言い換えれば、地域研究を政治学や国際関係論の枠組みから捉え直し、昇華させていくということである。地域研究が一方的に社会科学の下僕となるというわけではなく（酒井 二〇一八）、地域研究は重要な「問い」や仮説を導くために、また、社会科学の枠組みからはみ出すものや既存の概念では捉えられないものを明らかにする不可欠な要素である。

中東政治学に関しては、本書の執筆者の一人である末近が二〇二〇年に『中東政治入門』〔末近 二〇二〇〕を上梓している。本書『教養としての中東政治』はこれ一冊で完結した中東政治学の「教科書」であるが、『中東政治入門』とは兄弟・姉妹版のような立ち位置にあり、両者をあわせて読むことでより深い理解が得られるだろう。『中東政治入門』はハンディな新書で中東政治を理解することに焦点が当てられているのに対し、『教養としての中東政治』は教科書であり、中東政治を学ぶことにより焦点が当てられている。これまで中東政治学の教科書としては酒井啓子編『中東政治学』〔酒井 二〇一二〕が先駆的であった。『中東政治学』と本書の違いは、その焦点の当て方である。『中東政治学』は中東の国家を中心に説明がなされており、その行動を説明するために政治学の概念が使用されている。本書は逆に、まずは政治学の概念に焦点を当て、中東の諸国家をその概念の説明のために使用している。

また、歴史的な説明に関しては第1章で概観するに留めているが、これは歴史的に中東政治を理解することを軽視しているわけではない。例えば、編者の今井も中東やトルコを歴史的に記述した教科書から多くを学び(1)、トルコに関する政治史の一般書も執筆している(2)。ただし、繰り返しになるが、本書は社会科学の枠組みから中東の政治を説明する教科書なので、歴史的なアプローチは極力控えた。パズルを組み立てるときのことを考えてみよう。ある人はパズルのなかの絵柄から組み立て始めるだろう。また、ある人はパズルの外枠から組み立てるかもしれない。要するに、どのような方法で中東の理解を深めていくかの違いであり、本書は歴史アプローチをとる教科書と組み合わせるとより効果を発揮するだろう。

また、中東政治を深く理解するためにはアラビア語、トルコ語、ペルシャ語、ヘブライ語といった現地語の習得も必須である。語学に関しては、コロナ危機後、オンラインで学ぶことができる機会が増えている。現地に行くことが以前ほど容易ではなくなっているが（二〇二一年一〇月現在）、オンラインで学びの機会が増えたことをチャンスと考え、社会科学の知識、歴史学の知識とともに研鑽を積んで頂きたい。

本書の構成

本書は第Ⅰ部と第Ⅱ部からなる。それに先立って、序章では中東という概念の成り立ち、中東における主権国家の特徴、そして中東と他地域の国々の相違点について確認する。

第Ⅰ部では、中東政治を学ぶうえで基礎となる概念や歴史について学んでいく。第1章では中東の歴史について概観する。特にオスマン帝国末期からの時期に焦点を当てる。そして第2章では中東における鍵概念の一つであるイスラームおよびその政治的な利用とも言えるイスラーム主義について要約する。

第Ⅱ部では、政治学および国際関係論の概念、方法論、理論から中東の諸事象を分析するスタイルを採る。ただし、分析結果の提示に重きを置く章もあれば、分析方法に重きを置く章もある。特にレンティア国家を扱った第6章は後者の傾向が強い。それでは内容について概観していきたい。まず、第3章では中東の政治体制に関して、なぜ中東諸国に権威主義体制が多いのか、という問いを立て、権威主義の概念について学んだうえで事例検証を行う。第4章では政党や選挙に関してたびたび指摘されてきた「中東例外論」を排したうえで、中東における選挙の持つ意味をさまざまな事例から検討する。第5章では政治の暴力装置である軍と治安組織に関して、クーデタとコオプテーション（抱き込み）を中心に検証し、その政治的役割の変遷を明らかにする。第6章では湾岸産油国で見られるレンティア国家――レント収入に依存する国家――について、計量政治の方法論を紹介しつつ、その実態を明らかにする。第7章ではある国家に存在する既存の制度の外部で展開される制度外政治、具体的にはデモや抵抗運動といった社会運動に関して、さまざまな事例を交えて検討する。第8章では武力紛争、特に国家内部で起こる内戦に関して、その発生要因は何かという問いを立てて中東の事例を説明する。第9章では中東域内外からの外部介入の事例を国際関係論の枠組みを軸に検討する。第10章では移民／難民に関してまず諸理論をまとめたうえで、それを中東の事例に応用し、インプリケーション（そこから明らかになり、他の事例にも適用できるポイント）を導き出す。

もちろん、本書で扱った事例はほんの一部にすぎない。また、概念や理論に関しても取り上げられなかったものは多数ある。本書の方法論や概念をより深めたり、それを手掛かりにそれ以外の方法論や概念を模索したりしていってほしい。そのうえでさまざまな事例をさらに検討していってもらいたい。現在の世界はさまざまな情報にあふれているが、それらをどのように取捨選択し、分析していくかの方法は確立されていない。本書がそうした方法を獲得するための一助になれば幸いである。

今井宏平

注

（1）例えば、永田雄三・加賀谷寛・勝藤猛『中東現代史Ⅰ』山川出版社、一九八二年；佐藤次高編『西アジア史〈1〉アラブ』山川出版社、二〇〇二年；永田雄三編『西アジア史〈2〉イラン・トルコ』山川出版社、二〇〇二年。
（2）今井宏平『トルコ現代史』中央公論新社、二〇一七年。

参考文献

酒井啓子「終わらない国際政治学と下僕ではない地域研究のために——中東地域研究が提示するもの」葛谷彩・芝崎厚士編『「国際政治学」は終わったのか——日本からの応答』ナカニシヤ出版、二〇一八年、八九〜一〇七頁。

酒井啓子編『中東政治学』有斐閣、二〇一二年。

末近浩太『中東政治入門』ちくま新書、二〇二〇年。

町北朋洋「温故知新——途上国研究のわすれもの・新しい架け橋」『アジ研ワールド・トレンド』一七九巻、二〇一〇年、二〜三頁。

教養としての中東政治　目次

はじめに

序　章　中東概念と中東諸国家の成立と特徴……1
1　中東という概念はどのように生まれたか……2
2　現代中東の成立……7
3　中東における主権国家の特徴……9
4　中東地域固有の特徴とは何か……12
5　中東概念と中東諸国のイメージ……16

第Ⅰ部　中東政治を眺める

第1章　中東の現代史……21
1　一九〇八年：トルコ・ナショナリズムの顕在化……22
2　一九二〇年：アラブ諸国の独立と委任統治の誕生……26
3　一九四八年：中東戦争の勃発とイスラエルの独立……27
4　一九七九年：イラン革命とソ連のアフガニスタン侵攻……32
5　一九九五年：中東和平への希望とその崩壊……35
6　二〇〇三年：イラク戦争とアメリカのイラク駐留……37
7　二〇一〇年末～二〇一一年：「アラブの春」……39

8 中東現代史の特徴……40
コラム① ナショナリズム……23
コラム② バアス党……29
第2章 イスラームとイスラーム主義……43
1 現代中東における政教関係とイスラーム主義……44
2 イスラーム主義の誕生と発展……47
3 現代中東政治とイスラーム主義……53
4 イスラーム主義者のジハード論……58
5 研究課題としてのイスラーム主義……62
コラム③ イスラーム主義者／運動を理解するには？……46

第Ⅱ部 中東政治を分析する

第3章 権威主義体制の成立と持続……69
1 権威主義体制とは何か……70
2 権威主義体制の成立の要因……73
3 権威主義体制の持続……76
4 中東の権威主義体制に関する今後の研究課題……85

第4章　選挙と政党……89

1　中東政治における選挙と政党……90
2　クライエンティリズムと政策プログラム……92
3　クライエンティリズムの事例……93
4　政策プログラムの事例……97
5　クライエンティリズムと政策プログラムの混合事例……102
6　選挙・政党研究に対する中東政治の貢献……105
コラム④　リクード……99
コラム⑤　中東選挙研究のためのデータセット……103

第5章　政治と暴力……113

1　従来の政軍関係研究……114
2　公的な暴力装置の役割……115
3　国家運営における軍……121
4　非公式の暴力組織……125
5　国内統治をめぐる国家と非合法武装勢力の相克……127
6　コオプテーション……129
7　中東における暴力装置研究の課題……133

第6章　レンティア国家——計量分析の視点から—— 137
1　レンティア国家論とは何か 138
2　レンティア国家論と「石油の呪い」研究 140
3　数値データから傾向を読み解く 142
4　回帰分析の方法 148
5　レンティア国家研究の今後の発展に向けて 156
コラム⑥（中東）地域研究にRを使う 155

第7章　制度外政治 163
1　鍵となる制度内政治との関係 164
2　権威主義体制下の制度外政治 166
3　民主主義体制下の制度外政治 170
4　外国軍による占領下の制度外政治 173
5　制度外政治の今後の研究課題 177

第8章　武力紛争 181
1　紛争の多い中東 182
2　貧困や資源なのか、民族・宗派なのか？ 187
3　国家の統治能力と政治体制の問題 192

4 中東政治における紛争研究の課題……197
コラム⑦ 多極共存型民主主義……195

第9章 外部介入……203
1 国際関係論の分析枠組みの概要……204
2 外部介入のメカニズム……205
3 事例分析……213
4 中東における外部介入の課題と今後……218
コラム⑧ 中東諸国における世論調査……211

第10章 人の移動……223
1 移民／難民研究をめぐる理論と研究の展開……224
2 移動の促進要因としての紛争、石油、宗教……227
3 統合されない移民／難民とエスノクラシーの論理……233
4 中東における移民／難民研究の課題……236

おわりに……243

索引

序章　中東概念と中東諸国家の成立と特徴

この章で学ぶこと

本章では中東という言葉の意味について再検討したうえで、中東における主権国家のあり方について概観する。中東は危険である、そしてよくわからないといった不満をよく拝見するが、中東での問題は中東諸国の国内や域内だけで起こってきた／起こるものではない。域外からの大国の介入がその根底にある場合が多い。そもそも「中東」という概念自体が中東域内から発生したものではなく、西洋諸国によるものである。中東の政治や社会が現代世界の縮図と言われることがあるが、これは中東域外および域内での大国の対立が中東での事件に反映されることが多いためである。シリア内戦などが代表的な例だが、イエメン内戦もサウディアラビアとイランの代理戦争と言われるし、リビア内戦もトルコやカタルとエジプト、アラブ首長国連邦、サウディアラビアの代理戦争の様相を呈している。

また、本章では中東における主権国家の特徴についても概観する。中東の主権国家は国内の統治能力が脆弱で、対内的に至高の権力とされる主権国家の特徴を持ち合わせていない「弱い国家」が比較的多い。また、弱い国家のなかでも国内の秩序がとれていない国家は「失敗国家」とされ、リビア、シリア、イエメンといった内戦中の国々はそれに当たる。地域機構の不在、そして域内のトランスナショナリズムも中東地域の主権国家間の関係の大きな特徴である。

最後に、都市化、インターネット普及率、経済的豊かさ、民主主義の度合いという四つの項目から中東地域固有の特徴をあぶり出したい。

1　中東という概念はどのように生まれたか

中東という言葉をメディアで見たり、聞いたりしない日はほとんどない。紛争、テロといった政治にかかわるニュース、石油、油価などを扱う経済のニュース、ハラール食品、イスラーム教徒（ムスリム）の生活といった文化にかかわるニュースなど、多岐にわたって中東が取り上げられている。しかし、学校教育の場でこの言葉を見聞きすることはほとんどなかったのではないだろうか。

例えば、高校の地理の教科書を見てみると、中東と呼ばれる地域は、「中央アジア・西アジア・北アフリカ」としてくくられている（帝国書院 二〇一八）。また、世界史の教科書では、時代によってさまざまな呼び名が与えられている。古代について取り上げている章では、「古代オリエント世界」という呼称が用いられているが、中世を扱う章では、「イスラーム世界」、「トルコ・イラン世界」と呼ばれている。そして、近代を扱う章では、「西アジア」という呼称となっている。「中東」という言葉でこの地域を呼ぶのは、現代を取り扱う章だけである（山川出版社 二〇一七）。

このような世界史での呼称の変更は、「中東」という言葉を理解するうえで重要なポイントである。「中東」は、英語の「Middle East」の訳語なのだが、この言葉が作り出され、一般的に使われるようになったのは現代になってからだからである。西欧において、この地域は長らく「オリエント」（Orient）、つまり「東洋」「東方」という名前で呼ばれていた。それが、時代の変化のなかで、徐々に「Middle East」という言葉にとって代わられていったのである。

その起点となったのは、近代化を実現した西欧諸国が世界を席巻することになる一九世紀のことである。西欧諸国は、インド、中国（あるいはアフリカ大陸）へと進出、勢力を拡大する一方、その進路に立ちはだかっていたオスマン帝国を弱体化させ、その支配地を浸食していった。こうしたなかで、「オリエント」として認識されていた西欧諸国の東に位置する広大な地域は、隣接する東方を意味する「近東」（Near East）、大航海時代以来、西欧諸国が到達点として目指していたインド以東は「極東」（Far East）という言葉で呼ばれるようになった。「中東」は、「近東」と「極東」の間に位置する曖昧な空間として認識された。

このうち極東に対して、西欧諸国は、アフリカ大陸に対するのと同じく植民地化を試みた。一方、近東を支配していたオスマン帝国に対しては、東方問題アプローチとでも言うべき干渉政策がとられた（第9章参照）。

「東方問題」（Eastern Question）は、広義にはオスマン帝国成立以降の西欧諸国と同帝国の外交問題を指す。だが、一般的にこの言葉は、ギリシャ独立戦争（一八二一～二九年）、聖地エルサレム管理問題（一八二一～二九年）、クリミア戦争（一八五三～五六年）、ロシア・トルコ戦争（一八七七～七八年）といった、近代の西欧諸国、ロシア、オスマン帝国の対立関係を指す言葉として用いられる。これら一連の外交問題、紛争に通底している西欧諸国の戦略が東方問題アプローチであり、それは、さまざまな民族・エスニック集団、宗教・宗派集団が共存していた世界帝国の多様性に着目、その一部を後援・優遇することで、これらの集団間の亀裂を助長し、帝国を分断し、弱体化させようとすることを特徴とした。

「中東」は、東という方向を意味する言葉を含んではいるものの、地理に立脚して概念化されたものではなく、東方問題という政治的意図のもとに作り出された概念なのである。

とはいえ、あるいはそれゆえに、曖昧な空間として作り出された「中東」という言葉が指す場所は、西欧諸国のその時々の外交目標によって決定され、その範囲は柔軟、かつ恣意的に変化し得るものだった。

「中東」という言葉が一般的に用いられるようになったのは、クリミア戦争期だとされる。このとき「中東」は、一方でロシアの南下政策に対抗し、他方でインドと中国を勢力下に置こうとする英国など西欧諸国の植民地化政策のなかで概念化された。英国の学者トーマス・テイラー・メドーズ（Thomas Taylor Meadows）が一八五五年に『タイムズ』紙に宛てた手紙のなかで、「オリエント」を「近東」「極東」「中東」に分けたうえで、「近東」を東方問題の主戦場であるバルカン半島とオスマン帝国領を指す言葉、「極東」をその後英国が植民地化することになるインドとその以東地域（中国）を指す言葉として用いた。「中東」は西欧諸国が植民地化を目指す二つの間に拡がる地域、つまり政治的、経済的に重要度が低い地域として定義された。

「中東」に政治的、経済的な重要度が付与されるようになったのは二〇世紀初頭だった。背景には、一八七六年にドイツのニコラウス・オットー（Nikolaus A. Otto）がガソリン・エンジンを発明し、一八八五年に米国のゴットリーブ・ダイムラー（Gottlieb W. Daimler）が特許取得するなど、モータリゼーションの時代が到来したことで、石油の需要が高まったためであった。西欧諸国に加えて米国が、すでに石油の埋蔵が確認されていたアラビア湾（ペルシャ湾）岸地域の安全保障を確保し、政治的、経済的な影響力を拡大する必要を認識するようになった。こうしたなか、『海上権力史論』で有名な米海軍戦術家のアルフレッド・タイラー・マハン（Alfred Thayer Mahan）は一九〇二年に『ナショナル・レビュー』誌で発表した論考「ペルシャ湾と国際関係」（The Persian Gulf and International Relations）で、「これまで見ることがなかった『中東』という用語を使うなら」という表現で、アラビア湾を「中東」と呼んだ。

また、英国人記者のヴァレンタイン・イグナティウス・チロル（Valentine Ignatius Chirol）は一九〇三年に『中東問題』（*The Middle East Question*）という著書を出版し、マハンの概念を拡大解釈した。チロルによると「中東」とは、インドを植民地とし、中国を従属させることに成功した英国が次に勢力下に置くことを狙っていたアラビア湾、イラク、アラビア半島、アフガニスタン、チベットを指した。

「中東」が指す場所はその後も変化を続けた。第一次世界大戦（一九一四〜一八年）さなかの一九一六年、英国、フランス、ロシアが大戦後のオスマン帝国の分割について交わした秘密条約のサイクス・ピコ協定の起草に際して、英国の代表であるマーク・サイクス（Mark Sykes）は、「中東」を分割の対象となるオスマン帝国の領土（図序-1参照）を指す言葉として用いた。

第一次世界大戦終結から三年を経た一九二一年、当時の植民地大臣だったウィンストン・チャーチル（Winston Churchill）は、植民地省内に中東課（Middle East Department）を新設した。中東課が所轄した英植民地・委任統治領、つまり「中東」は、スエズ運河、シナイ半島、アラビア半島、イラク、パレスチナ、トランスヨルダンとされた。なお、そもそもオスマン帝国領（そしてバルカン半島）を指していた「近東」は、帝国の崩壊とともに、使用頻度が低下し、「中東」にとって代わられた。「近東」は「中東」の同義語として認識されたり、「中近東」（Near and Middle East）と併置されたりするようになった。

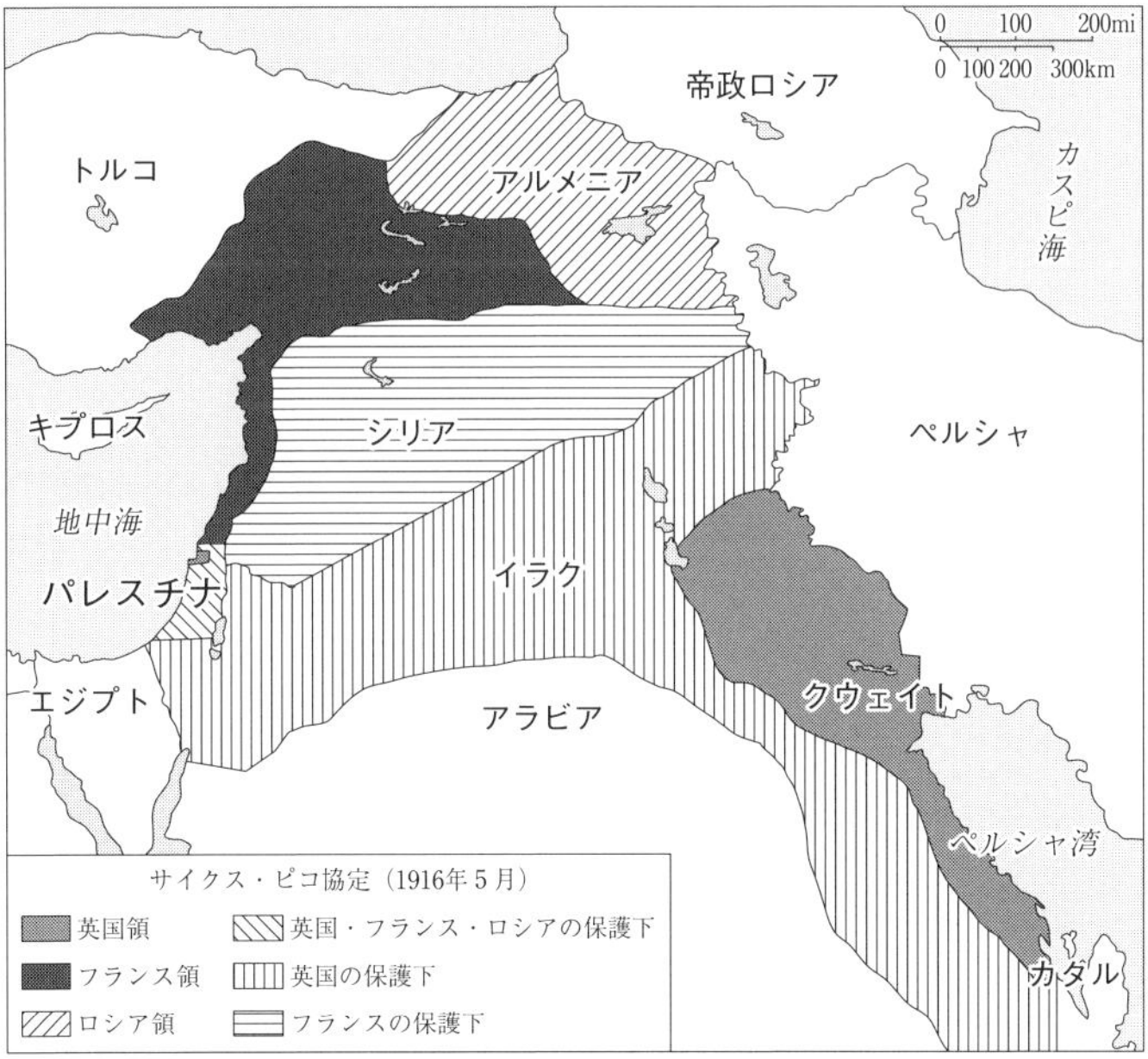

図序-1　サイクス・ピコ協定における「中東」
出所：Encyclopædia Britannica.

このように、「中東」というのは、オスマン帝国崩壊に伴う政治的再編、西欧諸国によるアラビア語圏の分割に伴って次第に定着した。これに関して、シリア人の国際政治学者アナス・ラヒーブ（Anas al-Rahib）は二〇一八年に執筆した『中東の国際政治――占領の一〇〇年』のなかで、「中東」というエスニック色、地理性のない言葉が用いられるようになったのは、この地にとってまったく異質なイスラエルという国家を存立させ、既成事実化する布石となったと指摘している。

「中東」は、二〇世紀半ば以降は、世界をリードすることになる米国の政治的思惑のもとで変容を続けた。米国（国防総省）が当初（一九五八年）、「中東」（そして「近東」）に含まれる国としたのは、エジプト、シリア、イスラエル、レバノン、ヨルダン、イラク、サウディアラビア、クウェイト、バハレーン、カタルだった。

だが、ジョージ・W・ブッシュ政権は、九・一一事件（二〇〇一年）をきっかけとして、「テロとの戦い」と「民主化」を両輪とする好戦的な外交政策を推し進め、二〇〇一年にはアフガニスタン、二〇〇三年にはイラクを武力で体制転換させると、「中東」にも新たな意味を与えるようになった。二〇〇四年、同政権は、「拡大中東」（Greater Middle East）を提起し、同地での民主主義の推進・拡大を目指すと提唱したのである。この「拡大中東」には、北アフリカ、西アジア、アラビア半島、コーカサス（アルメニア、アゼルバイジャン、ジョージア）、中央アジア、アフガニスタン、パキスタンが含まれた。

また、コンドリーザ・ライス国務長官（当時）は二〇〇六年、「新中東」（New Middle East）を提唱した。[1] これは同年に発生したレバノンのヒズブッラーとイスラエルの武力紛争、レバノン紛争を受けたもので、「新中東」はイラク戦争（イラク復興）、ヒズブッラーとの戦い、シリア・バッシング、イラン封じ込めを通じて生じる「建設的カオス」とその結果として再編されるべき地域とされた。

中東の国々はこうした西洋諸国の「東方問題」による介入に悩まされてきた。特に域内大国と見なされるエジプト、サウディアラビア、イラン、トルコはその傾向が強かった。それではこうした国々が中東の中心かというと一概にそうとは言えない。一九七〇年代末から衰退の一途を辿っているが、アラブ・ナショナリズムも中東の核の一つである。このアラブ・ナショナリズムの中心は「アラブの心臓」とも呼ばれる東地中海地域、イラク、シリア、レバノン、パレスチナ、ヨルダン、エジプトである〔青山 二〇一四〕。非アラブ国家であるイスラエル、イラン、トルコはここには含まれない。また、一九四五年に設立されたアラブ連盟は、原加盟国がエジプト、シリア、イラク、ヨルダン、レバノン、サウディアラビア、イエメンであり、その後、リビア、スーダン、モロッコ、チュニジア、クウェイト、アルジェリア、アラブ首長国連邦、バハレーン、カタル、オマーン、モーリタニア、ソマリア、パレスチナ、ジブチ、コモロが加盟した。

ここまで中東の概念の成り立ちについて述べてきた。現在、中東として理解されているのはアラブ諸国（アラブ連盟加盟国）にイスラエル、イラン、トルコを核とする地域である。これまで述べてきたように、中東の境界はあいまいであり、人為的、作為的に決められてきた。アフリカ大陸に位置する国々を中東に区分すべきかは難しい問題だが、ここではひとまず中東に含めておきたい。言語と文化をもとに中東を定義すると、トルコ語圏のコーカサス（アゼルバイジャン、ジョージア、アルメニア）、そしてイラン語圏のアフガニスタンも中東に含まれることになるだろう〔臼杵 二〇一二〕。いずれにせよ重要なのは、中東とは他者によって決められた、作為的であいまいな概念であるということである。

2　現代中東の成立

中東という言葉の成り立ちからも明らかな通り、この地域の現状は西洋近代との接触の結果として形成された。ここでいう西洋近代（ないしは近代西洋、あるいは近代性）とは、経済における資本主義（生産様式とそれに付随する大量生産、大量消費、階級関係）、政治における近代国家（およびそれを支える高度な官僚機構、国民によって構成される国軍）、そして思想面における合理主義を指す。

中東における近代西洋との接触の起点となったのはナポレオンによるエジプト征服とされる。この事件を機に、その後中東と呼ばれる地域の為政者や有識者は、西欧列強の先進性に対して、一方であこがれの念を抱き、自らの後進性を克服するためにその模倣を試み、他方でその圧倒的な力に脅威を抱き、自らの独自性（authenticity）を追求するため、これを称揚しようとした。

近代化と呼ばれるこうした動きは、何よりもまずこの地域を治めていた国家によって推し進められた。オスマン帝国によるタンジマート、エジプトのムハンマド・アリー朝による近代化政策などである。こうした動きと並行して、社会の側からも近代化への試みがなされた。社会と言っても、それは市井の人々ではなく、西欧への留学経験を持ち西洋近代に直に触れた有識者たちを指す。彼らは、「優れた西洋に対する劣った自分たちは何者なのか」という問いから始め、自らが劣っている理由、そして後進性を克服する術を探した。

アイデンティティを再考するこの思索において、自らをムスリムと認知することもあれば、トルコ人やアラブ人と認知するもあったが、いずれにしてもその後進性の原因が自身の独自性に求められることはなかった。遅れているのは、独自性そのものに問題があるのではなく、独自性と近代性を両立させることに失敗しているからだと解釈された。自らをムスリムと認知する有識者にとって、独自性とはイスラーム教であり、アラブ人、トルコ人などと認知する有識者にとってそれはおおむね母語であるアラビア語、トルコ語だった。

イスラームと近代性の両立を目指す思索的営為はほどなく宗教ナショナリズム（イスラーム主義）に、言語の近代化を目指す営為は言語ナショナリズム（アラブ・ナショナリズム）にそれぞれ発展し、そのいずれもがムスリム、あるいはアラブ人やトルコ人を成員とする（統一）近代国家の建設を目指すようになった。例えば、言語ナショナリズムに関しては、アラブ・ナショナリズム、トゥラニズム、宗教ナショナリズムに関してはイスラーム主義がある。加えて、自然地理的な領域区分に基づくナショナリズムとして地理ナショナリズムもあり、その代表がシリア・ナショナリズムなどである。

だが、今日中東と呼ばれる地域を見回すと、こうした近代化の結果として発展を遂げた、ないしは建設された国が（ほとんど）ないことに気づく。なぜなら、この地域は自発的な近代化を実現する前に、西欧列強の政治的、経済的な従属のもとに置かれたからである。西欧列強の植民地、あるいは委任統治領（第1章参照）となったこの地域は、この間に恣意的に分断され、その後独立することになる。それがアラブ諸国やイスラエルからなる今日の中東諸国家群である。だが、恣意的分断は「東方問題アプローチ」の肝であり、中東諸国はその成立とともに、西欧、そして二〇世紀以降は米国の政治的意図（介入の口実）を埋め込まれることになったのである。

近代化という点で西洋のやり方を全面的に受け入れ、自国にも適用しようとしたのがトルコとイランである。トルコは初代大統領、ムスタファ・ケマル（アタテュルク）が西洋をモデルに徹底した世俗主義国家を目指した。また、イランのシャーも西洋をモデルとした国家建設を試みた〔Atabaki 2007〕。

しかし、西洋化を目指した近代化に着手したイランとトルコも、のちにバックラッシュを経験している。イランでは一九七九年のイラン革命を経て近代化の試みは水泡に帰し、今や反西洋、反米国家となっている。一方のトルコも世俗主義は国民の九九%がムスリムという現実を無視した政策の強要という側面があり、その反動が一九九〇年代以降の親イスラーム政党の躍進、特に二〇〇二年一一月以降の公正発展党の人気を支えている。

3　中東における主権国家の特徴

中東における基本的なアクターは世界の他の地域と同様に主権国家である。主権国家にはさまざまな定義があるが、国際関係論や政治学における主権国家の構成要素の最小公約数として指摘されるのは、①明確な領域、②恒久的住民、③政府もしくは主権の存在（対内主権）、④他国からの承認および他国と交渉できる外交能力（対外主権）、⑤一定の領域内での暴力装置の独占、およびそれに基づく国家の物理的な力の行使による国内秩序の安定である。

中東において、この主権国家の構成要素はしばしば侵害されることがある。中東における国家はこの五つの要件を満たしているが、「弱い国家」（weak state）だと指摘される国も多い。弱い国家とは、対外的には独立しており、国際的な承認も得ているが、対内主権、すなわち対内的に至高の権力という点に問題を抱えている国のことを指す。ロバート・ジャクソンの言葉を借りれば、こうした諸国は多くのアフリカ諸国と同様、「疑似国家」に当たる〔Jackson 1990〕。

その背景には、中東における主権国家の多くが西欧列強の帝国主義の産物である点、中央から遠い砂漠や山間部などの領土を完全に掌握できていない点、非国家主体が暴力装置を有したり、他国の政府と結びついたりすることで力を持っている点などが指摘できる。中東において非国家主体は各国政府の統治能力の不十分さも相まって、存在感を高めている。第7章の制度外制度のところで詳細を扱うが、ムスリム同胞団、ヒズブッラー、ハマース、クルディスタン労働者党（PKK）、「イスラーム国」（IS）に至るまで、中東においては主権国家を脅かすほどの軍事力や影響力を持つ非国家主体が多い。この非国家主体が各国政治および中東秩序に与える影響の大きさは中東政治の特徴と言えるだろう。

弱い国家は域外大国の介入、絶対的指導者の失脚、非国家主体の反乱などによって、暴力が持続化する、政府の統治能力が失効する、政府以外の組織が国家の一部を統治する、といった「失敗国家」となる可能性を大いに秘めている。事実、イラク戦争後のイラクや、「アラブの春」後のリビアやシリア、そして終わりが見えない内戦に突入したイエメンなどはその事例である。

表序-1　日本および主な中東諸国の指標

（人口は100万人，軍事予算は100万ドル，2020年のデータ）

国名／項目	人　口 （人口成長率）	平均年齢	軍事予算 （GDP 比）	人間開発指数 （順位）[1]	破綻国家指数 （順位）[2]
日　本	124,687 （−0.37%）	48.6	49,149 （1.0%）	0.919 （19）	32.2 （161）
アフガニスタン	37,466 （2.34%）	19.5	0.262 （1.4%）	0.511 （169）	102.1 （9）
アルジェリア	43,576 （1.41%）	28.9	9,958 （6.7%）	0.748 （91）	73.6 （74）
イラク	39,650 （2.06%）	21.2	6,994 （4.1%）	0.674 （123）	96.2 （20）
イラン	85,888 （1.03%）	31.7	12,151 （2.2%）	0.783 （70）	84.5 （43）
イスラエル	8,787 （1.45%）	30.4	21,065 （5.6%）	0.919 （19）	43.0 （148）
エジプト	106,437 （2.17%）	24.1	4,016 （1.2%）	0.707 （116）	85.0 （39）
カタル	2,479 （1.23%）	33.7	未公開	0.848 （45）	44.1 （144）
クウェイト	3,032 （1.2%）	29.7	6,940 （6.5%）	0.806 （64）	52.9 （129）
サウディアラビア	34,783 （1.62%）	30.8	55,535 （8.4%）	0.854 （40）	69.7 （93）
シリア	20,384 （NA）	23.5	未公開	0.567 （151）	110.7 （3）
チュニジア	11,811 （0.75%）	32.7	1,046 （2.9%）	0.740 （95）	69.2 （92）
トルコ	82,482 （0.7%）	32.2	19,567 （2.8%）	0.820 （54）	79.7 （57）
モロッコ	36,561 （0.92%）	29.1	4,794 （4.3%）	0.686 （121）	71.5 （83）
ヨルダン	10,909 （0.82%）	23.5	2,083 （5.0%）	0.729 （102）	76.8 （67）
リビア	7,017 （1.76%）	25.8	未公開	0.724 （102）	97.0 （17）
レバノン	5,261 （1.68%）	33.7	1,036 （3.0%）	0.744 （92）	89.0 （34）

注：1）人間開発指数は，高いほど人間開発が高いとされる。0.8以上が人間開発高位国，0.5以上が開発中位国，それ以下が開発低位国とされる。イスラーム諸国のほとんどは，開発中位国に位置する。

2）破綻国家指数は90以上が「要警戒」，60以上90未満が「危険」と位置づけられている。

出所：CIA The World Factbook, SIPRI Military Expenditure Database, FFP Fragile States Index のウェブサイト（2021年11月7日アクセス），UNDP Human Development Report 2020 を基に作成。

失敗国家も一様ではなく、いくつかの分類が可能である。例えば、バルトソズ・スタニスラウスキーは、国際的な承認の有無と主権国家による領域統治の有無によって、統治形態を主権国家による統治（統治あり・承認あり）、疑似国家による統治（統治なし・承認あり）、非承認国家による統治（統治あり・承認なし）、危険地帯（統治なし・承認なし）という四つに分類した〔Stanislawski 2008〕。非承認国家による統治と危険地帯について補足しておきたい。非承認国家による統治はパレスチナがそれに該当する。国際的に承認されていないが、一定の領土の統治を行っている場合である。非承認国家にとって重要なのは、何らかの理由で自分たちを援助してくれるパトロン国家である。危険地帯は主権国家の統制が及ばないだけでなく、無法地帯と化し、主権国家との対立、または国際犯罪の温床となっている地域のことを指す。危険地帯には、テロリスト、ギャング、麻薬密売人などが入り込みやすくなる。表序-1のように、中東諸国は平均年齢が若い。これは日本と比較すると顕著である。また、人間開発指数の順位は低い傾向にあり、一方で破綻国家指数の順位は高い。

加えて、中東の特徴の一つは、ヨーロッパ連合（EU）や東南アジア諸国連合（ASEAN）のような機能的な地域機構が存在しない点である。アラブ連盟やイスラーム諸国会議機構（OIC）のような機構も民族、宗教というアイデンティティを核としており、必ずしも中東という地域にフィットして機能しているわけではない。唯一の例外といえるのが、湾岸という中東のサブ地域の一つで形成された湾岸協力会議（GCC）である。

また、もう一つの中東地域の特徴として、域内でのトランスナショナリズムがある。その根底にあるのが、イスラエル、イラン、トルコという非アラブ諸国以外の国民はアラビア語という共通言語で結ばれているという点である。一九世紀後半から一九七〇年代まで影響力を持ったアラブ・ナショナリズムはこのアラビア語によるトランスナショナルな連帯を基礎としていた。その後、アラブ・ナショナリズムに代わって台頭する政治的イスラームもトランスナショナルな概念であった。このように、中東では主権国家はビリヤードボールのように単独ではなく、蜘蛛の巣やハチの巣のような連帯性を特徴としした。

4　中東地域固有の特徴とは何か

これまでの節で見てきたように、「中東」という地域枠組みは人工的な物であり、とりわけ列強諸国による植民地主義の結果であった。では、中東地域に固有の特徴は存在するのだろうか。地域の固有性の有無を客観的に判断する一つの方法は、中東地域が他地域と比較して異なる特徴を持っているかどうかである。地域間比較を行うための指標は無数に存在する。前の節でも個々の国の状況については表序-1で触れたが、ここでは近年の中東地域の特徴を表すものとして、「都市化」「インターネット普及率」「経済的豊かさ」「民主主義の度合い」の四項目について確認しよう。図序-3は、この四項目について、地域間の平均値を棒グラフで示したものである。

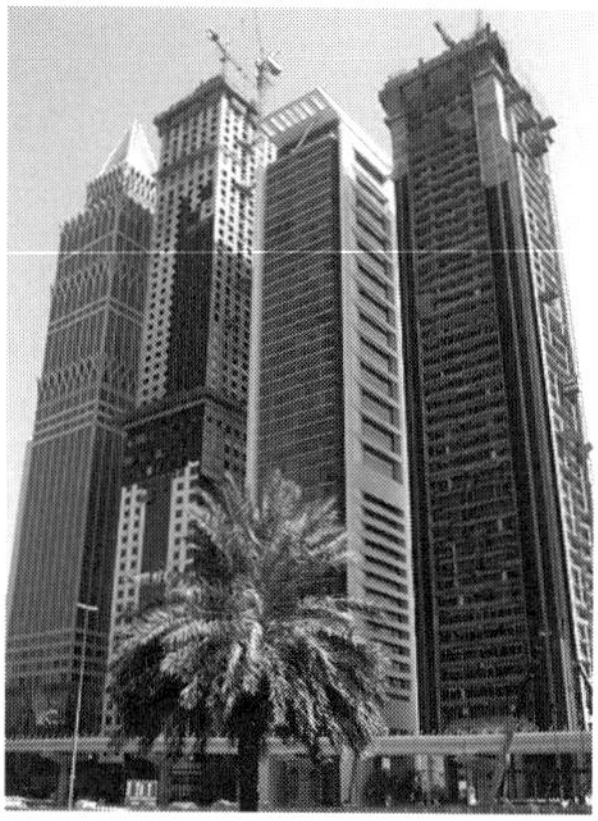

図序-2　都市化が進むドバイ
出所：斎藤純撮影。

「都市化」は、今日の中東地域を考えるうえで重要な概念である。メディアで中東が扱われる際は必ずと言っていいほど砂漠とラクダの画像が使用されることからもわかるように、我々は中東地域と言えば砂漠であり、人々は遊牧民として生活しているというイメージを強く持っている。しかし、図序-3の左上のグラフが示すように、中東地域は世界で二番目に都市化が進んでいる地域である。今日、中東地域に居住する人口の大半は都市に居住しており、遊牧民はほとんど存在しない。このことは、中東地域の人々は我々と同様、大半は都市空間で社会生活を営んでいることを意味している。そこには、町内会や労働組合のようなさまざまな社会組織が存在しており、人々はそのような社会組織を通じて集団を形成することもあれば、同時に政府はそうした社会組織を利用して支配を浸透させようとするかもしれない。

また、図序-3右上に示されたインターネット普及率を参照すると、それが突出している北アメリカ地域やヨーロッパ地域に次いで中東はインターネットが普及している地域である。君主制国家が多いことや宗教的規範が強い地域として「反近代的」なイメージを付与されることの多い中東ではあるが、情報通信技術が立ち遅れているということはない。むしろ、

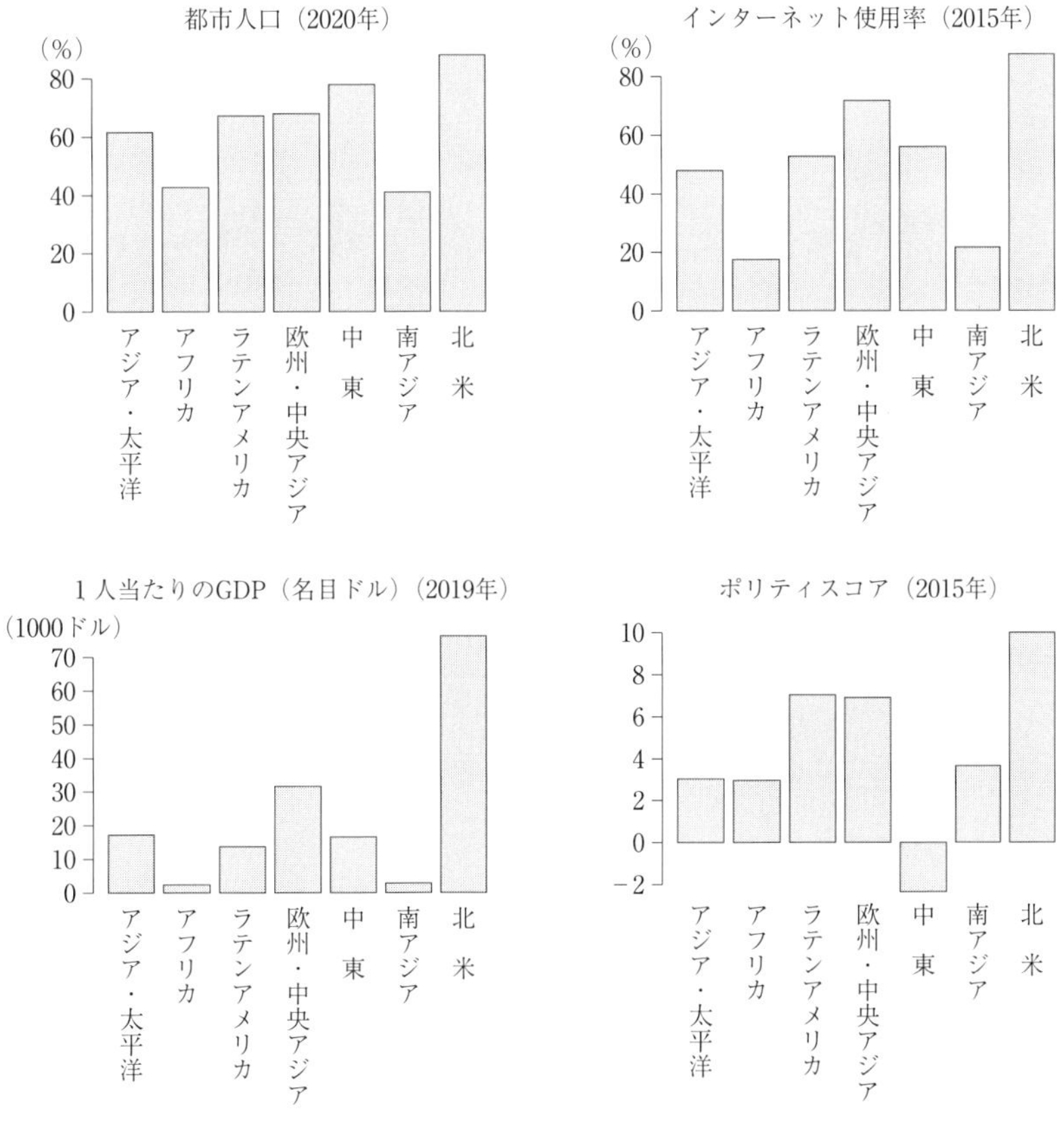

図序-3　地域間比較

注：地域区分は世界銀行の地域区分〔World Bank 2021d〕を使用した。アフリカは，サハラ以南のアフリカをさす。

出所：World Bank〔2021a, 2021b, 2021c〕, Center for Systemic Peace〔2018〕を基に松尾作成。

「アラブの春」において一般民衆が反政府運動を繰り広げる上でSNSは大きな役割を果たしたと考えられている。このことは同時に、権威主義的な政府が一般民衆のSNSの利用状況を把握している際には、政府が反政府的な民衆運動を阻害したり、親政府的な民衆運動の動員をかけたりする場合に効果的に用いられる可能性を示している。

　経済的な豊かさもまた、その地域の特徴を見る際に重要である。経済的な豊かさを計測するためにはさまざまな指標が存在するが、ここでは人口一人当たりのGDPを参照しよう（図序-3左下）。国際的な地域間比較においては、北米地域とヨーロッパ地域が

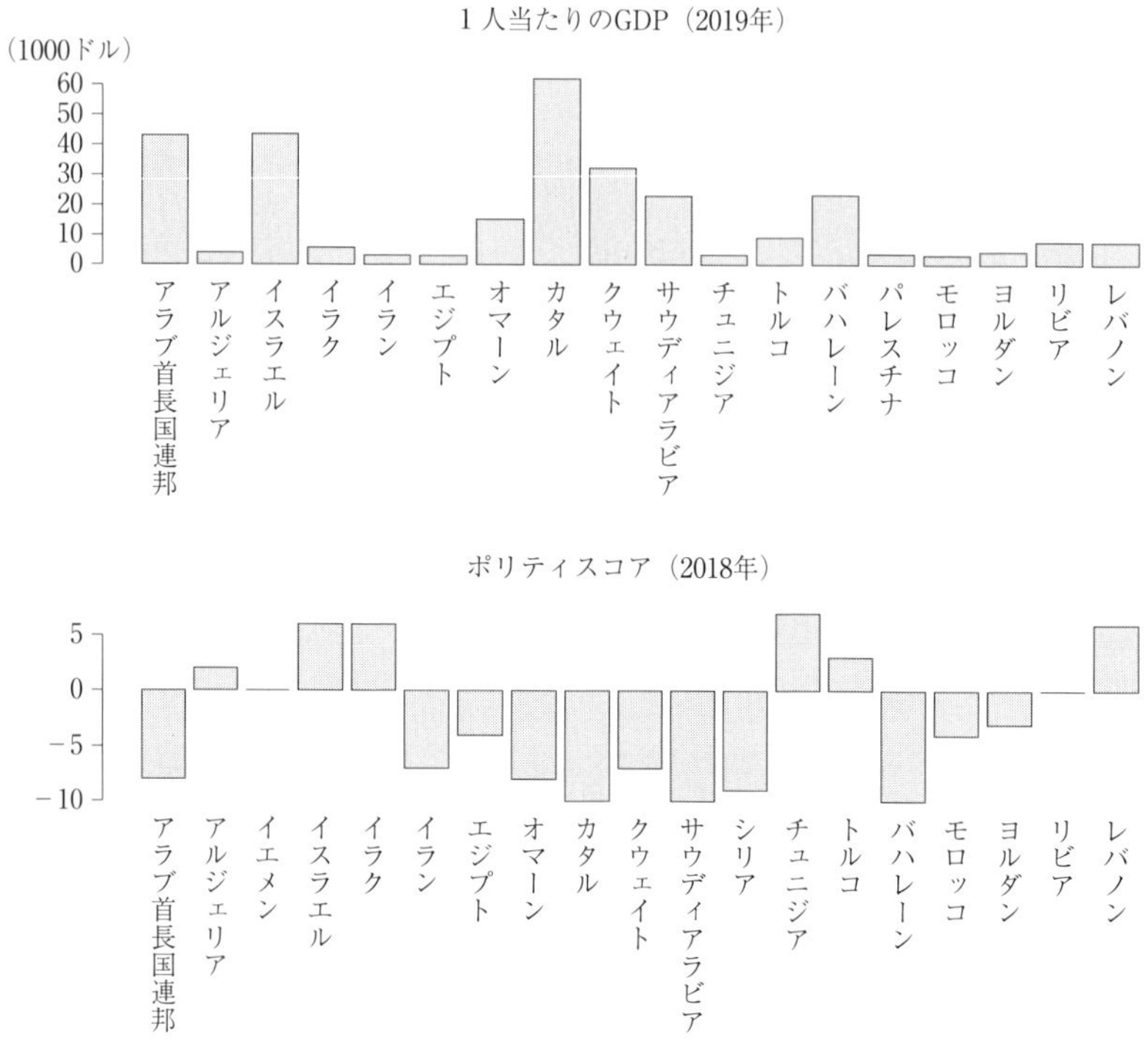

図序-4　主要中東諸国のGDPとポリティスコア

注：イエメンとリビアのポリティスコアは欠測値となっている。

出所：World Bank〔2021a〕, Center for Systemic Peace〔2018〕を基に松尾作成。

突出して豊かな地域となっている。これに対して中東地域は、東アジア地域やラテンアメリカ地域と並んで、中程度の経済的豊かさを示す。これはサハラ以南のアフリカ地域や南アジア地域と比較するとはっきりしている。

ここまでの特徴は、中東地域がそれ以外とよく似た特徴を持っていることを示している。しかし、図序-3の右下に示された民主主義の度合いは、明らかに他地域とは異なる特徴を示している。ここで用いられているポリティスコアは、民主主義の程度を計測する指標としてしばしば用いられるもので、−10から10の間の二一段階で作成されており、値が小さくなるほど民主主義の程度が低くなる（権威主義の程度が高くなる）ことを示している。中東地域は、他の地域と比べて突出して非民主主義的である。

ただし、図序-3で用いられている値は、それぞれの地域の平均値——その地域に含まれる各国の値を国の数で割った値——で

表序-2　移民・難民人口と移民人口割合（2015年）

移民受け入れ人口（人）		移民人口割合（%）	
アメリカ	46,627,102	アラブ首長国連邦	88.40
ドイツ	12,005,690	カタル	75.50
ロシア	11,643,276	クウェイト	73.64
サウディアラビア	10,185,945	バハレーン	51.13
英　国	8,543,120	シンガポール	45.39
アラブ首長国連邦	8,095,126	オマーン	41.09
カナダ	7,835,502	ヨルダン	40.98
フランス	7,784,418	レバノン	34.15
オーストラリア	6,763,663	サウディアラビア	32.29
スペイン	5,852,953	スイス	29.39

注：対象国は人口が100万人以上の国。
出所：World Bank〔2021e〕を基に筆者作成。

ある。その集団に値の大きい国と小さい国が含まれる場合，平均値は必ずしもその集団の特徴を示さない。つまり，図序-3の値は実際の中東を適切に反映していない可能性がある。この問題を確認するために，図序-3に示された「経済的豊かさ」と「民主主義の度合い」について，中東地域の各国の値を図序-4に示した。

図序-4から明らかなように，経済的豊かさは各国間で大きな違いがある。経済的豊かさが目立つのは湾岸アラブ諸国とイスラエルであり，これらの国はおおよそ二万ドルを超える水準にある。それ以外の国は五〇〇〇ドル前後に位置している。このように，中東地域には大きな経済的な格差が確認できる。また，民主主義の度合いにおいても，湾岸アラブ諸国はいずれも突出してポリティスコアが低く，エジプト，イラン，ヨルダン，シリアがそれに続く。民主主義的な傾向を持つのはイラク，イスラエル，レバノン，チュニジアに限定される。

また，中東地域は移民・難民の受け入れ地域としての特徴も有する。世界的に，多くの移民・難民を受け入れている国は先進国であることが多い。これは先進国の経済的豊かさが多くの国際労働移民を引きつけるとともに，人道主義に基づく難民受け入れ方針が強く影響しているためである。表序-2の左側は，各国に滞在する移民・難民人口を多い順に並べたものである。この中の多くの国はいずれも移民・難民の受け入れで知られた先進国であるが，その中にサウディアラビアとアラブ首長国連邦という中東諸国が含まれている。これは，この二カ国が有する莫大な石油の富が、多くの移民を惹きつけているためである。同じ表の右側は、各国の人口に占める移民・難民の割合を高い順に並べたものである。アラブ首長国連邦やカタル、クウェイトといった湾岸アラブ諸国の経済力は、自国民を凌駕する移民を惹きつけており、世界的にみて独特な政治・社会体制を生み出すに至っている（第10章）。また、この中にはヨルダンやレバノンといった中東諸国も並んでいる。ヨルダンはそれに隣接するパレスチナから多くの移民・難民を受け入れており、また近年のレバノンはシリアからの難民を多く受け入れている。武力紛争（第8章）という中東の特徴が、この地域を多くの移民・難民が生まれ、またそれを受け入れる地域となる原因となっているのである。

5　中東概念と中東諸国のイメージ

本章では、中東政治の基礎となる中東概念と中東諸国の成り立ちと特徴について概観してきた。繰り返しになるが、中東は西洋によって作られた概念であり、多分に政策的な意図がそこには含まれていた。筆者の一人である今井はトルコのアンカラに五年程留学していたが、大学院での中東政治の授業にトルコは含まれていなかったし、トルコ人たちも自分たちを中東に属するとはみなしていなかった。中東という範囲で括られる地域に住む人々のアイデンティティは、イスラームという宗教や、アラブ・トルコ・イラン（ペルシャ）という民族の方が強いように感じられる。

また、主権国家について見てきたが、中東の事例を見ると、国際関係論で前提とされている主権国家を基調とした世界観がいかに中東を捉えるのに適していないかが明らかになる。中東では非国家主体が多く、また力を持っている。また、宗教や部族間のつながりなどから主権国家の枠を超えたトランスナショナルな動きが常態化している。

ここから明らかになるのは、中東がエドワード・サイードのいうところの「オリエンタリズム」をもって捉えられてきたということである。「オリエンタリズム」は言説や概念に組み込まれた偏見のことであるが、西洋によって規定された中東という言葉、そして西洋によって生み出された学問の枠組みである国際関係論では中東を捉えられないという事実がそれである。後者に関しては、中東、延いてはアフリカやアジアの現実を受け入れない西洋中心主義の見方と言える。中東を理解するのは難しいと言われることを冒頭に書いたが、それは中東で政変や紛争が多いから（これも述べてきたように域内外の政治に翻弄されてのこと）という事実だけでなく、中東を理解する枠組みが中東仕様になっていないためである。国際関係論の分野では非西洋諸国の現実を踏まえた国際関係論が提唱されて久しいが、そうした動きはまだメインストリームとはなっていない。こうした真の国際関係論、つまり「グローバル国際関係論」や「グローバル政治学」が確立される必要性は近年、より一層高まっている。読者の皆さんも西洋の概念を学ぶとともに、それを他地域の事象に使用する際、そこにあるギャップを見つけたり、偏見について注意深く検討しながら理解を深めていってほしい。

注

(1) イスラエルの元大統領、シモン・ペレスも「新中東」という概念を用いているが、ライスが用いた意味とは異なり、中東においてイスラエルとパレスチナが共存を認め合った状態を指す〔ペレス 一九九三〕。

参考文献

青山弘之編『「アラブの心臓」に何が起きているのか――現代中東の実像』岩波書店、二〇一四年。

臼杵陽『アラブ革命の衝撃――世界でいま何が起きているのか』青土社、二〇一一年。

帝国書院『高校生の地理A』二〇一八年。

ペレス、シモン（舛添要一）『和解――中東和平の舞台裏』飛鳥新社、一九九三年。

山川出版社『詳説世界史B　改訂版』二〇一七年。

Atabaki, Touraj. 2007. *The State and The Subaltern: Modernization, Society and The State in Turkey and Iran*, I.B. Tauris.

Jackson, Robert. 1990. *Quasi-States: Sovereignty, International Relations and the Third World*, Cambridge University Press.

Stanislawski, Bartosz. 2008. "Para-States, Quasi-States, and Black Spots: Perhaps Not States, But Not "Ungoverned Territories," Either," *International Studies Review*, 10(2), pp. 366-396.

World Bank 2021a. GDP per capita（current US$）. World Development Indicators（https://databank.worldbank.org/source/world-development-indicators）

World Bank 2021b. Urban population（% of total population）, World Development Indicators（https://databank.worldbank.org/source/world-development-indicators）

World Bank 2021c. Individuals using Internet（% of population）, World Development Indicators（https://databank.worldbank.org/source/world-development-indicators）

World Bank 2021d. World Bank Country and Lending Groups, World Bank（https://datahelpdesk.worldbank.org/knowledgebase/articles/906519-world-bank-country-and-lending-groups）

World Bank 2021e. International migrant stock, total, World Development Indicators（https://databank.worldbank.org/source/world-development-indicators）

読書案内

① 末近浩太『中東政治入門』ちくま新書、二〇二〇年。

＊本書全体の議論と最も近いのがこの本であり、現在の中東の政治を理解するための基礎はこの一冊に凝縮されている。本書とあわせてこの『中東政治入門』を一読することをお勧めする。

② ダン・スミス（龍和子訳）『中東世界データ地図――歴史・宗教・民族・戦争』原書房、二〇一七年。

＊中東の歴史、宗教、民族、戦争に関する情報量の多い資料集。地図や表は中東政治を勉強する際、大変役立つ。高校の資料集や地図帳と同じ用途で使用することをお勧めする。

③ Zachary Lockman. 2009. *Contending Visions of the Middle East: The History and Politics of Orientalism*（*2nd edition*）, Cambridge University Press.

＊中東は西洋諸国によって規定されてきたという「東方問題」を理解するうえで最適の書である。西洋諸国においてどのように中東という概念が発展してきたかを明らかにしてくれる。

第Ⅰ部　中東政治を眺める

第1章　中東の現代史

この章で学ぶこと

第Ⅰ部では、現代の中東を理解するための歴史と宗教（特にイスラーム）に焦点を当てる。本章では中東現代政治の基礎となる現代史について概観し、とりわけ第Ⅱ部の各章の事例の参照となることを目的とする。中東現代史のなかでも特に一九〇八年以降の中東におけるナショナリズムの勃興、一九二〇年のアラブ諸国の委任統治の始まり、一九四八年の中東戦争の勃発とイスラエルの独立、一九七九年のイラン革命とソ連のアフガニスタン侵攻、一九九三年の中東和平に関するオスロ合意、二〇〇三年のイラク戦争とアメリカのイラク駐留、二〇一一年の「アラブの春」という出来事を起点にアイデンティティ、同盟関係の変化を見ていきたい。本章はナショナリズム、委任統治、中東戦争、イラン革命、イスラーム主義の台頭、中東和平問題、冷戦構造崩壊後のアメリカの中東への関与、「アラブの春」という出来事を中心に論じるが、他にも論じられていない多くの事象がある。そうした事例については第Ⅱ部で多く取り上げられているので、そちらを参考にしてほしい。しかし、ここで取り上げる出来事は各国の内政や外交に大きな影響を及ぼしており、中東地域全体を理解する上で必要不可欠である。

ナショナリズムの勃興、委任統治、イスラエルの建国を発端とする中東戦争、イスラーム主義の台頭、中東和平、冷戦崩壊後のアメリカの中東への関与の事例は、いずれも西洋の域外大国や概念の流入が発端もしくは触媒となっている。ここから、中東という地域は域外国家、特に西洋の影響が色濃いことが理解できるだろう。

1　一九〇八年：トルコ・ナショナリズムの顕在化

現在中東と呼ばれている地域の広範な部分は長い間オスマン帝国の領土であった。しかし、オスマン帝国が「瀕死の病人」と呼ばれるように弱体化し始めた一八世紀末以降、オスマン帝国の統治下にあったバルカン半島、東欧などでナショナリズム（コラム①）が勃興し、独立を求める動きが加速した。まず一八〇五年にエジプトでムハンマド・アリーがムハンマド・アリー朝を立ち上げた。さらに独立戦争を経て、一八二八年にギリシャが独立した。その後、しばらくは独立する国は現れなかったが、一八七七年から七八年にかけての露土戦争後のサンステファノ条約およびベルリン条約によって、ルーマニア、セルビア、モンテネグロがオスマン帝国から独立、キプロスの統治権が英国に、そしてボスニア・ヘルツェコビナの統治権がオーストリア＝ハンガリー帝国に移譲された。さらに一九〇八年にはブルガリアが独立した。

オスマン帝国は西洋の衝撃と内部のナショナリズムの勃興に対し何もしなかったわけではなく、一八三九年のギュルハネ勅令から一八五三年のクリミア戦争にいたるまでのタンズィマートの時期に「オスマン主義」を掲げ、オスマン帝国人というナショナリズムを創り出そうとしたが、上手くいかなかった。その後、アブデュルハミト二世の専制時代にイスラーム主義がオスマン帝国をまとめる論理として採用されたことで、他の中東地域でもイスラームを西洋の衝撃に伴う帝国主義に対抗する道具とする動きが見られた。その担い手となったのが次章でも触れられているアフガーニー、ムハンマド・アブドゥ、ラシード・リダーなどであった。専制政治を展開したアブデュルハミトは一九〇八年の統一と進歩委員会による青年トルコ革命で失脚することになる。その後、権力を握った統一と進歩委員会の中心人物、エンヴェル、タラート、ジェマルたちはオスマン主義を意識しながらも次第にトルコ・ナショナリズムの思想運動に感化されていった〔新井 二〇〇一〕。そして、トルコ人の民族意識の高まりがオスマン帝国の再建のために必要だといった考えが目立つようになった。

オスマン帝国内でトルコ人がナショナリズムを強め、バルカン半島および東欧の国々が独立したことを受け、アラブ人やクルド人もナショナリズムを追求するようになった。アラブ・ナショナリズムに関しては、アルファタート、文学協会、アルアフドといった組織がその先導役を務め、一九一三年にはパリで第一回アラブ会議が開催された〔北澤 二〇一五〕。こうしたアラブ・ナショナリズムの思想は第一次世界大戦時のアラブの反乱と結びついた。アラブの反乱は政治運動としてのアラブ・ナショナリズムの最初の事例であった。この時期のアラブ・ナショナリズムの目的は、オスマン帝国からの離脱であったが、その中心となったのはヒジャーズ地方の名家、ハーシム家のフセインであった。フセインは、英国と協力してオスマン帝国と戦い、アラビア半島のアデン湾からアレッポに至る領域を支配する統一アラブ国家の樹立を目指した〔臼杵 二〇一一〕。しかし、次節で見ていくように、統一アラブ国家はもちろん、独立したアラブ国家の樹立もまだまだ先の話であった。

コラム① ナショナリズム

ナショナリズムは正の側面と負の側面、両方を持った概念である。正の側面に関しては、ナショナリズムは各民族が独立を勝ち取るための強い凝集性を実現した。例えば、オスマン帝国やオーストリア＝ハンガリー帝国といった帝国から多くの国々が独立を達成する際にナショナリズムが核となった。また、非西洋世界の文脈では、列強の帝国主義に対抗するための重要な道具となった。このように、ナショナリズムは国民国家内での王、統治者、それまで従属を強いられてきた帝国や他の国民国家、さらには帝国主義および植民地主義に対抗する有効な手段、道具として一九世紀から二〇世紀にかけて世界中で用いられた。

同時に、強い凝集性を内包するナショナリズムの概念は、潜在的に暴力性と排他性を帯びている。ナショナリズムの概念の理念型は、各民族固有のナショナル・アイデンティティの器としての国家を獲得することである〔ブザン 二〇一七〕。そのため、純粋にナショナリズムを追求すればするほど、排他的になり、一つの民族による国家を求めがちである。冷戦終結後のバルカン半島の混乱はナショナリズムが大きな要因の一つとなっている。

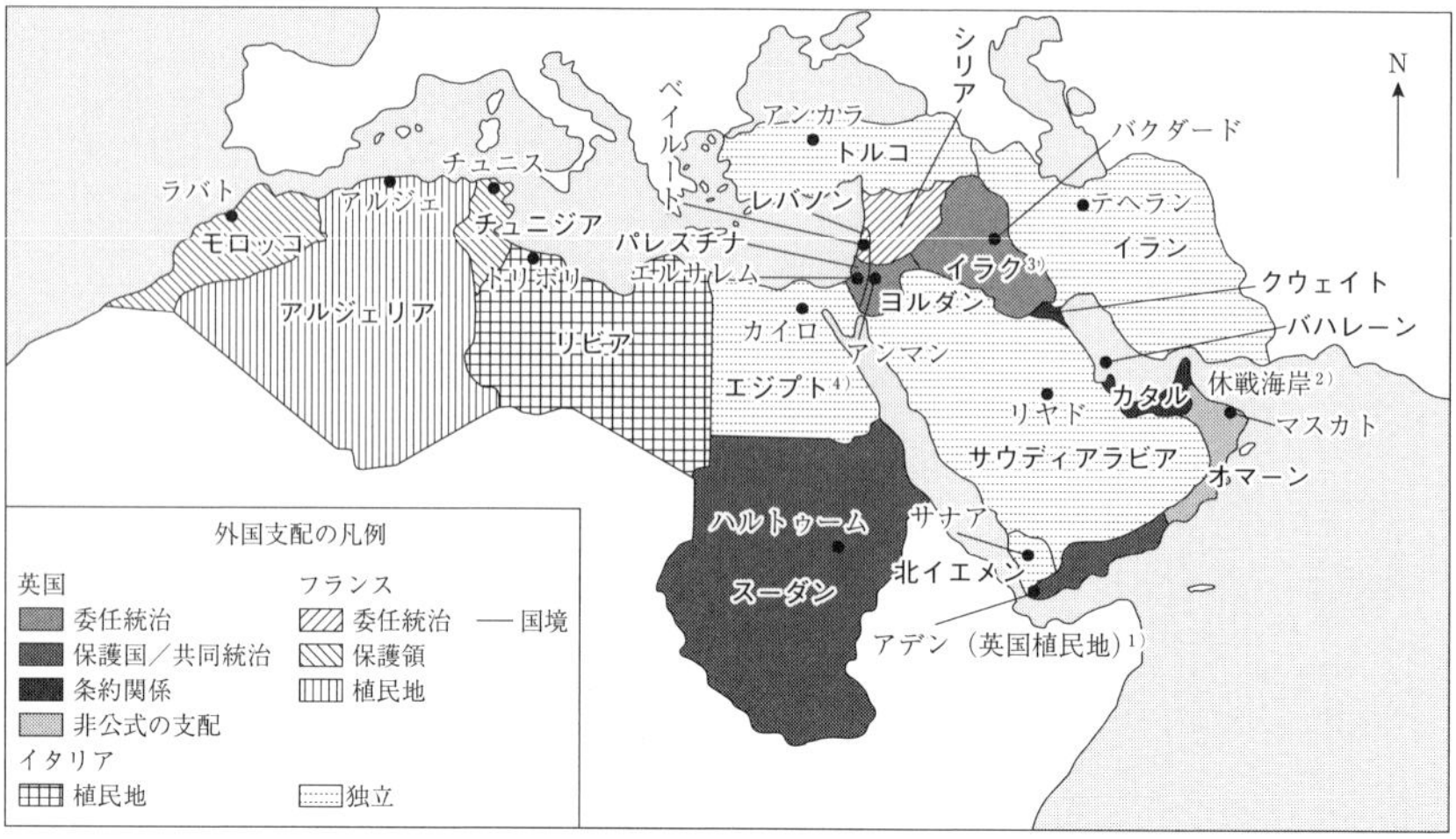

図1－1　大戦間期の中東における外国支配の諸形態

注：1）後の南イエメン。
　　2）後のアラブ首長国連邦（UAE）。
　　3）後の条約関係（1932）。
　　4）後の条約関係（1938）。
出所：オーウェン〔2015：31〕。

一方のクルド人はオスマン帝国の領土の中でナショナリズムの生成が最も遅かった。加えて、そのナショナリズムはイスラームと密接に結びついており、部族の長老である土着のシェイフたちが大きな影響力を維持するとともに、彼らはカリフとしてのスルタンに敬意を表していた。次節で触れるセーヴル条約におけるクルド人国家の構想もクルド人たちが主張したというよりは欧米諸国が主張したものであった。そのため、ムスタファ・ケマルがトルコ共和国建国後にカリフ制を廃止すると、クルド人は共和国政府との対立を深め、シェイフであるサイードを中心とした反乱が起こった。しかし、この反乱はすぐに鎮圧された。その後、トルコの同化政策の徹底があり、一度はクルド・ナショナリズムは沈静化したものの、一九六〇年代以降、学生運動および左派の運動の中で再びクルド・ナショナリズムは政治問題化することとなる。クルド・ナショナリズムはトルコだけでなく、イラク、イラン、シリアでも国家運営上、大きな争点の一つとなっている〔今井編 二〇二二〕。

表 1 - 1　中東諸国の出現（起源）・形成・独立

国　名	宗主国	統治形態	植民地支配の期間	独立年	独立時の政治体制
北アフリカ					
モロッコ	フランス	植民地	1912-1956	1956	君主制
アルジェリア	フランス	植民地	1830-1962	1962	共和制
チュニジア	フランス	植民地	1881-1956	1956	君主制
リビア	イタリア	植民地	1911-1951	1951	君主制
東地中海					
エジプト	英　国	植民地	1882-1922	1922	君主制
シリア	フランス	委任統治	1920-1946	1946	共和制
レバノン	フランス	委任統治	1920-1943	1943	共和制
ヨルダン	英　国	委任統治	1920-1946	1946	君主制
イスラエル	英　国	委任統治	1920-1948	1948	共和制
パレスチナ	英　国	委任統治	1920-1948	1994（暫定自治政府）	共和制
イラク	英　国	委任統治	1921-1932	1932	君主制
アラビア半島（*湾岸アラブ諸国）					
クウェイト*	英　国	協定による統治	1899-1961	1961	君主制
カタル*	英　国	協定による統治	1899-1961	1971	君主制
アラブ首長国連邦*	英　国	協定による統治	1892-1971	1971	君主制（連邦制）
バハレーン*	英　国	協定による統治	1880-1971	1971	君主制
オマーン*	英　国	協定による統治	1891-1971	1971	君主制
サウディアラビア*	独立国	—	—	1744（第一次） 1824（第二次） 1932（第三次）	—
イエメン（北部）	独立国	—	—	1918（オスマン帝国から独立）	君主制
イエメン（南部）	英　国	植民地	1839-1967	1967	共和制
その他					
トルコ	独立国	—	—	1923（オスマン帝国から独立）	共和制
イラン	独立国	—	—	1779（ガージャール朝） 1925（パフラヴィー朝）	君主制

出所：末近〔2020：34〕。

2　一九二〇年：アラブ諸国の独立と委任統治の誕生

第一次世界大戦でのオスマン帝国の敗戦と弱体化を見て、アラブ諸国はオスマン帝国から離脱し、独立を目指すこととなった。一九一八年一〇月三〇日に連合国とムドロス休戦協定を結んだオスマン帝国の解体に関する取り決めは次の三つであった。まず、一九二〇年四月に開催されたサンレモ会議において、オスマン帝国領の中で、イラク、パレスチナ、ヨルダンは英国の委任統治領、シリアとレバノンはフランスの委任統治領となることが決定した。ここで委任統治という制度について確認しておこう。委任統治は、第一次世界大戦後のヴェルサイユ条約において提起された、敗戦国ドイツとオスマン帝国の非トルコ支配地域の領土に関する取り決めであり、国際連盟規約第二二条に明記された〔等松 二〇〇七〕。それらの領土は、政治的・文化的違いによってA、B、Cに分けられ、各受任国は国際連盟理事会と個別に委任統治条項を結び、連盟の監督下で統治された地域が将来的に自立するまで後見することとされた〔等松 二〇〇七〕。旧オスマン帝国領は文明度が最も高いA式に分類された(1)。委任統治はオーウェンの言葉を借りれば、古典的な植民地支配の特徴を数多く持っていたが、最終的な独立を準備するために、例えば立憲政府を確立することなどもその目的に含まれた〔オーウェン 二〇一五〕。二〇世紀の中東では植民地は少ないが、委任統治や保護国といった形態で欧米は影響力を行使してきた(2)。この間接的な支配こそ、ブラウンが指摘し、序章で確認した「東方問題システム」そのものであった。

二つ目の取り決めは、一九二〇年八月に連合国とトルコの間で締結されたセーヴル条約であった。セーヴル条約ではサンレモ会議の決定も反映され、①イスタンブルを含む（現在の）トルコの北東部にあたる地域とイズミル周辺がギリシャ領土、②トルコ南西部とエーゲ海諸島はイタリア領土、③レバノン、シリアはフランスの委任統治となり、トルコ南東部もフランスの勢力圏に入る、④モースルを含めた現在のイラク、パレスチナ、シリア南部（ヨルダン）は英国の委任統治となる。また、キプロスは英国領土となる、⑤トルコ東部にあたる地域に独立アルメニア人国家が建設される、⑥モースルから北のクルディスタンはクルド人に自治権が与えられる、⑦ボスポラス・ダーダネルスの両海峡は「海峡委員会」の管理下に置かれ、すべての国の船舶に開放、沿岸地域は非武装化される、という内容であった（永田・加賀谷・勝藤 一九八二）。結果的にオスマン帝国はイスタンブルとアナトリア中北部しか領有を認められなかった。

三つ目は一九二三年七月二四日に連合国とトルコの代表者たちとの間で結ばれたローザンヌ条約であった。ローザンヌ条約はセーヴル条約を改訂したもので、アルメニア人国家やクルド人の自治を防ぎ、欧米諸国をトルコ人居住地域から追い出すことに成功した。この背景には、ムスタファ・ケマルを中心とした粘り強い抵抗運動があった。

3　一九四八年：中東戦争の勃発とイスラエルの独立

(1)　英国の三枚舌外交

一九四八年は中東において非常に大きなインパクトをもたらした年であった。それは、同年五月にパレスチナの地にユダヤ人の国家、イスラエルが建国されたためであった。イスラエルがパレスチナの地に建国された理由はユダヤ教の教典である旧約聖書においてパレスチナが「約束の地」とされていることに端を発しているが、それを可能にしたのは二〇世紀前半の政治的取り決めであった。その発端は「三枚舌外交」として知られている英国の外交、具体的にはフセイン・マクマホン条約、サイクス・ピコ協定、バルフォア宣言の締結であった。

フセイン・マクマホン条約は英国のエジプト高等弁務官であったヘンリー・マクマホンが、ヒジャーズ地方の名家、ハーシム家のフセインに対して、英国に協力する代償としてアラビア半島と東アラブ（シリア、レバノン、ヨルダン、パレスチナ、イラク）に独立したアラブ国家を建国すると約束するものであった。サイクス・ピコ協定は、英国の交渉代表であったマーク・サイクスとフランスの交渉代表であったフランソワ・ジョルジュ・ピコの名前に由来する。この協定では、東アラブは英国とフランスによって南北に分割され、エルサレムを中心とするパレスチナ地域の中央部は国際共同管理下に置かれることとなっていた。バルフォア宣言は英国の外務大臣、アーサー・バルフォアがユダヤ人の有力商人、ロスチャイルド卿宛に書いた書簡で、パレスチナにユダヤ人国家を建設することを約束した。もちろん、フセイン・マクマホン条約、サイクス・

ピコ協定、バルフォア宣言は矛盾する政策であり、結論としては、イラクとトランス・ヨルダンという二つのハーシム家の王国が樹立されるものの、その両国とトランス・ヨルダンから切り離されたパレスチナは英国の委任統治、レバノンとシリアはフランスの委任統治という形でフセイン・マクマホン条約とサイクス・ピコ協定の折衷案が採用された。

この三枚舌外交はすぐにユダヤ人国家設立を実現させたわけではなかったが、ユダヤ人の中で自分たちの国をパレスチナに建国しようとする運動、つまり「シオニズム」を高揚させた。さらにナチス・ドイツによるホロコーストによって行き場を失ったユダヤ人がパレスチナを目指すことになり、ホロコーストを食い止められなかった欧米諸国がユダヤ人の国家建設を後押ししたこともイスラエル建国の大きな要因であった。

アラブ諸国もイスラエルの建国を手をこまねいて見ていたわけではなかった。一九三九年に開催されたパレスチナ問題を議論するセント・ジェームス円卓会議に当然ながらアラブ側も代表を送っている。しかし、臼杵が指摘しているように、アラブ側の代表はパレスチナ人の指導者ではなく、アラブ諸国の代表がメインであり、会議を主催した英国もアラブ諸国の代表との交渉に重きを置いた〔臼杵 二〇一二〕。このことは、その後、パレスチナ問題に関してイスラエルとアラブ諸国の間での対立が焦点となり、当事者のパレスチナ人の主張が軽視される流れを生んだ。とはいえ、この時期、ナチスに対抗するためにアラブ諸国の協力を必要としていた英国は、ユダヤ人国家建国の推進役よりもアラブとの協調を選択した。第二次世界大戦後、英国の中東における影響力は低下し、代わってアメリカがユダヤ人国家建国に関して主導的な役割を果たすようになっていく〔臼杵 二〇一二〕。

（2）第一次中東戦争と第二次中東戦争

第二次世界大戦後に名実ともに超大国となったアメリカだが、フランクリン・ルーズベルトの死去によって副大統領から大統領に就任したハリー・トルーマンがユダヤ人国家建国に好意的であった。また、第二次世界大戦中に多くのユダヤ人がアメリカに逃げ延びたこともアメリカがユダヤ人国家建国に前向きな理由であった。トルーマンの後押しもあり、一九四五年に発足した国際連合において一九四七年一一月に国連総会決議一八一号、いわゆる「パレスチナ分割決議」が採択され、ユダヤ人国家の建国が事実上決定した。この決定に不満を持ったパレスチナのアラブ人、アラブ諸国はユダヤ人国家建国を阻止するため、一九四八年五月に第一次中東戦争を起こすが、結果はアラブ諸国の大敗であった。同月、イスラエルが公式に建国され、一六万人ものアラブ人がパレスチナの地を追われ、ヨルダンに流入した。一九四八年以降、イスラエルという不倶戴天の敵を打倒するために、アラブ諸国は連帯することになり、アラブ・ナショナリズムが高揚した。こうした動きの代表的な人物となったのが、ガマール・アブドゥル・ナーセルであった。エジプトでは一九五二年七月に自由将校団がファ

コラム②　バアス党

バアス党の「精神的父」と呼ばれているのが、ザキー・アル＝アルスーズィーである。アルスーズィーは、ルネサンスを意味するバアスという語を考案し、自由と民主主義という全人類的な目標を、アラブ・ナショナリズムを通じて達成しようとした〔青山 二〇〇二〕。このアルスーズィーの考えに影響を受けながら、一九四七年四月にダマスカスでアラブ・バアス党を立ち上げたのが、アフラクとサラーフ・アル＝ディーン・アル＝ビータールであった。バアス党はその後、アラブ社会主義政党と合併し、勢力を伸ばした。一九六三年にはバアス党の考えに共鳴した青年将校が「バアス革命」を起こし、バアス党がシリアを支配することとなった。ただし、青山が指摘するように、軍部によるバアス革命は自由や民主主義、そしてアラブ民族の覚醒よりも、権力の奪取を最優先した〔青山 二〇〇四〕。軍部内の権力闘争の結果、一九七一年にハーフィズ・アサドが大統領に就任して以降もバアス主義は権力維持の重要なイデオロギーとなっている。

一九六三年にはイラクでも青年将校によるバアス革命が起こり、短期間だがバアス党政権が設立された。一九六八年にも再び青年将校によるクーデタが起こり、イラクでも強固なバアス党政権が誕生した。一九七九年にはサッダーム・フセインが大統領に就任し、二〇〇三年のイラク戦争までその職に就いていたが、その期間もバアス主義は権力維持の手段として用いられた。

ールク一世を追放し、ムハンマド・アリー朝が崩壊したが、ナーセルはその中心であり、その後、大統領職に就いていたムハンマド・ナギーブを排除し、自身が一九五六年に大統領に就任した。

ナーセルは一九五六年七月にスエズ運河を国有化し、これを契機に第二次中東戦争が勃発した(3)。この戦争はイスラエルとアラブ諸国の戦いというよりも、旧宗主国と植民地支配を受けた国の戦い、つまり植民地解放戦争という要素が強かった〔臼杵 二〇一二〕。なぜなら、エジプトのスエズ運河の国有化を発端にそれに異を唱える旧宗主国の英国、そして英国に同調するフランスの戦いが主だったためである。イスラエルはフランスとの同盟関係を理由に参戦したが、結局この戦いはエジプトのスエズ運河の確保、イスラエルのシナイ半島からの撤退で幕を閉じた。この戦争で、英国はスエズ運河以東から撤退することとなった。英国の統治領としてはキプロスが残っていたが英国は一九六〇年にキプロスからも手を引くことになり、中東での影響力はほとんどなくなった。

第二次中東戦争を経て、ナーセルはアラブ・ナショナリズムおよび第三世界を牽引する指導者の一人という立場を確固たるものにした。ナーセルはソ連との関係もある程度良好で、社会主義にも理解を示していた。しかし、ナーセルは米ソの冷戦からは距離を置いていた。

ナーセルは、この人気に乗じ、アラブの統一に向けた具体的な動きとして、一九五八年にエジプトとバアス党が政権を握ったシリアを合併させ、アラブ連合共和国を成立させた。しかし、ウォルトが指摘しているように、他のアラブ諸国の指導者たちは、ナーセルが圧倒的な力を持つことを望んでおらず、対イスラエルで一致団結しているように見えたが、実は他のアラブ諸国が域内で覇権的な力を持つことを最も危惧し、それを妨害する行動を採るようになった〔ウォルト 二〇二一〕。シリア国内でもナーセルが主導したアラブ連合共和国に対する反発が強くなり、一九六一年にアラブ連合共和国は消滅した。保守的なヨルダン、サウディアラビアは特にナーセルの急進主義的な政策と相いれなかった。また、ナーセルはシリアやイラクのバアス党政権とも接近と対立を繰り返した。

表1-2　国連安保理決議242号

安全保障理事会は， 中東における重大な事態について引き続き憂慮を表明し，戦争による領土取得は承認できないこと，および同地域のすべての国が，安全に生存できる公正かつ永続的平和を求めて努力する必要性があることを強調し，さらに，すべての加盟国が国連憲章の受諾に際し，憲章第2条に従って行動する旨誓約していることを強調し， 1．憲章の諸原則の履行のためには，次の二つの原則の適用を含む中東の公正かつ永続的平和の確立を必要としていることを確認する。 (i)　最近の紛争において占領された領土からのイスラエル軍隊の撤退 (ii)　あらゆる好戦的な主張や交戦状態の終結，そして同地域のすべての国の主権，領土保全，政治的独立，および武力の威嚇もしくは行使にさらされることなく，安全かつ承認された国境の中で平和に生存する権利の尊重と確認

（3）第三次中東戦争と第四次中東戦争

一九六七年五月から六月にかけて起こった第三次中東戦争は、第一次中東戦争と並び、イスラエルとアラブ諸国の関係に決定的な影響を与えた。そのポイントは大きく四点である。第一に、イスラエルが大勝し、ヨルダン領のヨルダン川西岸、シリア領のゴラン高原、エジプト領のガザおよびシナイ半島を占領したことである。特にヨルダン川西岸を占領したことで、イスラエルはユダヤ教の聖地である嘆きの壁を自国で管理できるようになった。これはイスラエルに住むユダヤ人の悲願であった。第二に、その後の中東和平においてパレスチナおよびアラブ諸国の要求がこの第三次中東戦争前の状態に戻すというように、この戦争の占領が基準となった。国連安全保障理事会は安保理決議二四二号でイスラエルの戦争による領土獲得を許容しなかったが（表1-2参照）、イスラエルはその勧告を無視した。その後、シナイ半島だけはエジプトとの国交正常化をとりつけたキャンプデーヴィッド合意（一九七八年）の際にエジプトに返還された。第三に、この戦争以降、イスラエルによる入植の問題がくすぶり続けている。イスラエルはこの戦争後、入植政策を開始してパレスチナ人の居住空間を圧迫するようになった。第四に、第三次中東戦争以降、中東和平の問題でアラブ諸国の存在感が低下し、代わってパレスチナの人々によって組織されたパレスチナ解放機構（PLO）およびファタハの影響力が強くなった。臼杵の言葉を借りると、「アラブ統一を通じてパレスチナを解放する路線からパレスチナ人自らが闘ってパレスチナ解放を目指す自主路線」（臼杵 二〇一六）への転換であった。ファタハを牽引していたのがヤーセル・アラファートであり、ファタハが名声を獲得したのは一九六八年三月にアラファート率いるファタハのなかのパレスチナ・コマンドが中心となり、イスラエル軍を撃退したカラーマの戦いであった。その後、一九六九年にアラファートがPLOの議長に就任した。

第四次中東戦争は四回の中東戦争のなかで唯一、アラブ諸国が一時的に勝利を収めた戦争であった。アラブ諸国はこの戦争に「勝利した」と喧伝したが、勝利したのは最初の奇襲で、その後は結局イスラエルに押し戻された。ただし、イスラエルにとって一時的とはいえ、中東戦争における唯一の敗北であり、イスラエルの安全保障政策に転換を迫る戦争であったことは間違いない。

このように一九七三年まで中東戦争はアラブ諸国とイスラエルの間の戦争であったが、その後の九三年までの二〇年はパレスチナとイスラエルの紛争と位置づけることができる〔臼杵 一九九九〕。

中東戦争における三回の敗北、そして一九七〇年九月二八日のナーセルの死によってすでにアラブ・ナショナリズムはその正統性を失いかけていた。一九七三年の第四次中東戦争での「勝利」はアラブ・ナショナリズムの失墜に歯止めをかけたように見えたが、一九七八年九月のイスラエルとエジプトのキャンプデーヴィッド合意によってアラブ・ナショナリズムの中心であったエジプトはアラブの中の裏切り者とみなされるようになった。そして、中東におけるイスラーム主義の台頭でアラブ・ナショナリズムの有効性は失われた。一九七九年にファード・アジャミーが「パン・アラブ主義の終焉」という論考を発表したのはまさに時代の転換点を象徴していた〔Ajami 1978/79〕。

4　一九七九年：イラン革命とソ連のアフガニスタン侵攻

一九七九年は国際政治を揺るがす大きな事件が二つあった。一つは、アメリカの同盟国であったイランで起こったイスラーム革命、もう一つは同年一二月に起こったソ連のアフガニスタン侵攻であった。当初、この二つの事件は冷戦の新たな局面――新冷戦――の始まりとして論じられたが、現在ではイスラーム主義の台頭のきっかけとして認知されている。

とはいえ、イランのイスラーム革命はすでに一九七八年初頭から展開されていた。一九七八年一月一七日のテヘランの夕

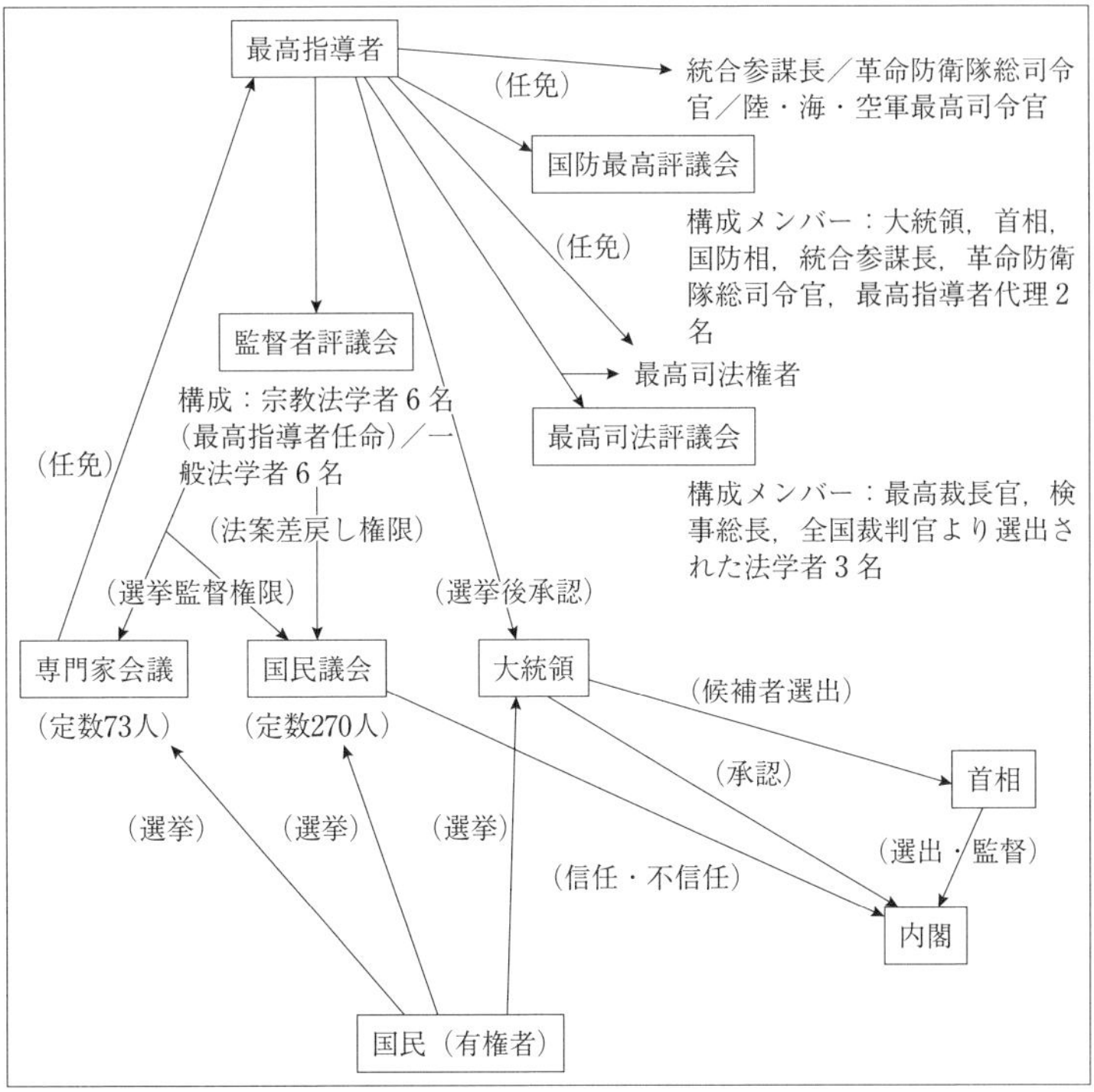

図1-2　「イスラーム法学者の統治」機構略図

資料：1979年12月3日成立の「イスラーム共和国憲法」より。

出所：吉村〔2011：177〕。

刊『エッテラーアート』に掲載されたホメイニー[4]中傷記事が発端となり、イランで国王のモハンマド・レザー・シャーに対する抗議デモが勃発した〔吉村 二〇〇五〕。この抗議デモは規模が拡大し、そのなかで反シャーの立場を鮮明にしていたホメイニーがその運動の精神的支柱となっていった。また、アメリカの同盟国であるがゆえに、当時のアメリカ大統領、ジミー・カーターが掲げた人権外交の煽りを受け、シャーがこの抗議デモを力で抑え込むことは難しかった。結局、一九七九年一月にシャーが国外退去、その後シャーが信任していたシャープール・バフティヤール政権が二月一一日に崩壊し、シャーの統治は終わりを迎えた。その後、反シャーのグループのなかで対立があったものの、三月末の国民投票でイスラーム共和政が採用されることが決定し、憲法草案にホメイニーが一九六〇年代から提唱していた「イスラーム法学者の統治（ヴェラーヤテ・ファギーフ）」が組み込まれ、ホメイニー中心の国家再建が進んだ。ホメイニーの「イスラーム統治体制」は、イスラーム法学者が監督するイスラーム法に基づく政府を革命によって創設するというもので、ホメイニー自身がイラン・イスラーム共和国で初代の最高指導者となった[5]（図1-2参照）。

イラン・イスラーム共和国は「革命の輸出」を外交方針として掲げたことでアラブの国々の指導者たちから脅威とみなされた。その結果、隣国イラクと八年に及ぶイラン・イラク戦争が発生した。革命の輸出が一九八〇年代半ばに取り下げられた後も、湾岸諸国を中心とした国々はイランに対して潜在的な脅威認識を抱いてきた。

また、イランはイスラーム共和国となる前後から急速にアメリカとの関係を悪化させた。すでに一九六〇年代からアメリカを「大悪魔」として批判していたホメイニーが統治するイランではその対応は必然だったかもしれない。さらに一九七九年に二度、在テヘラン・アメリカ大使館が占領され、二度目の占拠時にアメリカ人が人質にとられたが解決に一年以上かかり、一九八一年一月二〇日にやっと解放された（吉村 二〇〇五）。当然のことながら、アメリカはイラン・イラク戦争でもサッダーム・フセイン率いるイラクを支援した。現在に至るまで、イランとアメリカの対立は続いている。

イラン革命に加え、一九七九年一一月二〇日にサウディアラビアのメッカのアル・ハラム・モスクにおいて占領事件が起きた。この占領事件は約二週間続き、サウディアラビア政府は鎮圧に時間を要した。イスラームの聖地であるメッカでこうした事件が起きたことはサウディアラビアだけでなく、世界中に住むムスリムにショックを与えた。

一九七九年の二つ目の大きな事件は、同年一二月末に起きたソ連のアフガニスタン侵攻である。一九七八年四月、クーデタによって共産主義政党であるアフガニスタン人民民主党（ＰＤＰＡ）が同国で権力を握った。ソ連もＰＤＰＡを支持したが、地方で反乱が続いた。この状況を憂慮したＰＤＰＡのパトロンであるソ連が、一九七九年一二月二七日にＰＤＰＡを仕切っていたハフィーズラ・アミンを排し、より穏健なハブラク・カルマルを国家元首に据えるとともに、カルマル政権を援助すべく、約八万人のソ連軍がアフガニスタンに介入した（ハリディ 一九八六）。

このソ連の侵攻に対抗したのがムスリムの義勇軍、ムジャーヒディーンであった。ムジャーヒディーンはソ連の侵攻によって結集したと思われがちであるが、すでにそれ以前から地方での反乱に加担するためにアフガニスタンに入っていた。このムジャーヒディーンにはウサーマ・ビン・ラーディンやアイマン・ザワーヒリーといったその後アル・カーイダを立ち上げる主要メンバーが参加していた。ムジャーヒディーンのゲリラ戦はソ連を大いに苦しめた。アメリカは敵の敵は味方という論理でムジャーヒディーンに武器提供などを行った。結果的に一九八八年五月にソ連はアフガニスタンから撤退を開始、八九年二月に撤退が完了した〔鳥井 一九九一〕。この後、ムジャーヒディーンの参加者たちは自国に帰国することになるが、彼らがアメリカに対して大規模なテロを起こすとは、当時は知る由もなかった。

一九七九年からの一〇年ほどのあいだに、九〇年代から二〇〇〇年代にかけてアメリカの安全保障の問題となるアクターがすでに出そろっていた。しかし、アメリカはその後戦争を行うことになるイラクとムジャーヒディーンを当時は支援していた。

このように、一九七九年は中東における激動の年であると同時に、イスラームが政治に与える影響が顕在化した年でもあった。

5　一九九五年：中東和平への希望とその崩壊

パレスチナとイスラエルの間の問題は、前述したように、第四次中東戦争以降、パレスチナのPLOとイスラエルの間の問題となっていた。そのなかで大きな転機は一九八二年六月のイスラエルのレバノン侵攻であった。これはレバノンに本拠地を置いていたPLOを攻撃するためにイスラエルが介入した事件で、その結果、PLOは本拠地をレバノンからチュニジアのチュニスに移した。さらに重要なことはレバノン侵攻を境に、PLOがそれまでのテロ攻撃などの武装闘争を放棄し、政治的解決へと舵を切ったことであった〔臼杵 一九九九〕。これが一九九三年のオスロ合意の遠因であった。

また、一九八七年以降、「インティファーダ」と呼ばれる、一般市民、特に若者のイスラエルへの抗議デモがパレスチナのイスラエル占領地で発生するようになった。占領地でイスラエル経済に従属しなければ生活できない若者たちの行動は世界的な注目を集め、これにより改めてイスラエルのパレスチナ占領が問題視されるようになった。一方でインティファーダは当初は自発的な集まりであったものの、次第にPLO、そしてムスリム同胞団のパレスチナ支部が市民を組織化するようになっていった。ムスリム同胞団のパレスチナ支部はインティファーダに乗じてハマースを設立した。

ＰＬＯの政治的解決の模索、インティファーダの発生、そして超大国アメリカのリーダーシップにより、中東和平問題は新たな展開を迎えた。ジョージ・ブッシュ・シニア政権下のアメリカは、冷戦と湾岸戦争（後述）という二つの戦争が終結した後の新世界秩序を模索していた。そのなかで、中東和平問題にも積極的に関与するようになった。その最初の成果が一九九一年一〇月末から一一月初頭にかけてのマドリード中東和平会議であった。この会議では、イスラエルとヨルダン、レバノン、シリアがそれぞれ二国間交渉を行うとともにそれらの国と多国間交渉も試みるという異なる二つのアプローチを採用した。問題点はパレスチナの代表であるＰＬＯが排除されていた点であった。しかし、一九九二年にイスラエルの首相となったイツハク・ラビンはノルウェーを仲介にＰＬＯと秘密交渉を行い、結果としてアメリカの立ち合いの下、一九九三年九月一三日にオスロ合意に署名した（第9章参照）。オスロ合意の内容は、五年間のパレスチナ暫定自治を実施し、その三年目までに最終的なパレスチナの地位に関する交渉を開始し、五年目までに最終的な解決に関する合意を取り決めるというものであった。これに従い、一九九四年五月からパレスチナの暫定自治が始まった。さらに一九九五年九月にはオスロⅡと呼ばれるパレスチナ拡大自治合意が締結された。これにより、パレスチナ自治区の範囲が拡大され、パレスチナの最終的な地位に関する交渉も開始された。

しかし、オスロ合意締結の立役者の一人であるラビンは一九九五年にユダヤ人の青年に暗殺される。選挙の結果、ラビンの後継の首相には、ラビンとともに中東和平を推進してきた当時の外相、シモン・ペレスを破ったリクードのベンヤミン・ネタニヤフが就任した。これは、イスラエルでパレスチナとの和平に反対の人々が多かった事実を示している。パレスチナでもハマースなどイスラエルとの和平を疑問視する組織は、オスロ合意に反対し、武力による抵抗を続けた。その後、二〇〇〇年代に入っても、オスロ合意による和平プロセスは進展しなかった。二〇〇二年からはイスラエルが入植地に分離壁を作り始め、一方でパレスチナでも第二次インティファーダが起こるなど、オスロ合意は停滞した。また、二〇〇四年にＰＬＯのカリスマ的なリーダーであったアラファートが死去して以降、現在に至るまでハマースとＰＬＯは激しい権力闘争を展開している。さらにイスラエルはガザ地区を実行支配するハマースを排除するため、これまで三回のガザ攻撃（一回目は二〇〇八年一二月から二〇〇九年一月、二回目は二〇一四年七月から八月、三回目は二〇二一年五月）を主導した。

このように、イスラエルとパレスチナの和平プロセスは九〇年代前半に活発になるが、その後のリクードのネタニヤフ政権やアリエル・シャロンといった保守派の内閣が成立、交渉がほとんど進まなかった。イスラエルとPLOによる中東和平問題の解決は失敗に終わったと言えるだろう。

6　二〇〇三年：イラク戦争とアメリカのイラク駐留

イラク戦争を語るうえで、一九九〇年から九一年の湾岸危機に触れないわけにはいかない。一九九〇年八月二日にイラクがクウェイトに侵攻したことで湾岸危機が起きた。イラクのサッダーム・フセインは一九八〇年代、イランとのイラン・イラク戦争での経済的に疲弊していたにもかかわらず、効果的な経済政策を打ち出せずにいた。石油価格の高騰を狙い、石油生産の自制と油価高騰の維持を隣国の産油国であるクウェイトとサウディアラビアに持ち掛けたが、受け入れられなかった〔トリップ 二〇〇四〕。こうした中、苦境を脱する手段としてクウェイトへの軍事侵攻が協議され、実行に移された。当初、フセインはアメリカなどがイラクのクウェイトへの侵攻を気に掛けることはないと踏んでいた。しかし、冷戦が終結し、共産主義という敵がなくなった中で、イラクの侵略行為は国際社会から非難を受けることになった。そして、一九九一年一月一六日にアメリカを中心とした多国籍軍がイラクを攻撃し、湾岸戦争が始まった。イラク軍は敗走を重ね、クウェイトが解放され、二月末に停戦合意がなされた。

しかし、フセイン政権は存続し、フセイン政権の打倒のために蜂起した南部のシーア派、北部のクルド人たちは多くの犠牲を払うことになった。多国籍軍は停戦後の対フセイン蜂起に加担することはなかった。イラクには飛行禁止区域が設置され、サウディアラビアに米軍が駐留したことはフセインの対外的な抑止にはなったが、国内でのフセインの権力強化を妨げるものではなかった。

また、サウディアラビアへの米軍駐留は、ビン・ラーディンなど、ジハード主義者たちの神経を逆なでさせ、ジハード主義者のアメリカへの攻撃を加速させた。一九九三年の世界貿易センタービル爆破事件、一九九六年にはサウディアラビアのダーランでの米軍官舎爆破テロ、一九九八年にはケニアとタンザニアで相次いでアメリカ大使館で爆破テロが起きた。こうしたジハード主義者の攻撃は、二〇〇一年九月一一日に起きた同時多発テロへと結実した。

アメリカは同時多発テロを受け、まず、ビン・ラーディンなどを匿っていたアフガニスタンのターリバーン政権を攻撃した。そして、その約一年半後の二〇〇三年三月に勃発したのがイラク戦争である。イラク戦争は湾岸戦争の延長線にある戦争であった。コリン・パウエル国務長官をはじめ、当時のジョージ・ブッシュ・ジュニア政権では、湾岸戦争時のジョージ・ブッシュ・シニア政権の高官たちが要職に就いていた。彼らは湾岸戦争でフセイン政権を排除しなかったことを後悔していた。また、彼らは中東の「ならず者国家」はジハード主義者と結びついていると思い込んでいた。イラクが大量破壊兵器に関する国連の査察を拒否したこと、そしてイラクが核兵器開発のためのプルトニウムを購入することなどを問題視したアメリカは、国連の決議がないまま、二〇〇三年三月に有志連合によるイラク攻撃を開始した（酒井 二〇一八）。戦争は二カ月ほどで有志連合の勝利に終わり、その後占領政策が進められた。しかし、この占領政策がずさんであったため、イラク国内の統治が必ずしも回復したとは言えなかった。イラク全土で反米運動および反政府運動が展開され、特に治安が悪化し、米軍へのテロ攻撃が常態化した。これは、その後「イスラーム国」（ＩＳ）が台頭する素地となった（酒井 二〇一八）。

イラク戦争後、ブッシュ・ジュニア政権はイラクを皮切りに、中東での民主化の進展を模索し、二〇〇四年六月にアメリカのジョージア州シーアイランドで行われたＧ８サミットにおいて「拡大中東政策」を発表した。これは、主に中東地域の政治的発展と改革、自由主義経済への移行を目的とした多国間の枠組みであった。しかし、イラクおよびその他の中東地域での反米感情の高まりを受け、失敗に終わる。

結局、アメリカは二〇一一年にイラクから撤退するが、その後のＩＳの台頭に顕著なように、依然としてイラクは不安定なままである。

表1－3　二〇一〇年代の中東における内戦

	期　間	犠牲者数	人道支援が必要な人々	難　民
シリア内戦	2011年3月～	約35万人	約1340万人	約660万人
リビア内戦	2011年1月～	約25万人	約90万人	約7万5000人
イエメン内戦	2015年3月～	約23万人	約2000万人	約13万人

出所：*Independent*, 15, June 2019, *The Guardian*, 7, January 2020, *BBC*, 24, September 2021, UNHCR websiteより筆者作成。

7　二〇一〇年末～二〇一一年：「アラブの春」

二〇一〇年末から中東および北アフリカの国々に広がった民主化要求運動である「アラブの春」は、波のように押し寄せる民主化の連鎖について論じたサミュエル・ハンチントンの『第三の波』になぞらえて「民主化の第四の波」とも評され、中東・北アフリカに多い権威主義体制の民主主義への転換が期待された。「アラブの春」の特徴は、イラク戦争のように外圧によって民主化を達成しようとするのではなく、各国の民衆がその担い手となったこと、言い換えれば「下」からの民主化要求であった。また、ソーシャル・ネットワーク・サービス（SNS）が使用され、瞬く間にその運動が他国に広がりを見せたことも大きな特徴の一つであった。「アラブの春」が発生した各国の政治的帰結に関しては、第7章で詳しく説明している。「アラブの春」は、チュニジア、エジプト、イエメン、バハレーン、ヨルダン、モロッコ、アルジェリア、サウディアラビア、リビア、シリアなどで起こった。

こうした民衆の民主化要求運動の兆しはすでに二〇〇九年のイランで見られていた。それは、二〇〇九年六月一二日に実施された第一〇期大統領選の結果をめぐり、改革派の候補であったムーサヴィー元首相とキャッルービー元国会議長の支持者たちが一カ月以上抗議運動を展開した「緑の運動」である。国際社会を中心にイランの変革に対する期待が高まったが、結局「緑の運動」はその後、バスィージと呼ばれる革命防衛隊国民動員部門の取り締まりにより、収束した。

話を「アラブの春」に戻すと、この運動は、長期に続いていたチュニジアのベン・アリー政権、エジプトのホスニー・ムバーラク政権、リビアのムアンマル・カッザーフィー政権を崩壊させた。しかし、「アラブの春」から一〇年経ち、現在民主化が進んでいるのはチュニジアだけである。

ムバーラク政権後にエジプトにおいては、ムスリム同胞団のムハンマド・ムルシィー政権が発足したが、二〇一三年に軍部による事実上のクーデタが起き、政権を追われた。その後、クーデタの中心人物であった国軍司令官のアブドゥル・ファッターフ・アル＝スィースィーが大統領に就任した。これにより、エジプトではムバーラク政権期以上に権威主義が強化されたと論じられた。

また、リビア、シリア、そしてイエメンでは「アラブの春」に端を発した民主化要求運動が政権から弾圧を受け、泥沼の内戦へと進むことになった（表1-3参照）。

8　中東現代史の特徴

本章では、中東の歴史をいくつかの出来事に焦点を当て、足早に解説してきた。その中で、少なくとも三つの特徴が浮かび上がる。まず、本章の記述を見てもわかるように、中東の問題には域内国家だけでなく、域外大国も深く関与している場合が多い。ここから、中東の問題に対する域外からの影響を常に注視する必要性が指摘できる。二つ目の特徴として、中東域内は容易に越境可能であり、各国ごとの通史を理解することが重要であると同時にアラブ・ナショナリズムやイスラーム主義の台頭、中東和平問題などは多国間の事象を考慮する必要がある。三つ目の特徴として、非国家主体が重要な役割を果たしていることである。国家に近い非国家主体としてはパレスチナ自治区、さらにはクルド民族主義運動やムスリム同胞団、さらにインティファーダや「アラブの春」においては一般市民が主要なアクターであった。

中東のこれらの特徴、そして政治的な流れを意識しながら、第Ⅱ部の各章で政治学および国際関係論的視点から中東の政治について理解を深めてほしい。

注

（1）旧ドイツ領アフリカはB式、旧ドイツ領南洋群島はC式に分類された。

（2）植民地とされたのは、英国支配下のアデン、イタリア支配下のリビア、フランス支配下のアルジェリアだけであった。
（3）第二次中東戦争はスエズ危機、スエズ戦争、シナイ戦争とも呼ばれる。
（4）ホメイニーはすでに一九六〇年代からイスラーム法学者として活動する傍ら、政治にも興味を示していた。イスラーム法学者のなかでは反シャーの代表格であり、反体制運動にかかわっていたため、シャーはホメイニーを敵視し、一九六四年一一月に国外追放とした。ホメイニーはトルコ、イラク、フランスのパリで国外生活を送った後、一九七八年に再びイランに戻った。
（5）二〇二一年一〇月現在の時点で、イランの最高指導者はホメイニーと、彼の死後、一九八九年にその後を継いだハーメネイーの二人だけである。

参考文献

青山弘之「『バアスの精神的父』ザキー・アル＝アルスーズィー」酒井啓子編『民族主義とイスラーム――宗教とナショナリズムの相克と調和』ＪＥＴＲＯアジア経済研究所、二〇〇一年、一七五～二二七頁。

青山弘之「バアス主義における「自由」と「民主主義」」『地域研究』六巻一号、二〇〇四年、三一～四五頁。

新井政美『トルコ近現代史』みすず書房、二〇〇一年。

今井宏平編『クルド問題――非国家主体の可能性と限界』岩波書店、二〇二二年。

ウォルト、スティーヴン（今井宏平・溝渕正季訳）『同盟の起源――国際政治における脅威への均衡』ミネルヴァ書房、二〇二一年。

臼杵陽『中東和平への道』山川出版社、一九九九年。

臼杵陽『アラブ革命の衝撃――世界でいま何が起きているのか』青土社、二〇一一年。

臼杵陽「アラブ・ナショナリズムとパレスチナ・ナショナリズム」臼杵陽・鈴木啓之編『パレスチナを知るための60章』明石書店、二〇一六年、一〇九～一一三頁。

オーウェン、ロジャー（山尾大・溝渕正季訳）『現代中東の国家・権力・政治』明石書店、二〇一五年。

北澤義之『アラブ連盟――ナショナリズムとイスラームの交錯』山川出版社、二〇一五年。

酒井啓子『9・11後の現代史』講談社現代新書、二〇一八年。

末近浩太『中東政治入門』ちくま新書、二〇二〇年。

等松春夫「南洋群島の主権と国際的管理の変遷――ドイツ・日本・そしてアメリカ」中京大学社会科学研究所「国際関係から見た植民

地帝国日本研究プロジェクト」編『南洋群島と帝国・国際秩序』中京大学社会科学研究所、二〇〇七年、二一～五六頁。

鳥井順『アフガン戦争』第三書館、一九九一年。

トリップ、チャールズ（大野元裕監修）『イラクの歴史』明石書店、二〇〇四年。

永田雄三・加賀谷寛・勝藤猛『中東現代史Ⅰ』山川出版社、一九八二年。

ハリディ、フレッド（菊井禮次訳）『現代国際政治の展開――第二次冷戦の史的背景』ミネルヴァ書房、一九八六年。

ブザン、バリー（大中真・佐藤誠・池田丈佑・佐藤史郎ほか訳）『英国学派入門――国際社会論へのアプローチ』日本経済評論社、二〇一七年。

吉村慎太郎『イラン・イスラーム体制とは何か――革命・戦争・改革の歴史から』書肆心水、二〇〇五年。

吉村慎太郎『イラン現代史――従属と抵抗の100年』有志舎、二〇一一年。

Ajami, Fuad, "The End of Pan Arabism", *Foreign Affairs* (Winter 1978/79), pp. 355-373.

読書案内

①ロジャー・オーウェン（山尾大・溝渕正季訳）『現代中東の国家・権力・政治』明石書店、二〇一五年。
＊中東現代史を単に時系列ではなく、さまざまなイシューごとにまとめ、構造的に理解することを目指した名著。中心となっているのは二〇世紀の事象だが、中東政治の骨子を丹念に説明している。

②臼杵陽『中東和平への道』山川出版社、一九九九年／臼杵陽『世界史の中のパレスチナ問題』講談社現代新書、二〇一三年／立山良司『イスラエルとパレスチナ』中央公論新社、一九八九年／立山良司『中東和平の行方――続・イスラエルとパレスチナ』中央公論新社、一九九五年。
＊中東和平問題に関しては、やや古いが臼杵と立山の一連の著作がバランスのとれた内容となっており、参考になる。

③酒井啓子『9・11後の現代史』講談社現代新書、二〇一八年。
＊二〇〇〇年代の中東の歴史について概観した著作で、最近の中東で起こった出来事をコンパクトに解説している。単なる時系列ではなく、ある事件もしくはトピックに焦点を当てたうえで時系列による説明を試みている。

第2章　イスラームとイスラーム主義

この章で学ぶこと

この章の学びのテーマはイスラームである。本章で議論するイスラームとは、高校までの授業で学ぶイスラームの教義や歴史ではない。本書では各所でイスラーム、あるいはイスラーム主義という言葉が幾度となく登場している。例えば、政党政治を扱う章では「イスラーム政党」など政治制度内で活動する政治アクターとして、テロや内戦を扱う章では過激な暴力行為を辞さないアクターとして、イスラームに関する記述がある。イスラームという言葉が中東政治を論じる際に頻出することからも明らかなように、イスラームは中東政治に深く関与し、そのあり方や動向に影響を与えている。

本章では、こうしたイスラームという宗教と政治の関係（政教関係）を主に論じる。その際、イスラームの教えに基づく政治的イデオロギーである「イスラーム主義」という分析概念を用いて、中東地域における政治と宗教の関係を考察する。また、イスラーム主義を掲げて実際に政治活動を進めるイスラーム主義運動についても、その思想と実態を分析する。つまり、本章に議論の中心は、①政教関係、②イスラーム主義という政治イデオロギー、③イスラーム主義運動という政治アクターとなる。無論、イスラームだけで中東政治を完璧に理解できるというわけではない。「イスラームがわかれば中東がわかる」といった古典的な考え方は、文化決定論・本質主義として今日では批判の対象となっている。一方で、中東政治におけるイスラームの遍在性を等閑視できないのも事実である。本章では、「中東政治にはイスラームがわからなければわからない部分もあること」を理解するための基礎知識を押さえていく。

1　現代中東における政教関係とイスラーム主義

（1）政教関係を考える

日本に暮らす我々にとって、宗教は個人の問題であるべきだ、言い換えれば私的な領域にとどめるべきだというのが、いわば一般常識になっている。筆者らが授業内で「政教は分離すべきか否か」と質問すると、ほとんどの学生が分離すべきだと回答する。宗教は私的な領域にとどまるべき、公的な領域には立ち入るべきではないという意見が多い。このことは、政教分離が我々にとって「あるべき政教関係」だという考えの一端を示している。では、政治と宗教を分離する場合、どのように分けるべきだろうか。この問いを投げかけると、学生たちの回答は、「宗教団体の政治活動は一切禁止」、「国教規定がなければ十分」、「多元主義を認める宗教政党は認めるべき」など喧々諤々の議論になる。政教分離の概念は西洋近代で確立されたが、現在のそのあり方は世界を見渡しても国ごとにさまざまというのが実情である。

欧米諸国における政教分離を例に見てみよう。英国では、国王が英国教会のトップを兼任している。デンマークにも国教会があり、フィンランドは同国の福音ルター派教会と正教会を国教に定めている。ドイツでは、公認宗教制の下で公立学校が宗教教育を実施している〔高尾 二〇二〇〕。国家と教会の分離の原則（ライシテ）の下で厳格な政教分離を掲げるフランスでは、ライシテの再定義や適用方法をめぐる論争が沸き起こっている〔伊達 二〇一八〕。アメリカは政教分離の原則を憲法で定めているが、大統領が聖書に手を置いて就任宣誓を行う様子は日本のテレビでも放映されている。我々の暮らす日本でも、憲法に政教分離の原則（二〇条）や宗教団体への公金支出禁止（八九条）が規定されているが、宗教団体設置の私立学校に対して補助金が交付されている。

つまり、政教分離の是非を問うこと以上に、政治と宗教をどのように分離するのか、あるいは両者間の関係のあり方を具体的に検討することが重要となる。中東地域の政教関係を考える際にも同様である。

（2）中東地域の政治と宗教

中東の宗教と言えばイスラームと即座に連想されるかもしれないが、イスラーム以外の宗教も古来より存在している。中東地域はセム系一神教と呼ばれるユダヤ教・キリスト教・イスラームの揺籃の地であり、文明の十字路である中東にはさまざまな宗教が往来してきた。

米世論調査機関ピュー・リサーチセンターによると、二〇一〇年時点の中東地域における宗教人口構成は、ムスリム（イスラーム教徒）九三％、キリスト教徒四％、ユダヤ教徒一〜二％、無宗教を含むその他が一％未満となっている。(1) 米情報機関CIAが二〇一五年に発表した調査結果では、一部の国にデータの信憑性や不足などが見られるものの、各国ごとの宗教人口構成が示されている。それによると、ムスリムが多数派を占める国が多いが、ユダヤ教徒が約四分の三を占めるイスラエル、多くのキリスト教徒人口を抱えるレバノン（約四〇％）、クウェイト（約一七％）、エジプト（約一〇％）のような国もある。(2)

このように中東地域の宗教はイスラームだけではない。他方、中東政治に大きな影響を与えてきた宗教は主にイスラームであった。中東政治を研究するうえで、イスラームが政治・国家・諸政策に与えた影響を検討することは不可欠である〔Milton-Edwards 2011〕。そこで、イスラームにまずは焦点を定めて中東地域における政教関係を考察してみよう。

「イスラームは政治と宗教を分けない」という議論をご存じの方も多いだろう。イスラームはなぜ政治と宗教を分離しないのか。政教が分節化されないイスラーム世界固有の社会認識について、イスラーム学・中東地域研究者の小杉は、「政教一元論」の概念を用いて論じている。六二二年にマディーナ（メディナ）で預言者ムハンマドを長として成立したイスラーム共同体（ウンマ）は、アッラーの教え（イスラーム）の下に統治され、イスラーム法（シャリーア）が私的・公的を問わず社会生活のすべてにかかわる単一の法体系として確立された。つまり、政治と宗教を別々の体系として考え、両者の関係を律することはなかった〔小杉 二〇〇六〕。

一方、西洋近代的な政教分離の概念は、別々の存在として自己確立したキリスト教（教会法）と国家（市民法）の関係を律するものである。端的に言うと、政治と宗教の不可分性を前提とするイスラームの政教一元論、可分性を前提とする西洋的

コラム③　イスラーム主義者／運動を理解するには？

イスラーム主義者／運動に関する適切な理解は、イスラーム主義さらには中東政治を研究するうえで重要である。本章の筆者らは、現地調査と文献（一次資料）調査を二つの柱としてイスラーム主義研究を進めてきた。いずれにおいても現地語の習得は不可欠である。現地調査は文字通り現地（フィールド）で行う調査で、参与観察やインタビューなどの手法がある。彼らの考えや活動の実態を知ることのできる貴重な機会である。だが、本文中で述べるように、イスラーム主義者たちは反政府組織やテロ組織として弾圧下にある場合もある。この場合、秘密警察の尾行や妨害をかいくぐっての調査を強いられることもある。無論、そんな危険な目に遭わないことが多いので安心してほしい。文献調査では、彼らの刊行本だけでなく、ＳＮＳやウェブサイトを通じて一次資料を解析するという作業が中心となる。現地情勢が危険な場合や、対面での接触が難しいジハード主義者を研究対象とする場合などは、文献調査がメインとなる。イスラーム主義に関する優れた先行研究は多数あるが、本章の内容に鑑みて、読書案内で三冊を調査・研究の参考として挙げるので、是非一読してほしい。

な政教分離である。近代以前、中東地域に成立したイスラーム諸王朝は政教一元論の下で統治の正統性を担保された。伝統的なイスラーム政治思想においては、主権は万物の創造主であるアッラーに属する。人類はその主権を行使する権利（主権行使権）を付与され、それを執行する「手段」として国家が設けられるものとされた〔小杉 一九九四〕。

（3）「イスラーム主義」という考え方

一九世紀以降、中東地域は西洋諸国によって植民地化・隷属化された。それは政教一元論に基づく統治が崩壊する過程であった。かつては、社会がイスラーム的価値によって規定されている以上、どんな暴君であってもイスラームを否定できなかった。むしろ、自らのイスラーム的な「正しさ」を主張することで、統治の正統性を得ようとしてきたのが実情だった。

しかし、西洋諸国による支配は中東地域の社会のあり方を規定するイスラーム的価値を否定した。近代化が進むなかでイスラームの社会を規定する力は弱まり、脱イスラーム化を伴う世俗化が顕著となった。そのためイスラームを「時代遅れ」とする人々も現れた。西洋諸国に抗するためにさまざまな政治的主張が現れた中東地域では、西洋近代化を推し進めて富国強兵を目指す主張（欧化主義）や、アラブ人やエジプト人といった民族の団結によって独立を果たそうとする考え（民族主義）が有力であった。

これに対して、イスラームの教えに基づく改革を志向する運動も存在した〔小杉 一九九四〕。本章では、こうしたイスラームの教えに基づく諸改革を目指す潮流（イスラーム復興）のなかでも特に、「宗教としてのイスラームへの信仰を思想的基盤とし、公的領域におけるイスラーム的価値観の実現を求める政治的なイデオロギー」〔末近 二〇一八〕をイスラーム主義と呼ぶ。なお、このイスラーム主義は単なる復古主義ではないことに注意してほしい。西洋近代に敗北した伝統的なイスラームではなく、近現代に適したイスラームの新たなあり方を模索する極めて新しい営為なのである。

「近代化が進めば世俗化が進み、宗教の役割は縮小する」と考える読者もいるだろう。しかし、こうした単線的な世俗化論の普遍性は論駁されて久しい。世俗化論は一六〜一七世紀に苛烈を極めた宗教戦争や一八世紀以降の国民国家成立を経験した西洋独自の経験のなかで形成された概念であり〔末近 二〇二〇〕、西洋優位の近代以降に世界に広まった。つまり、普遍的な概念ではない。社会学者のテイラーは、世俗主義も宗教的な立場と同様に一つの世界観にすぎず、特権的に扱うべきではないとする〔Taylor 2011〕。イスラーム主義、そしてそれが中東政治に与えてきた影響を考えるうえで重要なのは、世俗化や政教分離の是非を論じることではなく、政教関係の実態を丁寧に把握していくことなのである。

2　イスラーム主義の誕生と発展

（1）イスラーム主義の先駆者たち

中東地域でイスラーム主義が登場した理由は、彼らが自らの暮らすムスリム社会を「イスラーム的」ではないと考えたからである。「ムスリムが多数派の社会はすでにイスラーム的な社会ではないか」と疑問を抱く読者もいるかもしれない。しかし、イスラーム主義者たちは自らの暮らす社会を非イスラーム的と考えて改革を目指した。

ただし、ここで注意しなければならないのは、彼らが改革の対象としたのはイスラームの教義ではないことである。アッラーを信じクルアーン（コーラン）を確信する彼らにとって、イスラームの教えに誤りはありえない。そうではなく、イスラームに関するムスリムの理解と実践に誤りがあると考え、それを正しいものへ回帰させることを目指した。それゆえ、彼らは異教徒に改宗を訴えかけるのではなく、イスラームの教えに基づく改革をムスリムへ訴えかけた。「正しい」ムスリムとして覚醒することを呼びかけたのである。なお、イスラーム主義者は社会において少数派である場合が多い。現在まで、イスラーム主義者が実際の統治に当たった例はわずかである。イスラーム主義者にとってイスラーム的な社会や国家はいまだ実現の途上にある。

二〇世紀前半までに、イスラーム主義の先駆者とも呼ぶべき思想家や運動が登場した。その嚆矢は、近代西洋との邂逅以前の一八世紀にイスラーム社会の浄化を求めてアラビア半島に現れたワッハーブ運動である。その祖ムハンマド・イブン・アブドゥルワッハーブはタウヒード（唯一神アッラーの信仰）を強く主張し、クルアーンとスンナ（預言者ムハンマドの言行）への回帰を訴え、当時広まっていたスーフィズム（イスラーム神秘主義）や聖者崇拝などを多神教的な「ビドア（後世に付加された非イスラーム的な逸脱）」として糾弾し、イスラームの初期世代（サラフ）が確立したウンマの再興を目指した。この思想はサラフィー主義と呼ばれ、現在のイスラーム主義にも影響を及ぼしている。

一九世紀、イスラーム世界の植民地化・隷属化が進む中、西洋諸国に対抗するため、時代に適応した柔軟なイスラーム法解釈に基づく改革と国境を超えたムスリムの連帯（汎イスラーム主義）を唱える運動が、アフガーニー、ムハンマド・アブドゥ、ラシード・リダーなどのウラマー（イスラーム法学者）を中心に進められた。彼らは近代西洋の新たな技術を積極的に採用し、『固き絆』や『マナール』（灯台）などの雑誌を舞台にイスラーム的な改革運動を唱えた。その活動は大戦間期まで続いたものの、ウラマー主体の改革運動は知識人エリートの枠内にとどまり、社会を動かす力にならなかった。

（2）二〇世紀の中東地域における政教関係とイスラーム主義

第一次世界大戦でのオスマン帝国の敗戦は、イスラーム的正統性を持つ帝国の終焉をもたらした。帝国の崩壊は中東地域へ二つの大きな影響を与えた。第一に、旧帝国領が西洋諸国によって分割され支配される過程で、中央集権的統治、国際的に承認された国境、国民を付与された「植民地国家」が成立し[3]、現在の国民国家の前身になったことである〔オーウェン 二〇一五〕。イスラーム的価値に依存しない「国家」の存在がイスラーム主義者にとって活動の前提となった。第二に、イスラーム的な「正しさ」が自明ではなくなり、イスラーム主義者たちにはイスラーム的価値に基づく統治の正統性を明示する必要性が生じた。また、帝国崩壊に伴うイスラーム国家の不在は、イスラーム的にあるべき社会・国家像や政教関係の提示という新たな課題をイスラーム主義にもたらした。

イスラーム主義の先駆者たちの遺産は、民衆を動員する社会運動として発展的に継承された。その代表例がエジプトで一九二八年に創設されたムスリム同胞団であった。民衆主体の運動という同胞団の新しい形態はその後の改革運動のモデルとなり、二〇世紀半ばには中東諸国で多くの支部が設立された〔横田 二〇〇九〕。二〇世紀後半までに多くの国が独立を果たし、民族や国民を重視する世俗的なナショナリズムが興隆するなか、イスラーム主義は相対的に存在感を低下させた。しかし、一九七〇年代に第三次中東戦争での敗北にみられる世俗的な国家運営の行き詰まりや世界的な宗教復興を受けて、中東諸国では文化的・社会的なイスラーム的価値への回帰が顕著になり、政治的にはイスラーム主義運動が訴求力を回復した。

こうした二〇世紀のイスラーム主義に関する動向をより具体的に論じるため、以下、エジプト、トルコ、イランという中東における域内大国の事例を見てみよう。

エジプト

エジプトの首都カイロは、上述のアブドゥやリダーら先駆者たちの拠点であった。彼らの改革思想を発展的に継承したのは、近代化政策の賜物である世俗的な高等教育を修めたハサン・バンナーであった。彼は一九二八年にムスリム同胞団を創設し、ウラマーら伝統的知識人エリートだけでなく一般民衆とともにイスラームの教えに基づく社会・政治改革を推し進めた。大衆社会化が進む当時のエジプトで、民衆の行動こそが社会を変えると考えた彼は、平易な言葉による教宣（ダアワ）を広く行った。バンナーはイスラームを「生活の諸相を扱う包括的な制度」と定義し、イスラーム法施行とイスラーム国家樹立を果たすことで、祖国とイスラームの危機を解決しようとした。また、彼は愛国心やナショナリズムをイスラーム的価値の中で位置づけて論じた〔バンナー 二〇一六〕。国民国家を否定するのではなく、イスラーム世界の再興を支える柱の一つと考えた。国民国家の存在を前提に、イスラーム的価値によってその内実を再構築しようとしたのである。

一九四〇年代後半、同胞団はエジプト最大の政治・社会結社に発展したが、その力を恐れる政府との対立が深まった。両者間で暗殺など暴力的行為が頻発し、一九四九年にバンナーは暗殺された。バンナー死後、同胞団は混乱状態のまま一九五二年のエジプト革命を迎えた。革命で共和制を樹立したナーセルとの権力闘争に敗れ、一九五四年に非合法化された。権威主義的なナーセル政権下、軍・治安機関など体制を支える政治アクターへ権力が分配され、同胞団など反体制派の政治参加は原則排除された。その復活の機会は一九七〇年代にようやく訪れた。

トルコ

第一次世界大戦でのオスマン帝国の敗北は、ギリシャ軍のアナトリア侵攻や西洋諸国による国土分割の危機をもたらした。これに抗して祖国解放戦争を指導したムスタファ・ケマルは、ローザンヌ条約（一九二三年）でトルコの領土保全の国際的承認を達成した。一九二二年にオスマン帝国スルタンは追放され、翌年にムスタファ・ケマルを大統領とするトルコ共和国が成立した。一九二四年のカリフ制やイスラーム法の廃止に示されるように、トルコ共和国ではイスラームをはじめとする宗教を政治から排除し（政教分離）、国家による管理・統制を試みる世俗主義（ラーイクリキ）が建国原理として採用された〔岩坂 二〇一九〕。現在に至るまで、トルコ国内のモスク等の宗教施設は政府機関である宗務庁の管轄下にある。興味深いのは、この世俗主義の原則においては、国民感情への配慮からイスラームの否定ではなく、政教分離こそ「真のイスラーム」とする独自解釈が採られたことである〔飯塚 二〇〇八〕。

一九三七年以降、共和国憲法にはラーイクリキが明記されており、宗教を綱領に掲げる政党・結社は活動が禁じられている。しかし、こうした改革は国民の多くがムスリムのトルコにおいてもろ手を挙げて歓迎されたわけではなかった。信仰心の篤い人々は、建国の父であるケマルの政策であったため、しぶしぶ受け入れたという方が正しいだろう。事実、ケマルの死後、その綻びが出始め、一九七〇年代初頭には、イスラーム的価値の公的領域における実現を標榜する政党も登場した。

その中心がエルバカンであった。エルバカンはまず一九七〇年に「国民秩序党」(翌年軍の圧力で解散)を結党し、次いで「国民救済党」「福祉党」「美徳党」を設立した。エルバカンは自身の政党を、政教分離の範疇でイスラーム的価値を追求する親イスラーム政党と主張した。「福祉党」は一九九五年議会選挙で躍進し、翌年にエルバカンは連立政権で首相になった。しかし、一九九七年に軍の圧力で辞任し、翌年に福祉党も解党、後継政党の「美徳党」も同様に二〇〇一年に解散させられた。このように、二〇世紀のトルコでは親イスラーム政党が躍進しても、その言動が世俗主義に反すると軍・司法が判断する場合、活動が禁じられてきた〔岩坂 二〇一九〕。

イラン

イランでは一九二五年にパフラヴィー朝が成立した。同朝下では、中央集権化や近代化が推進され、ヴェール廃止などの世俗的政策も強行された。一九四一年に第二代シャーに即位したモハンマド・レザーは米国の支援と石油収入を背景に工業化を進め、土地改革や女性参政権からなる「白色革命」と呼ばれる近代化政策を推進した。しかし、一九六〇〜七〇年代の急速な工業化・都市化は農村の疲弊を招き、物価高騰や失業は国民生活を直撃した。シャー政権の世俗化政策や言論統制などの抑圧政策に対して、国民の不満は強まった。

シャー政権の失政・圧政に異議申し立てを行った人々の中には、共産党など左派やリベラル知識人の他に、ホメイニーらウラマーの姿があった。イラン人口の九〇％以上はシーア派で、その中では一二イマーム派が多数を占める。一二イマーム派では、信徒の指導者である第一二代イマームが「お隠れ状態(ガイバ)」、つまり現世には不在と考え、イマームが再臨するまでは統治権(ヴェラーヤト)をウラマーが担う宗教分野と国王など世俗的執政者が担う政治分野に分けるという考えが大勢を占めていた。ホメイニーはこの考えを発展させ、宗教も政治もウラマーが担うべきとし、世俗君主による統治権を否定した〔富田 二〇一四〕。そこでは、アッラーによって下された天啓法を解釈し、実際の政治に適用するウラマーの役割が示されている〔Milton-Edwards 2011〕。政教一元的な統治を求めるホメイニーのこの理論は「ヴェラーヤテ・ファキーフ(法学者の統治)」論と呼ばれる。

一九七九年、イラン全土に拡大した抗議デモによってシャーは国外亡命した。その後、ホメイニーは亡命先のパリから帰国した。同年末の国民投票でヴェラーヤテ・ファキーフ論を規定する新憲法が承認され、彼の唱えるイスラーム主義が制度化されるに至った。ホメイニーは共和国最高指導者としてその死（一九八九年）まで国政を担った。革命で成立したイスラーム共和制はイスラーム主義の数少ない政権掌握の成功例である。

ユダヤ教・キリスト教の政治運動

ここで簡単にではあるが、ユダヤ教およびキリスト教の政治運動についても触れておきたい。一九四八年に建国されたイスラエルは「実質的な宗教国家」と考えられる〔末近 二〇二〇〕。イスラエル国民の構成要件を規定する「帰還法」（一九七〇年改訂）第四条Bは、「〝ユダヤ人〟とは、ユダヤ人の母から生まれ、あるいはユダヤ教徒に改宗した者で、他の宗教の成員ではない者」と明記する。さらに、二〇一八年制定の「国民国家法」では「イスラエルはユダヤ人の国民国家である」と規定され、人口の二〇％を占めるアラブ系住民は主権者としての適格要件を欠くことになった。ユダヤ教の宗教政党は活動を認められ議席を有する一方、イスラーム政党は合法性を認められていない。ユダヤ教と政治の密接な関係を指摘できる。

キリスト教については、コミュニティの自己防衛を目的とする政治活動が中心である〔オーウェン 二〇一五〕。人口の半数近くとされる巨大なキリスト教徒コミュニティが存在するシリアやレバノンでは、ムスリムが多数派を占める中で自らの政治的な影響力を確保するために、主に二つの政治活動が行われてきた。一つは宗教・宗派を基盤とした政党を組織すること、もう一つは世俗主義を掲げることであった。同じ利害を共有する人間集団（宗教・宗派）によって政党を結成したうえで、自国にキリスト教に基づく国家を建設するのではなく、世俗主義に基づく法制度の整備を訴えた。宗教とかかわりない政治を実現することで、少数派としての政治的影響力の確保に努めてきたのである。エジプトには人口の一〇％を占めるコプト正教徒が、多数派ムスリムからコミュニティの利益を守るために、世俗主義を主張し、歴代政権と良好な関係を維持することで自己防衛を実現してきた。

3　現代中東政治とイスラーム主義

(1)　一九七〇年代以降のイスラーム主義の再興隆

一九五〇〜六〇年代の中東地域ではアラブ・ナショナリズムが最盛期を迎えていた。第二次中東戦争〔スエズ危機〕で政治的勝利を収めたエジプトのナーセル大統領はアラブ・ナショナリズムを牽引し、中東地域を越えて第三世界の指導者として名を馳せた。当時、一部の国々では政権による弾圧もあり、イスラーム主義の活動は低調であった。

しかし、第三次中東戦争〔一九六七年〕でアラブ諸国がイスラエルに大敗し領土を喪失するに至って、ナーセルの外交的成功に依拠していたアラブ・ナショナリズムの威信は大きく失墜した。中東地域におけるナショナリズムの凋落は、その後のイスラーム主義の再興隆の契機となった。一九七九年、イランでの革命とイスラーム共和国成立、マッカ〔メッカ〕での武装集団によるカアバ聖殿占拠事件が起き、アフガニスタンへのソ連軍侵攻はその後のムスリム義勇兵によるジハードへと至った。一連の事件はイスラーム主義の興隆を世界に印象付けた。

一九八〇年代以降、イスラーム主義の興隆は続いた。イラン・イスラーム革命の衝撃に中東諸国のイスラーム主義運動が触発された。この頃、エジプトやヨルダンではイスラーム主義運動の選挙参加など穏健な政治活動が顕著となった。ファタハ主導のパレスチナ解放機構〔PLO〕など世俗的な解放運動が主流であった対イスラエル闘争では、レバノンのヒズブッラー〔ヒズボラ〕やパレスチナのハマースなどイスラーム主義運動が誕生した。中東域外へ目を向けると、ユダヤ教、イスラーム、キリスト教、ヒンドゥー教、仏教において宗教的伝統の私的領域への限定に対する異議申し立てが広範かつ同時多発的に生じていた〔ケペル 一九九二；Casanova 1994〕。イスラーム主義の再興隆もこの諸現象の一環として位置づけられる。

以下、本節では、一九八〇年代以降のイスラーム主義の展開について考察するために、①政治参加、②抵抗運動、③「アラブの春」の三つの視点から論じることとする。

（2）イスラーム主義運動の政治参加

一九八〇年代の中東地域では、イスラーム主義者の政治参加という新たな展開が見られた。かつて、イスラーム主義者たちのなかには、政党結成や選挙参加などの政治活動に対して、国内やウンマに党派主義や分裂を惹起するとの理由で反対の声が根強かった〔バンナー 二〇一六〕。しかし、一九八〇～九〇年代にはイスラーム主義運動の政治参加が顕著となった。その背景として、冷戦構造崩壊や経済危機に誘発された中東諸国での民主化要求の高まりがあったが、イスラーム主義運動自体の変化も同時に指摘できよう。初期のイスラーム主義者は政治をイスラーム的価値によって改革しようとしたが、二〇世紀後半には政治・社会の状況によってイスラーム主義者の改革活動の枠組み・方法が変容したのである〔Voll 2013〕。そこには、宗教によって政治のあり方が変わると同時に、政治や社会が宗教の解釈・実践のあり方を変えるという相互作用を看取できる〔末近 二〇二〇〕。

イスラーム主義運動の政治参加の先駆的事例としては、エジプトのムスリム同胞団が挙げられよう。一九七〇年代、サーダート政権下で同胞団は社会活動に注力して組織を再建した。一九八〇年代にムバーラク政権下で一定の政治的自由化が進むと、同胞団は政治参加を決断した。その際、一部保守派からは社会活動重視の伝統を維持すべきとの反対があったが、指導部はイスラーム的改革には政治活動が不可欠として押し切り、一九八四年の議会選挙へ参加した。当時、同胞団は非合法組織だったのでメンバーを無所属候補として擁立した。ムバーラク政権はこれを黙認し、同胞団は議席を獲得した。その後も同胞団は議会選挙参加を継続し、やがて実質的な最大野党にまで成長した〔横田 二〇〇九〕。

イスラーム主義運動の政治参加は他の中東諸国にも広がった。一九八九年、政治的自由化が見られたヨルダンでは二二年ぶりとなる議会（下院）選挙が実施された。選挙参加を認められた同胞団は八〇議席中二四議席を獲得し、その後同胞団議員が入閣を果たした。一九九二年には傘下政党「イスラーム行動戦線党」が結成された。イエメンでは南北統一（一九九〇年）後初の議会選挙が一九九三年に行われ、第二党の座を占めたイスラーム政党「イスラーハ」は連立政権の一翼を担った。一九九〇年代にヒズブッラー（レバノン）、二〇〇〇年代にはダアワ党（イラク）、公正開発党（モロッコ）、ハマース（パレスチナ自治区）も議会選挙で存在感を示した。トルコでは、旧美徳党の若手・中堅が中心となって結成された「公正発展党

（ＡＫＰ）」が二〇〇二年議会選挙で五五〇議席中三六三議席を獲得した。その中心は党首のエルドアンであった。経済政策で実績を収めたＡＫＰは、国民の支持を受けてその後の長期政権を実現した。

一方、アルジェリアでは一九九一年に「イスラーム救国戦線」（ＦＩＳ）が議会選挙で大勝した（計四四四議席中二三五議席獲得）。これを危惧した軍はクーデタで実権を掌握し、ついにはＦＩＳを非合法化した。混乱のなか、元アフガン義勇兵を中心とする「武装イスラーム集団」など過激派が台頭し、同国は血みどろの内戦状態に陥った。

権威主義体制が多くを占める中東諸国で、イスラーム主義運動は社会・政治のあり方が非イスラーム的であるとして改革を訴えかけてきた。為政者にとっては、こうした活動は政権の正統性に対する挑戦である。イスラーム主義運動が社会活動に成功している場合、その動員力も脅威である。それゆえ、イスラーム主義はしばしば体制による弾圧に直面してきた。力による体制打倒を選択しない場合、イスラーム主義者には既存の政治制度内での活動しか選択肢はない。それゆえ、民主化要求や合法的な民主的手続きの重視は彼らの活動の柱になった。それは国民の民主化要求の声と重なる場合が多く、体制に対する異議申し立てがイスラーム主義運動に集約され、その政治参加はさらに促進された。

図２-１　パレスチナ自治区ナーブルスの旧市街に壁に描かれた，ハマースの殉教者慰霊碑

出所：錦田愛子撮影。

（３）イスラーム主義と抵抗運動

一部の中東諸国では、国外からの脅威に抵抗するために武器を取るイスラーム主義者も現れた。それがイスラーム抵抗運動である。パレスチナのハマースとレバノンのヒズブッラーはその代表格で、イスラエルによる侵略を共通の脅威と捉え、抵抗するために結成された。

ハマースは、一九八七年にヨルダン川西岸・ガザ地区で勃発した第一次インティファーダ（民衆蜂起）の際にムスリム同胞団パレスチナ支部の軍事部門として創設され、イスラエルの占領に対する抵抗運動を敢行した。創設者は同支部の幹部アフマド・ヤースィーンであり、一九七〇年代にイスラエル占領下のパレスチナにおいてイスラーム的な慈善組織を設立・運営していた。しかし、第一次インティファーダの最中、ヤースィーンは、パレスチナの一般民衆が抵抗運動に身を投じていくなかでハマースの創設に踏み切った。

このハマースとならぶイスラーム抵抗運動が、レバノンのヒズブッラーである。結成のきっかけは、一九八二年のイスラエルによるレバノン侵攻であった。ヒズブッラーは地下組織として抵抗運動を開始し、イスラエル軍やその同盟者、さらには米軍主導の多国籍軍に対するゲリラ戦を繰り返した。その際、彼らが新たに採用したのがトラック爆弾による自爆攻撃であった。イスラームでは、他の宗教と同様に自死が禁じられている。しかし、ヒズブッラーは、信仰や共同体を守るための戦いで命を落とすことが神に背く行為ではなく神に酬いる行為だと解釈した。こうして正当化された自爆攻撃は「殉教作戦」と呼ばれた。

ハマースもヒズブッラーも、武力を用いることから「過激」な組織と見なされることが多い。しかし、両組織とも、自国の政府が機能不全にあるなかで草の根の祖国防衛を掲げて結成された点で、次節で論じる自国の政府を標的としたジハード主義者と異なることに注意する必要がある。こうしたイスラーム抵抗運動としては、ハマースとヒズブッラーの他に、医師のファトヒー・シャカーキーらによる「パレスチナ・イスラーム・ジハード運動」、レバノンのシーア派ウラマーのムーサー・サドルらによる「奪われた者たちの運動」（一九七五年、後にアマル運動に改称）が誕生している。

ハマースもヒズブッラーも、祖国解放の先にイスラームに基づく社会や政治を構想している。両組織とも、紛争で荒廃した自らの土地において幅広い社会活動を展開し、本来は政府がすべき行政の空白を埋める役割を果たした。今日では、それぞれパレスチナとレバノンの民主政治に合法政党として参画しており、多くの票を集めている。

（4）「アラブの春」に伴う政治的台頭と挫折

二〇一〇年末〜二〇一一年に中東諸国で起こった反政府抗議デモの拡大・波及現象を指す「アラブの春」は、長期間続いていた権威主義体制を崩壊・動揺させた。抗議デモでは、党派色を持たない青年運動組織が牽引役を果たした。チュニジアのベン・アリー政権やエジプトのムバーラク政権は抗議デモに抗することができず崩壊した。イエメンのサーレハ大統領はデモ拡大に伴う国内混乱を収拾できず辞任した。リビアでは政府軍と蜂起した反政府軍の衝突が生じ、北大西洋条約機構（NATO）が反政府軍寄りで軍事介入した結果、カッザーフィー（カダフィ）政権は崩壊した。シリアでは抗議デモを契機に、国外アクターが介入する内戦が起こった。政権崩壊に至らないまでも、多くの中東諸国が何らかの形で「アラブの春」の影響を受けた。

「アラブの春」後、中東諸国で行われた選挙で、イスラーム主義の政治的台頭が顕在化した。チュニジアでは二〇一一年にイスラーム政党「ナフダ（覚醒）党」が正式認可され、直後の議会選挙で全二一七議席中九〇議席を獲得して第一党に躍進し、連立政権の中核を担った。モロッコ議会選挙では、公正開発党が三九五議席中一〇七議席を獲得して第一党となった。エジプトでは、同胞団が「自由公正党」を結成し、二〇一一～一二年に実施された上院・下院選挙で第一党の座を獲得した。二〇一二年の大統領選挙では同胞団員のムハンマド・ムルスィーが勝利し、エジプト史上初の文民出身大統領が誕生した。クウェイトでは、二〇一二年の議会選挙で親イスラーム主義議員が五〇議席中三四議席を占める結果となった。

図2－2　ムスリム同胞団の支持者たち（カイロ，2012年1月）
出所：AFP＝時事。

「アラブの春」はイスラーム主義の政治的台頭の契機となったが、その要因については、旧政権下でのイスラーム主義運動の活動実績、社会活動を通じたイスラーム主義運動からの利益供与、イデオロギーとしてのイスラーム主義への支持などが挙げられる〔末近 二〇一八〕。権威主義体制を支えた旧与党の失脚、抗議デモを牽引した青年運動の分裂・弱体化により、イスラーム主義者だけが新しい社会・政治像を示しえたことも一因と考えられる。

だが、イスラーム主義者たちの「春」は長くなかった。稚拙な政権運営による失政や、イスラーム主義を警戒する世俗主義者の反発と旧政権支持者の巻き返しによって、その政権運営はすぐに挫折したのである。エジプトでは同胞団が行政権・立法権を掌握したが、彼らは選挙結果に基づく「数の論理」を振りかざし、独善的な政権運営に傾倒した。これに反発した世俗主義者らは同胞団政権との対話をボイコットし、同胞団側もメンバー・支持者を優遇する姿勢を強めた。この結果、エジプトの政治的混迷が深刻化し、二〇一三年に軍は事態収拾を大義名分にクーデタを決行して同胞団政権を崩壊させた。同胞団はテロ組織として非合法化・解散させられた。翌年には軍出身のスィースィーが大統領に就任し、イスラーム主義への抑圧政策を堅持している。チュニジアでも、特に経済面の苦境を解決できないナフダ党主導の連立政権への批判が高まり、二〇一四年の議会選挙で同党は第二党に転落した（翌年成立した連立政権には参加）。イスラーム主義の政治的台頭が見られた他の中東諸国でも、イスラーム政党は議会選挙で議席を減少させた。さらに、エジプト、サウディアラビア、アラブ首長国連邦、バハレーンは同胞団を国家や地域の安全保障への脅威と主張して事実上の「反同胞団同盟」を結成し、中東域内におけるその再台頭を抑え込んでいる（横田 二〇二〇）。

4　イスラーム主義者のジハード論

(1) 二〇世紀後半のジハード概念の変容

伝統的なイスラーム法学におけるジハードの原義はアッラーのために自己を犠牲にして戦うことを意味する。一般的には、信仰とウンマの防衛・拡大のために武器をとって異教徒と戦うことを指す。クルアーンには、ジハードがムスリムに課された義務として述べられている（雌牛章二一六節、改悟章二〇節など）。ジハード主義者とは、イスラーム的価値を実現する手段としてジハードを最重視し、それを実行するイスラーム主義者たち指す（保坂 二〇一七）。ここで、「イスラーム国」（ＩＳ）やアル・カーイダのようなジハード主義者は異教徒だけでなく、同胞であるはずのムスリムも攻撃対象にしていることに気づく読者がいるかもしれない。では、ムスリムへの攻撃を可能とするジハードはいかにして可能になったのか。一九五〇〜六〇年代のエジプトに立ち戻って考えてみよう。

当時のエジプトはアラブ・ナショナリズム全盛期を迎えていた。ナーセル政権による弾圧下にあった同胞団では、急進派のサイイド・クトゥブが発言力を増した。彼は著作『道標』で、エジプト社会はイスラーム啓示以前のジャーヒリーヤ（無明時代）に戻ったと批判し、ナーセル政権を「不信仰」として糾弾したため、一九六六年に処刑された。彼の死後、その思想をさらに急進化させ、為政者をムスリムではないと断罪する不信仰宣告（タクフィール）を行い、さらに不信仰者の政府をジハードで打倒すべきだと主張する過激なイスラーム主義が現れた。「革命のジハード論」とも呼ばれるこの思想は（中田 二〇〇二）、政府やそれを支持する人々（ムスリム）を不信仰者としてジハードで打倒することで、イスラーム的に「正しい」国家を樹立するイスラーム主義者らの新たな試みであった。

一九七〇年代以降、同胞団の非暴力・穏健路線に満足しない急進派メンバーが脱退して、「イスラーム集団」や「ジハード団」などの諸組織を結成した。一九八一年にサーダート大統領はジハード団によって暗殺されてしまう。また、イスラーム集団は外国人観光客襲撃など破壊活動を遂行し、一九八七年には観光地ルクソールで日本人一〇人を含む六二人が死亡する乱射事件を起こした。エジプト政府は彼らをテロ組織に指定して苛烈な弾圧を加えたため、これらの組織は壊滅状態となったが、主要メンバーの一部は紛争の続くアフガニスタンなど国外へ逃亡して活動を継続した。その結果、ジハード主義者が世界各地へ拡散することとなった。

図2－3　ウサーマ・ビン・ラーディン
出所：Wikimedia Commons.

（2）アフガニスタン内戦とアル・カーイダ

祖国を追われたジハード主義者の多くが向かったのが、アフガニスタンであった。無数に存在する世界の紛争地のなかで同国へジハード主義者が渡ったのは、ソ連軍の侵攻下にあったためである。彼らは「無神論者」のソ連軍とのジハードを戦う義勇兵となった。

サウディアラビア出身でアル・カーイダ創設者のウサーマ・ビン・ラーディンは、アフガニスタンで義勇兵として自らの組織を結成したとされる（保坂 二〇一二)。しかし、ここで注目すべきは、それを後押しした二人の思想家である。一人は、パレスチナ出身のアブドゥッラー・アッザームであり、世界中のムスリムに対してアフガニスタンでの義勇兵に加わるように呼びかけ、自らも対ソ連ジハードに参加した。もう一人は、後にビン・ラーディンの右腕・後継者となったエジプト出身のジハード団幹部アイマン・ザワーヒリーであった。アル・カーイダの結成を後押しした両名のルーツを見れば、権威主義政権による弾圧や外国軍の侵攻・占領を逃れてアフガニスタンへと渡ったアラブ諸国のジハード主義者であった。

ビン・ラーディンは、ソ連軍のアフガニスタン撤退後の一九九〇年にサウディアラビアに帰国した。しかし、帰国直後の湾岸危機の最中に米国主導の多国籍軍の基地がサウディアラビア国内に建設されることが決まると、異教徒の外国軍を受け入れた政府への批判を始めた。その結果、ビン・ラーディンは当局の監視下に置かれることとなり、再びスーダンやアフガニスタンなどに活動の場を求めるようになった。次の標的は米国であった。ビン・ラーディンは、イスラームにとっての最大の脅威が冷戦後の唯一の超大国となった米国であるとし、米国人の殺害が全ムスリムにとっての個人的義務であると主張した(一九九六年対米ジハード宣言)。彼は、イスラーム世界が「キリスト教徒の軍勢」による攻撃下にあるとし、ジハードで対抗することを主張した。その根拠とされたのが、米国による長年にわたるイスラエル支援、一九九一年の湾岸戦争におけるイラク攻撃、二聖都(マッカとマディーナ)があるアラビア半島への米軍駐留、市場万能主義や民主主義という外来の価値観の押しつけであった。

この時期、ジハード主義者の標的は、「近い敵」であるムスリム社会の「不信仰者」から、「遠い敵」である非ムスリム社会の「異教徒」へとシフトしていき、さらには軍人や政府関係者だけでなく民間人も含まれるようになったことがわかる。こうしたアル・カーイダの対米ジハードが頂点に達したのが、アメリカ本土への直接攻撃となった二〇〇一年の九・一一事件――死者三〇〇〇人以上、負傷者六二〇〇人以上――であった。この事件はジハード主義者の存在を世界に広く知らしめた。九・一一事件の実行によって対米ジハードのアイコンとなったビン・ラーディンの論理は、その後のジハード主義者にとっての先例として拡散していった。この時点で、アル・カーイダは、「組織」ではなく「概念」となった。

（3）「イスラーム国」の登場とその後

二〇一〇年代に世界を震撼させた「イスラーム国」（ＩＳ）は、アル・カーイダに接続するジハード主義の系譜上に位置付けられ、また「アラブの春」に触発されたイスラーム主義者でもある。「イスラーム国」の前身組織は、イラク戦争（二〇〇三年）後に同国で設立された「タウヒードとジハード団」である。元アフガニスタン義勇兵のアブームスアブ・ザルカーウィーを指導者とするこの組織は、駐イラク米軍へのゲリラ作戦、シーア派への攻撃、外国人誘拐殺害事件などを実行した。二〇〇四年、ビン・ラーディンに忠誠を誓って「二大河の国のアル・カーイダ」に改称した。二〇〇六年に米軍の攻撃でザルカーウィーが死亡した後、「イラク・イスラーム国」（ＩＳＩ）に改称した。二〇一〇年にアブーバクル・バグダーディーが「信徒の長」に就任したが、当時は米軍や「覚醒評議会」などイラク人軍事組織の攻勢の前に劣勢であった。

青息吐息のＩＳＩを結果的に救うことになったのが「アラブの春」である。「アラブの春」後の混乱に直面する中東諸国で、武装したイスラーム主義者は中央政府の統治が及ばない、あるいは脆弱な無数の地域を支配し台頭した〔Brownlee, Masoud and Reynolds 2015〕。内戦中のシリアに「居場所」を見つけたＩＳＩは、アサド政権に対する軍事作戦に「ヌスラ戦線」という別名で参戦した。シリアで一定の成果を収めたバグダーディーはヌスラ戦線との再統合を宣言し、「イラクとシャームのイスラーム国」（ＩＳＩＬ）と改称した。しかし、これにヌスラ戦線が反発したため、両者の関係は悪化した。アル・カーイダ第二代指導者ザワーヒリーは両者の調停に乗り出したが、ＩＳＩＬがこれを拒絶したため、アル・カーイダとＩＳＩＬは絶縁状態になった〔保坂 二〇一七〕。

二〇一四年、バグダーディーをカリフとする「イスラーム国」の樹立が宣言された。ＩＳのカリフ制国家が目指したイスラーム的な統治は、極めて厳格なイスラーム法の解釈・施行に基づくものであった。また、異教徒に加え、シーア派や世俗主義者のムスリムも背教者・不信仰者として攻撃対象とした〔保坂 二〇一七〕。第一次世界大戦中のサイクス・ピコ協定に由来するイラク・シリア間国境の破壊など、既存の国民国家の枠組みを否定した。そうしたイスラーム的に正しい統治を実現するため、ＩＳはジハードの名の下での武装闘争という手段を採った。暴力を伴うＩＳの活動は中東地域だけにとどまらず、欧米諸国、南アジア、東南アジアなど世界各地で凄惨な事件が起こった。このＩＳの脅威は周辺諸国や米国・ロシアなどの国際介入を招く結果となり、二〇一九年までにイラク・シリアにおける全ての支配地を喪失するに至った。さらに、中東諸国の権威主義体制はＩＳの脅威を理由にイスラーム主義全般に対する抑圧政策を強化したため、穏健なイスラーム主義の活動にも深刻な影響がもたらされた。

5　研究課題としてのイスラーム主義

本章では、イスラーム主義という分析概念を用いて、現代中東における宗教と政治の関係を論じた。換言すれば、イスラーム主義者たちが追い求める政教関係とはどのようなものか、あるいはイスラーム主義の政治的な理念や活動はどういったものかを解明することであった。ここに、他章（序章と第1章を除く）とは異なる本章の特徴がある。つまり、他章は「何」（what）よりも「なぜ・どのように」（why/how）を論じることに力点を置いている。一方、本章では、中東の政教関係とは「何」か、それに多大な影響を与えるイデオロギーであるイスラーム主義とは「何」か、さらにはイスラーム主義を標榜する運動は「何」なのか（イスラーム主義者の場合は「誰」（who）なのか）を明らかにしてきた。本章冒頭で「中東政治にはイスラームがわからなければわからない部分もある」と述べた理由はここにある。中東地域においてイスラームは「すべて」ではない。イスラームは宗教の一つ、イスラーム主義はイデオロギーの一つ、イスラーム主義運動は社会運動や政治的アクターの一つに過ぎない。

しかし、イスラームという宗教が中東政治に与えてきた影響は等閑視できないことも事実である。無論、二〇二〇年代、中東諸国でイスラーム主義が置かれた状況に鑑みると、政治的役割や存在感の低下は否むことができない。イスラーム主義は時代おくれとなったのだろうか。たしかに、彼らがこれまで採ってきたイスラーム的価値を実現するための方法論が挫折したことも否定できない。他方、今なおイスラーム主義を支持する人々が一定数存在すること、さらにはイスラーム主義者ら自身が新たなあるべき秩序を求めて思索・活動に取り組んでいることも事実である。実際に、力強い活動を継続中のイスラーム主義運動も数多く存在しており、彼らの役割を無視することはできない。これまでも、イスラーム主義の低迷期にその「終焉」が語られることはあったが、その後の歴史は既述のとおりである。現在においても、イスラーム的価値の実現を求めるイデオロギー／人々／運動への理解が中東政治理解の一端を担っていることは間違いない。

注

（1）ピュー・リサーチセンター「世界の宗教の未来」（The Future of World Religions）内の世論調査結果による（http://www.globalreligiousfutures.org/regions/middle-east-north-africa　二〇二一年六月一日閲覧）。

（2）米中央情報局（ＣＩＡ）の Factbook による（https://www.cia.gov/the-world-factbook/static/9ce41893261ddace924638c8f62d79/Middle_East_Religion_graphic_FINAL_WFB_2015-9.pdf　二〇二一年六月一日閲覧）。

（3）西洋諸国による中東地域の支配方法は、植民地化の他に委任統治や保護領など多様であった。この「植民地国家」と呼ばれる支配様式に共通する特徴として、オーウェンは中央統治、植民地宗主国の政策、外部の影響を導入するパイプとしての植民地主義という三点を挙げている〔オーウェン 二〇一五〕。

参考文献

飯塚正人『現代イスラーム思想の源流』山川出版社、二〇〇八年。

岩坂将充「世俗主義体制における新たな対立軸の表出」髙岡豊・溝渕正季編『「アラブの春」以後のイスラーム主義運動』ミネルヴァ書房、二〇一九年、一二七〜一五一頁。

オーウェン、ロジャー（山尾大・溝渕正季訳）『現代中東の国家・権力・政治』明石書店、二〇一五年。

ケペル、ジル（中島ひかる訳）『宗教の復讐』晶文社、一九九二年。

小杉泰『現代中東とイスラーム政治』昭和堂、一九九四年。

小杉泰『イスラーム世界』名古屋大学出版会、二〇〇六年。

末近浩太『イスラーム主義――もう一つの近代を構築する』岩波書店、二〇一八年。

末近浩太『中東政治入門』筑摩書房、二〇二〇年。

高尾賢一郎「日本の政治と宗教の関係はどうか」岩田文昭・碧海寿広編『知っておきたい　日本の宗教』ミネルヴァ書房、二〇二〇年、八二〜八九頁。
伊達聖伸『ライシテから読む現代フランス』岩波書店、二〇一八年。
富田健次『ホメイニー――イラン革命の祖』山川出版社、二〇一四年。
バンナー、ハサン（北澤義之・高岡豊・横田貴之・福永浩一編訳）『ムスリム同胞団の思想――ハサン・バンナー論考集』下巻、岩波書店、二〇一六年。
中田考『ビンラディンの論理』小学館、二〇〇二年。
保坂修司『新版オサマ・ビンラディンの生涯と聖戦』朝日新聞出版、二〇一一年。
保坂修司『ジハード主義――アルカイダからイスラーム国へ』岩波書店、二〇一七年。
横田貴之『原理主義の潮流――ムスリム同胞団』山川出版社、二〇〇九年。
横田貴之「グローバル化を強いられるイスラーム主義運動――ムスリム同胞団をめぐる関係性の変化と危機」五十嵐誠一・酒井啓子編『ローカルと世界を結ぶ』岩波書店、二〇二〇年、四六〜六五頁。
Brownlee, Jason, Tarek Masoud, and Andrew Reynolds. 2015. *The Arab Spring: Pathways of Repression and Reform*, Oxford University Press.
Casanova, José. 1994. *Public Religions in the Modern World*, University of Chicago Press.
Milton-Edwards, Beverley. 2011. *Contemporary Politics in the Middle East*, 3rd ed. , Polity.
Taylor, Charles. 2011. “Why We Need a Radical Redefinition of Secularism,” in Eduardo Mendieta and Jonathan VanAntwerpen (eds.), *The Power of Religion in the Public Sphere*. Columbia University, pp. 34-59.
Voll, John O. 2013. “Political Islam and the State,” in John L. Esposito and Emad el-Din Shahin (eds.), *The Oxford Handbook of Islam and Politics*, Oxford University Press, pp. 56-67.

読書案内

① 末近浩太『イスラーム主義と中東政治――レバノン・ヒズブッラーの抵抗と革命』名古屋大学出版会、二〇一三年。

＊レバノンのヒズブッラーの思想と活動実態について、一次資料と現地調査によって明らかにする専門書。ただし、単なる事例研究ではなく、タイトルに示されているように、イスラーム主義組織の実証研究を手がかりに、中東諸国、とりわけ東アラブ諸国の政

治の実態解明とその分析のための方法論的探求を射程に入れている。

②保坂修司『ジハード主義――アルカイダからイスラーム国へ』岩波書店、二〇一七年。

＊ジハード主義について知るための必読書。膨大な一次資料の分析に基づき、ジハード主義者の思想的特徴を詳細に論じ、アル・カーイダから「イスラーム国」へ至るジハード主義者の思想・活動の展開を詳細に解き明かしている。

③横田貴之『現代エジプトにおけるイスラームと大衆運動』ナカニシヤ出版、二〇〇六年。

＊エジプトのムスリム同胞団の思想と活動実態について、一次資料と現地調査によって明らかにする専門書。同胞団の標榜するイスラーム主義がその社会・政治活動を通じていかに実現されようとしたのかを論じている。

第Ⅱ部　中東政治を分析する

第3章　権威主義体制の成立と持続

この章で学ぶこと

本章では、中東諸国の権威主義体制の仕組みについて学ぶ。権威主義とは、民主主義に対置される独裁的な政治のあり方の一つである。中東諸国の多くにおいて、二〇世紀初頭から中頃にかけての独立期以来、この権威主義による政治体制、すなわち、権威主義体制が見られてきた。

例えば、エジプトは、一九二二年の独立以来一〇〇年にわたって権威主義体制が続いている。二〇一一年「アラブの春」の際には、市民による抗議デモを受けてホスニー・ムバーラク大統領が四半世紀にも及んだ権力の座から退き、その後の選挙でエジプト史上初となる国民による新大統領の選出が実現したが、わずか一年で軍によるクーデタで崩壊した。その結果、二〇一三年以降、エジプトは、再び権威主義体制の国となった〔横田 二〇一四〕。

なぜ中東諸国には権威主義体制が多いのであろうか。この問いは、言い換えれば、なぜ中東諸国は民主化しないのであろうか、ということになる。そのため、研究者だけでなく、政策決定者――特に民主主義の優等生を自任する欧米諸国の――からの関心事となってきた。その際、かつては、中東という地域に特有とされる文化的な要因、特にイスラームという宗教や部族・宗派といった伝統的な社会集団の存在に注目が集まることが多かった。例えば、イスラームは西洋で誕生・発展した民主主義とは思想的に相容れないといった議論や、部族や宗派の意識が強いため、選挙を通して国民の代表を選出することに消極的であるといった議論があった〔Lewis 1996; Lipsett 1994〕。そこには、宗教や部族といった前近代的なものから脱却できない「遅れている人々」、あるいは、神や部族長といった他者に自己決定権を委ねてしまう「主体性を欠いた人々」といった、中東に対する蔑みの視線が見え隠れしている場合もある。

　しかし、ひとたび中東以外の諸国に目を向けてみると、今日の世界において権威主義体制は珍しいものではないことがわかる。むしろ、その数は近年増加傾向にあり、民主主義の優等生であるはずの欧米諸国においても「権威主義化」の兆候が見られるようになっている。だとすれば、中東諸国の権威主義体制も、他の地域の諸国と同じような特徴を持っている可能性がある。事実、近年の研究では、中東の権威主義体制を特別視せず、いわば「ありふれたもの」として扱う傾向が強くなっている〔Albrecht and Schlumberger 2004〕。仮に中東に特有とされる要因があるとしても、結局のところ、中東以外の地域と共通する特徴を確認しなくては、その作用や効果を検証することができないからである。

　これらのことを踏まえて、本章では、なぜ中東諸国に権威主義体制が多いのか、その原因について、「中東諸国」よりも「権威主義体制」についての理論の側から考えてみたい。そのために、まず、第一節では、政治体制の基本的な分類について学ぶ。第二節では、それを踏まえて、中東諸国における権威主義体制の成立の要因を、そして、第三節では、それが持続してきた要因（崩壊・民主化しない要因）を検討する。

1　権威主義体制とは何か

（1）「民主主義」対「権威主義」

中東には権威主義体制が多いと言われる（図3-1）。権威主義体制は、政治体制の分類の一つである。まず、政治体制とは何か、その概念を確認しておこう。「体制」（regime）は、「規範的な行動ルールや、組織のあり方の総体」であるが、これに「政治」（political）が加わる場合には、「人々の共有する政治的規範、政治制度・機構や政治組織の総体」となる〔粕谷二〇一四〕。

　この政治体制には、歴史的にさまざまな分類がなされていたが、最も重要な基準は「民主主義」と「非民主主義」の違い

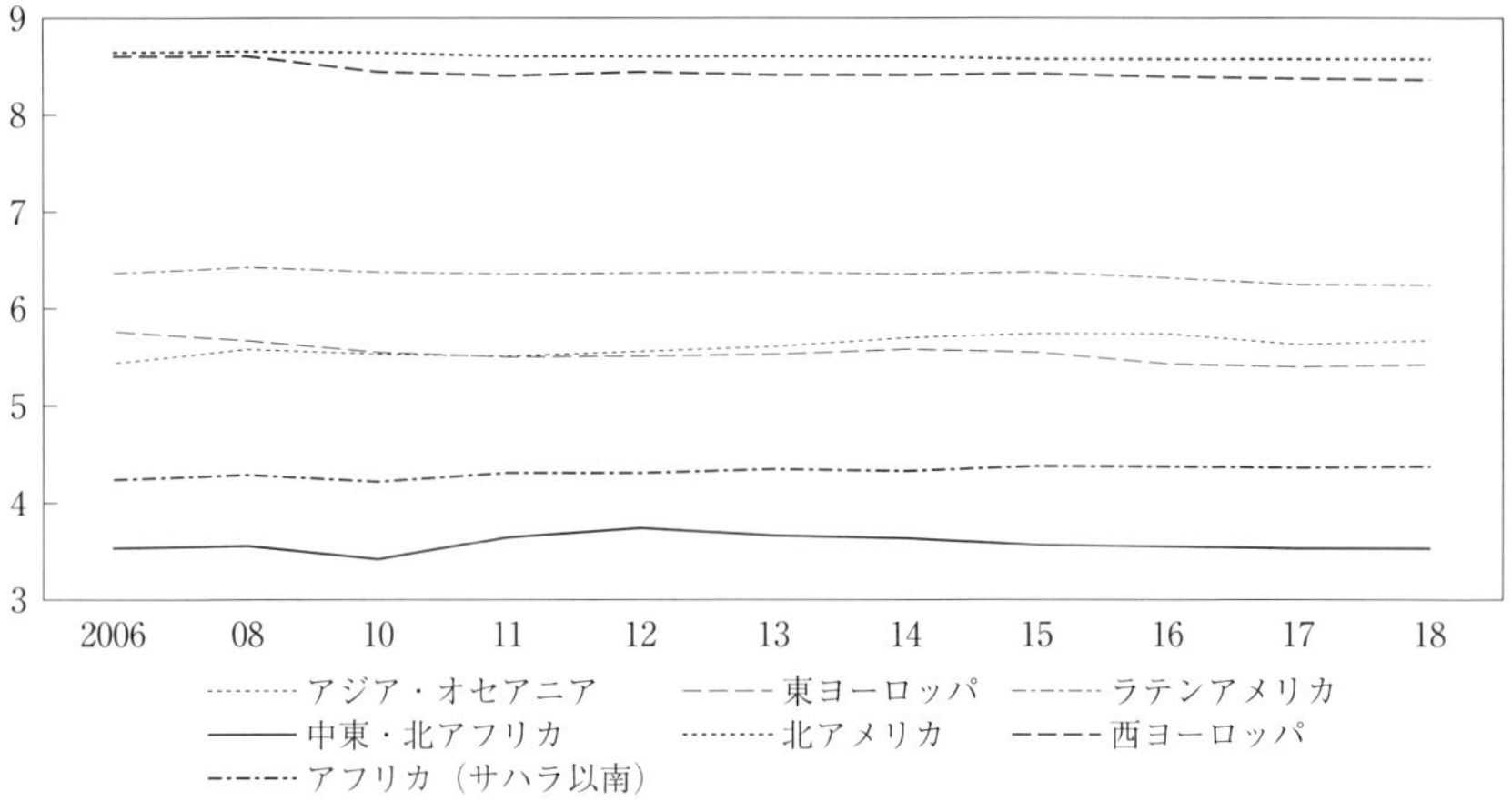

図3-1　世界における民主主義指数の地域別平均（2006～18年）
出所：Economist Intelligence Unit（EIU）Democracy Index 2019のデータを基に筆者作成。

であった。さらに、この「非民主主義」のなかには「全体主義」と「権威主義」という下位分類があり、この二つの間には違いがあるとされてきた。すなわち、「全体主義」も「権威主義」も、いずれも少数ないしは個人に権力が集中している点では共通するが、国民に対する支配の様式に違いがある。全体主義とは、あるイデオロギーを掲げ、その実現のために一部の人間がすべての国家権力を掌握することを正当とし、すべての国民をそれに向かって動員し、それに従わない国民を抑圧・弾圧する政治体制である。かつてのナチス・ドイツやスターリン時代のソ連などが該当する。これに対して、権威主義は、国民を積極的に動員しようとはせず、少数の人間による支配に挑戦しない限りにおいて、言論や結社の自由も一定程度許容される政治体制である〔リンス 一九九五〕。

今日の世界において、「非民主主義」に分類される政治体制のほとんどすべてが「権威主義」であり、「全体主義」は北朝鮮（朝鮮民主主義人民共和国）やキューバなどに限られている。そのため、「民主主義」と「権威主義」――「非民主主義」や「全体主義」ではなく――を対置させることが多い。

(2)「共和制」と「君主制」

政治体制には、誰が統治するのか、という点に着目した「君主制」と「共和制」という分類もある。君主制とは、王や首長といった称号

表３-１　中東諸国の政治体制による分類

	民主主義	権威主義
君主制	なし	モロッコ，ヨルダン，サウディアラビア，クウェイト，カタル，バハレーン，アラブ首長国連邦，オマーン
共和制	チュニジア，リビア（内戦中），スーダン（移行期），トルコ，レバノン，パレスチナ（未承認），イスラエル，イラク，イエメン（内戦中）	アルジェリア，エジプト，シリア，イラン（イスラーム共和制）

出所：筆者作成。

を名乗る一人の個人が国家を統治する政治体制である。この君主制には下位分類があり、一人の君主が主権的に統治する「専制君主制」と、主権者たる国民によって定められた憲法によって君主の力を規制する「立憲君主制」が存在する。他方、共和制とは、一人ではなく国民が統治上の最高決定権を担う政治体制であり、大統領や首相が国民の代表としてそれを委ねられることが多い。

世界的に見ると、前近代に一般的であった君主制を採用する国の数は減少傾向にあり、それに代わって共和制の国が増加している。

興味深いのは、減少傾向にある君主制の大部分が中東に集中していることである。具体的には、ヨルダン、サウディアラビア、オマーン、アラブ首長国連邦、カタル、クウェイト、バハレーン、モロッコである。ただし、「一人の個人」、すなわち君主への権力の集中の度合いには違いがあり、ヨルダン、クウェイト、モロッコでは、選挙を通して選出された議員から構成される議会が整備されている（立憲君主制）。

これらの君主制の諸国以外は、共和制を採用している。ただし、「一人ではなく国民」が実質的な統治上の最高決定権を担っているかどうかについては、国によって事情が異なる。同じ共和制を名乗る国でも、「アラブの春」以前のリビアのように一人の最高権力者による個人独裁が横行している場合もあれば、エジプトやシリアのように大統領個人よりもそれを頂点としたいわば集団指導体制が定着している場合もある。重要なのは、「一人ではなく国民」による統治を掲げている共和制であっても、その内実は特定の個人や集団による統治が行われている場合があることである。ただし、二〇一一年の「アラブの春」を経て、共和制の権威主義体制のいくつかが崩壊したことで――そのいくつかは民主化ではなく内戦による混乱へと陥っているが――、結果的に、中東の権威主義体制の多くは君主制の諸国に見られるようになった。

2　権威主義体制の成立の要因

(1) 独立後の中東諸国の権威主義体制

では、なぜ中東諸国では、共和制と君主制の違いにかかわらず、権威主義体制が多くなったのであろうか。その原因は、中東諸国の誕生の歴史的な過程に求めることができる。端的に言えば、それぞれの国が備えていた近代国家としての能力や正統性の度合い、そして、「植民地国家」から独立していく過程において見られた旧宗主国からの権力移譲のパターンに着目することとなる。

詳しく見てみよう。二〇世紀の後半までには（パレスチナ以外の）すべての中東諸国が独立を果たしたが、君主制と共和制の別にかかわらず、その多くにおいて、一部の支配エリートが独裁的な統治を行うようになった（なお、イスラエルは共和制の政治体制を採用し、そこでは民主的な政治が行われたが、その一方で、パレスチナ人への差別や抑圧、弾圧を続けていた）。

独立後の中東諸国に独裁が横行するようになった原因の一つは、国家としての能力と正統性が欠如していたからである。すなわち、軍事と経済の両面での旧宗主国への依存から脱却できなかったこと、つまり、ポストコロニアルな支配が続いたことは、次の二つの点において、独立後の新政府に大きな課題を突きつけた。第一に、徴税と徴兵による「収奪国家」としての近代国家の能力が不十分なままに置かれ続けたこと〔Tilly 1992〕、第二に、「植民地国家」の時代からの正統性の問題がくすぶり続けたことである。

この二つの課題は、独立後の新政府にとってのジレンマとなった。すなわち、国家としての能力を向上するために旧宗主国に依存し続ければ、独立した国家としての正統性が揺らぎかねない。しかし、旧宗主国への依存なしでは、統治機構の整備や社会・経済開発、軍や警察の近代化に必要な資金と人員が調達できず、国家としての能力の向上が望めない。つまり、いずれを選択しても、それを不満とする軍のクーデタや一般市民の反乱の可能性が残ったのである。

どうすればこのジレンマを克服できるのか。新政府は、独裁的な統治を行うことで、軍や一般市民を統制し、自らの権力の維持と独立後の国家の安定化を目指した。こうして、多くの中東諸国で権威主義体制が成立していった〔オーウェン 二〇一五〕。国別で見てみると、独立時より君主制の権威主義体制が採用されたのが、サウディアラビアと湾岸アラブ諸国（クウェイト、バハレーン、カタル、アラブ首長国連邦、オマーン）、およびヨルダン、モロッコであった。他方、独立時に共和制となった諸国（アルジェリア、シリア、南イエメン）、あるいは、独立時は君主制であったが革命によって共和制へと移行した諸国（エジプト、リビア、チュニジア、北イエメン、イラク、イラン）では、後に詳述する一党独裁型の権威主義体制が目立つようになった。

（2）君主制の権威主義体制

君主制の権威主義体制の成立過程から見てみよう。その過程は、産油国と非産油国のあいだで大きな違いがある。産油国は、湾岸アラブ諸国に集中しており、非産油国は、ヨルダンとモロッコである〔オーウェン 二〇一五〕。

産油国の独裁を可能としたのが、他ならぬ石油の富であった。湾岸アラブ諸国の政府は、石油から得られる莫大な富によって——その多くが欧米諸国に搾取されていたとしても——、国民を管理するための巨大な官僚機構の整備が可能となった。これらの諸国では、政府が国民を財政的に「養う」ことで、反乱を起こすインセンティヴを失わせていった（第6章も参照）。それを象徴したのが、公務員の規模の拡大であった。独立後のクウェイトでは、一九六一年の独立からわずか二〇年で、その規模が労働人口の四分の一を占めるまでとなった。同様の現象は、サウディアラビアやアラブ首長国連邦、カタル、バハレーン、オマーンでも見られた。また、パフラヴィー朝期（一九二五〜七九年）のイランも、英米主導の石油生産に財政的に依存するというポストコロニアルな支配が続いていたものの、そこから得られる富を駆使して独裁的な統治を強めた。

しかし、同じ君主制でも、石油の富の恩恵を得られない非産油国のヨルダンとモロッコでは権威主義体制の成立過程が異なっていた。ヨルダンの世襲王家は、旧宗主国の英国だけでなく、石油収入によって裕福となった湾岸アラブ諸国から巨額の援助を享受することで、大規模な官僚機構の整備を推し進めた。一方、モロッコでは、限定的な政治参加を実現することで国内の政治勢力の競合をあえて惹起したうえで、世襲王家がその競合の調停者として優位な立場を確保するという戦略が採用された。そして、世襲王家は、地方の有力者や部族との婚姻や同盟関係の強化を通して、巨大な支配エリートの集団を形成していったのである。

（3）共和制の権威主義体制

一方、共和制の権威主義体制はどのように成立したのであろうか。共和制の中東諸国には、独立時の君主制から体制転換を経験して成立したものが多い。具体的には、エジプト（一九五二年共和制に移行）、チュニジア（一九五六年同）、リビア（一九六九年同）、イラク（一九五八年同）、北イエメン（一九六二年同）である〔オーウェン 二〇一五〕。

これらの諸国の独立後の新政府は、世襲王家による君主制が軍部のクーデタによって崩壊した後に共和制が採用された点で共通する。そこでは、旧宗主国の傀儡と見なされた世襲王家が排除され、ナショナリズムによる国家建設が掲げられた。クーデタの主体となった強大な軍の存在こそが、独立後のこれらの諸国が近代国家として発展していったことの証であったが、それが、翻って、君主制の新政府が崩壊する原因にもなったのである。

しかし、クーデタ後に成立した革命政府も、先に述べたポストコロニアルな支配に伴うジレンマから自由ではなかった。クーデタを「革命」と僭称することで統治の正統性や国民からの支持を得たものの、それと引き換えに近代国家としての能力の向上に必要な資金や技術の不足に悩まされるようになった。その結果、革命政府への不満を抱く国民が現れるようになり、それを統制するための独裁的な統治が行われるようになった。例えば、政治参加や言論の自由が制限されるだけでなく、経済、教育、司法、宗教のあらゆる分野が革命政府によって厳しく取り締まられた。

こうした国民に対する統制の強化の背景には、この時期に中東だけでなく世界全体で台頭していた社会主義の存在があった。革命政府は、君主制を体制転換したことだけでなく、その後の国民に対する統制を正当化するために、社会主義を導入した。例えば、エジプトにおいては、一九五二年にクーデタに成功した軍部が、アラブ社会主義連合という名の政党を結成し、国民全体の受益を掲げる計画経済の名の下で、外資や富裕層によって所有されていた企業や農地の国有化を推進した。

これに伴い、統治機構、とりわけ官僚機構が急速に肥大化し、国民を統制するための装置となった。一九六〇年代には、エジプトの他に、チュニジア、イラク、北イエメン、さらには、シリアやアルジェリア、南イエメンでも社会主義が導入され、統治機構や官僚機構の肥大化を特徴とする「過剰国家」（over-state）となる傾向が見られた〔Ayubi 1995〕。

3　権威主義体制の持続

（1）誰が支配しているのか

前節で見てきたように、中東諸国の権威主義体制の起源については、独立期にまで遡るケースが多い。しかし、ここで注目すべきは、これらの権威主義体制の持続年数である。総じて見ると、中東諸国には世界的に見ても長い持続年数を持った権威主義体制が少なくない。なかには民主化した期間を有する諸国もあるが、半世紀以上にわたった権威主義体制もある（図3-2）。

なぜ中東諸国の権威主義体制はかくも「長命」なのであろうか。本節では、その要因について、独裁者の視点から考えてみたい。すなわち、権威主義体制において、独裁者はどのような戦略を駆使して権力の維持をしているのか、を考えることである。

独裁者の戦略は、権威主義体制における統治の主体の違い、すなわち、「誰が支配しているのか」によって異なったものとなる。政治学者バーバラ・ゲデスらは、政策の決定、指導者の選出、治安機関に対して実権を握る支配グループの違いに着目し、世界の権威主義体制について、①軍部支配型（軍部が支配）、②君主制型（世襲王家が支配）、③一党支配型（支配政党による独裁）、④個人支配型（強力な権限を専有する個人による独裁）、という下位分類を行った〔Geddes et al. 2014〕。

①の軍部支配型とは、一般に軍事政権と呼ばれるものであり、冷戦期に多く見られた。この体制では、軍人が最高指導者の座につき、組織としての軍部を代表する将校団が国家の意思決定に影響を及ぼす（ただし、最高指導者が軍人であっても、最高指導者の裁量が将校団に制約されない場合には、④の個人支配型に分類される）。中東では、軍部によるクーデタ後のエジプト

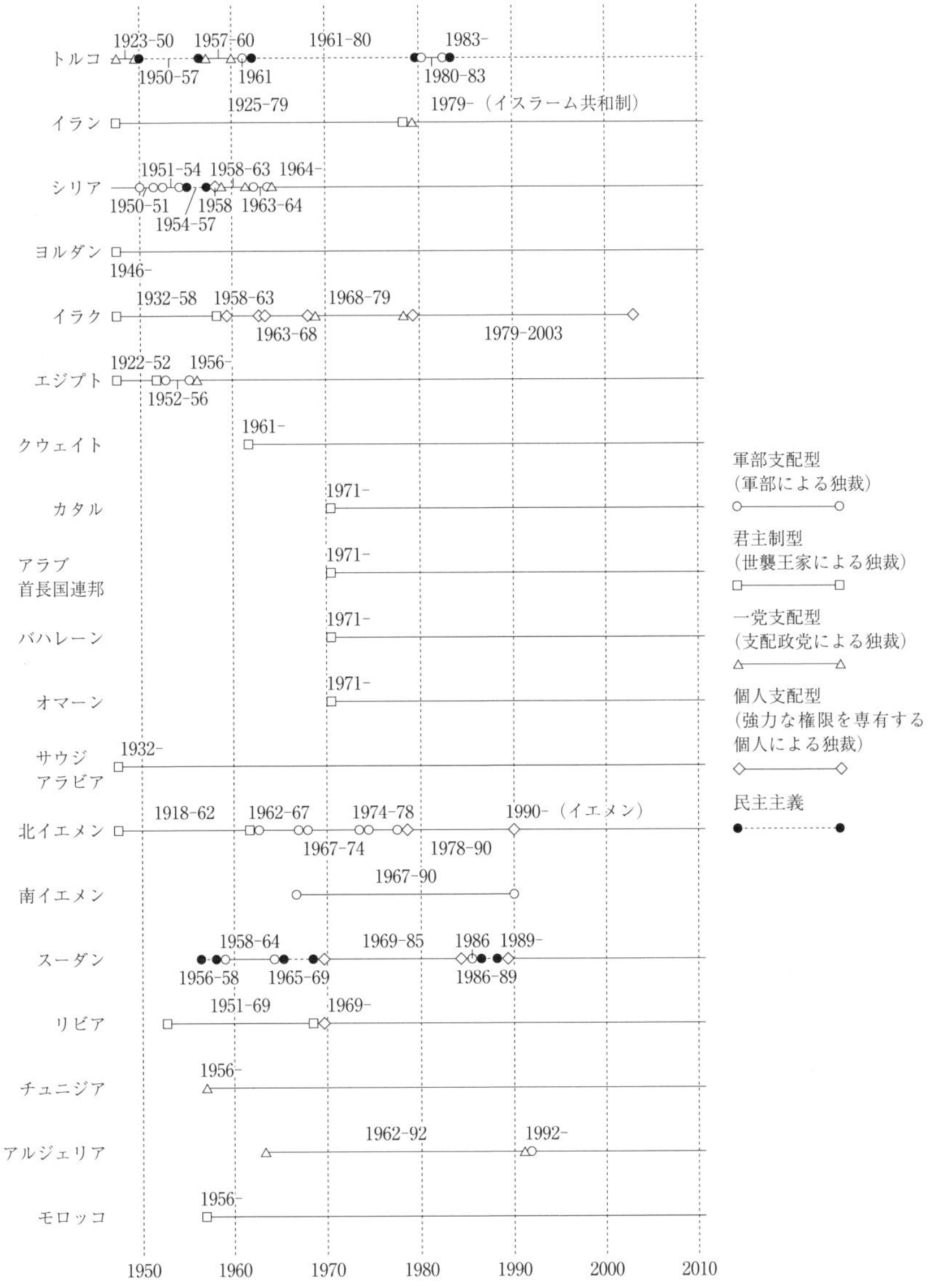

図3-2　中東諸国の権威主義体制の持続年数

出所：末近〔2020：76-77〕。

（一九五二〜五六年）やシリア（一九五二〜五四年）、トルコ（一九六〇〜六一年、一九八〇〜八三年）などが挙げられるが、いずれも間もなく他の下位類型へと移行した。

②の君主制型においては、最高指導者が国王や首長などの称号を持っており、世襲により指導者の交代が行われる。このように君主を独裁者とする君主制型の権威主義体制は、今日の世界においてはあまり多くないが、サウディアラビア、クウェイト、バハレーン、オマーン、アラブ首長国連邦など、湾岸アラブ諸国に集中して見られる。加えて、中東ではヨルダンとモロッコがこのタイプに分類される。

③の一党支配型とは、特定の強力な政党が政権を支配する権威主義体制である。厳密に言えば、支配政党以外の政党が選挙への参加が認められない場合と、支配政党以外の政党も選挙に出ることが認められるが、政権交代だけが許容されない場合がある。前者が単一政党制、後者が優位政党制に区別されることが多いが、冷戦終結後は、後者の方が多く見られるようになっている。中東でも同様の傾向が観察でき、チュニジア、アルジェリア、イラク、シリア、エジプト、イエメンなどがこれに含まれる。

最後に、④の個人支配型は、単独の文民もしくは軍人の指導者に政策や人事に関する意思決定の権限が集中する権威主義体制を指す。中東では、イラク（一九七九〜二〇〇三年）やリビア（一九六九〜二〇一一年）などが知られていたが、今日までにいずれもが崩壊を経験している。

このゲデスらの下位分類によると、一九四六年から二〇一〇年までの期間において、世界では一党支配型の権威主義体制が最も顕著なタイプであったことがわかる。また、軍部支配型、および一党支配型の権威主義体制を敷く国が、二〇世紀末の民主化の「第三の波」〔ハンチントン 一九九五〕とともに減少している一方で、個人支配型の権威主義体制の数は増えている。君主制型は、その数がゆるやかに減少しているものの、変動の幅は比較的小さい（図3-3）。

中東諸国の権威主義体制は、②の君主制型と③の一党支配型に大別できる。ゲデスによると、一九四六年から二〇一〇年までの期間における権威主義体制の崩壊率は、①の軍部支配型が一三・一％だったのに対して、②の君主制型が二・〇％、③の一党支配型は二・六％、④の個人支配型が六・七％であった〔Geddes et al. 2014〕。この傾向を見ると、②の君主制型と

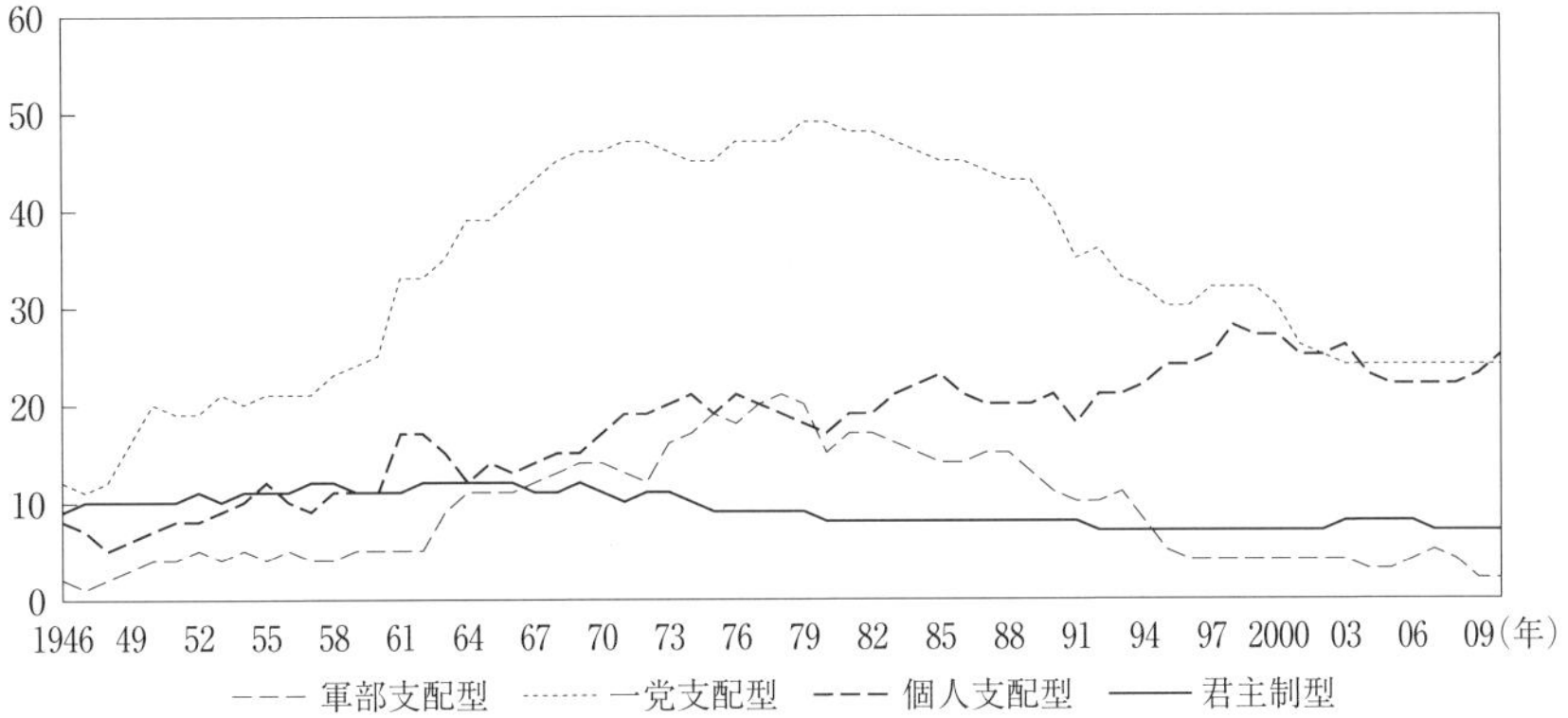

図3－3　世界における権威主義体制の下位類型別の数（1946～2010年）
出所：Geddes et al.〔2014〕を基に筆者作成。

③の一党支配型からなる中東諸国の権威主義体制は、比較的に崩壊しにくい傾向を持っていると言える。

以下では、中東諸国の権威主義体制はなぜ崩壊しにくいのか。②の君主制型と③の一党支配型それぞれが崩壊しにくい原因について、ゲデスの「誰が支配しているのか」という見方を敷衍して、独裁者による権力維持の戦略を具体的に見てみよう。

（2）君主制型

まず、②の君主制型である。前節で述べたように、中東諸国の世襲王家の起源は一九世紀から二〇世紀の国家形成の時期にあった。この事実は、言い換えれば、中東の世襲王家には古代からの長い歴史に基づく権威づけもほとんどなかったことを意味する。そのため、君主制型の権威主義体制では、国王が国王たる正統性を絶えず創出しなくてはならなかった。

正統性は、科学的に観察することも測定することも困難であるが、経験的には、国民が支配者の正統性を認めなくなることと、反乱が起こりやすくなることが知られている。そのため、中東諸国の国王は、憲法（ないしは憲法に相当する法）に自らが支配者であることを明文化し、世代を超えた権威主義体制の維持をさまざまなかたちで正当化してきた〔Lust 2020: 146-147〕。例えば、モロッコの憲法には、国王が「アミール・アル＝ムウミニーン」（信仰者たちの司令官）であることが明記され、イスラームという宗教に依拠した正統性を持つ不可侵の存在であるとされている（第四一条、四六条）。同様に、ヨルダンの憲法でも、国王は「国家の長であり、いかなる責務や責任も免除される」(第三〇条)と明記され、国民の上位に君臨する超越的・超法規的な存在として規定されている。ヨルダンのハーシム家は、預言者ムハンマドの曽祖父ハーシムに連なる家系として、一方、モロッコの王室は、預言者の娘ファーティマに通ずる遠縁として、それぞれ統治の正統性を持つと主張してきた。

中東の君主制型の権威主義体制は、そのすべてに議会(ないしは議会に相当する制度)が設置されている。ただし、その議会は、独裁に対する一般市民の不満の「ガス抜き」の役割を果たしているにすぎず、政治過程(選挙)と立法過程(議会)のいずれにおいても世襲王家出身の国王が事実上の決定権を持っている。国王は、議会の招集・解散権、閣僚の任命・罷免権を単独で有することも多く、超法規的な勅令を布告できる権限を持つこともある。つまり、専制君主制としての性格が強い。

しかし、これだけでは、君主制型の権威主義体制の持続の理由を説明できない。「国王のジレンマ」と呼ばれる問題が横たわるからである(ハンチントン　一九七二)。「国王のジレンマ」とは、社会や経済の改革を実施するためには国王への権力の集中が必要であるが、その一方で、これらの改革によって近代化が進むことで国民の政治参加の拡大要求に直面してしまうことを指す。つまり、国王は、国家の発展に尽力すればするほど、その権力が国民からの挑戦に晒されかねない、というジレンマを抱えるとされる。

中東諸国の君主たちは、このジレンマをどのように解消しようとしてきたのであろうか。ここで注目すべきが、豊富な天然資源の存在である。石油や天然ガスといった天然資源の多寡によって、君主制型の権威主義体制の持続をめぐる説明は異なるものとなるからである。

まず、膨大な天然資源を保有する湾岸アラブ諸国をめぐっては、レントの存在が権威主義体制の持続要因の一つと考える「レンティア国家」論が展開されてきた(第6章も参照)。レントとは、一般に不労所得と訳される概念で、その国家に存在する資源などからほとんど自動的に得られる所得を意味する。例えば、石油や天然ガスといった天然資源、運河やパイプラインの通航料、海外の出稼ぎ労働者からの送金などである。これらの外生的(国家の外部で生じること)なレントを豊富に持ち、なおかつ国家財政をそれに大きく依存している国家を、レンティア国家と呼ぶ。湾岸アラブ諸国に関する代表的な研究では、国家収入に占めるレントの割合が四〇％を超える国家がレンティア国家とみなされている。なお、たとえ豊富な天然資源があっても、国内におけるそれ以外の生産部門が十分にあれば――つまり、内生的な国家収入が大きければ――、レンティア国家とはみなされない〔Beblawi and Luciani 1987〕。

レントは民主化の阻害要因と捉えられ、権威主義体制の持続に寄与することがある。なぜならば、政府は、国家財政を税収に依存していないため、国民の意向をくみ取る必要がない。むしろ、レントを原資に福祉や医療などのサービスを無償提供したり課税を減免・廃止したりすることで、国民の忠誠を「買う」ことが容易となるからである。つまり、豊富なレントの存在は、政府にも国民にも民主化をもたらす動機を与えにくいのである。このように、天然資源に恵まれているがゆえに民主化が進まないという現象は、「石油の呪い」と呼ばれる〔ロス 二〇一七〕。

ただし、レントがあれば無条件に君主制型の権威主義体制が持続するわけではない、という指摘もある。政治学者マイケル・ハーブは、湾岸アラブ諸国の権威主義体制の持続を「王朝君主制」という概念で説明した。王朝君主制とは、国王の個人支配ではなく、その世襲王家の一族が主要な閣僚ポストや政府省庁の職を独占する体制である。国王と世襲王家が協力して権力の維持に努めることで、クーデタによる内部からの崩壊を抑止し、また、革命のような外部からの挑戦を未然に防ぐことが容易になるとされる。ハーブによると、国王が自らの手に権力を集中させていたオマーンを除いた湾岸アラブ諸国では、世襲王家の一族の内部での権力分有（パワー・シェアリング）が徹底されることで、安定的な支配エリートの一群が築かれてきたという〔Herb 1999〕。

他方、君主制型の権威主義体制でも、非産油国であるモロッコとヨルダンでは産油国と実情が異なる。両国とも石油によるレント収入はわずかであり、なおかつ、世襲王家一族の規模が湾岸アラブ諸国よりも小さく、単独で支配エリートの一群を築くには至っていない。にもかかわらず、権力が維持できているのは、国王が社会的亀裂を巧みに利用しているからである。社会的亀裂とは、一般に、国内における部族や宗教、民族、地域などの相違に基づく社会集団間の対立のことを指す。モロッコとヨルダンでは、国王がこれらの社会的亀裂による国民の分断をまとめ上げる役割を担い、婚姻や同盟関係を通じた広範な支配エリートの一群を形成することで、権威主義体制の内部からの崩壊と外部からの挑戦を未然に防いできた。こうした国王のあり方は、「リンチピン君主」と呼ばれる〔Lucas 2004〕。

リンチピン君主としての国王は、こうした支配エリートの一群の拡大につとめながらも、社会的亀裂の完全な解消を目指すことはなく、むしろそれを温存することで挑戦者が一致団結できないようにしようとする。その際に重要な役割を果たすのが議会である。議会は、国民の独裁への不満を「ガス抜き」する機能を持つと同時に、選挙という制度化された権力獲得競争の実施を通して社会的亀裂に沿った国民の間の競合を絶えず再生産することで、支配エリートへの挑戦者が一致団結することを防ぐ役割を果たす〔Willis 2012〕。モロッコでは、フランスからの独立運動を担ったイスティクラール党の勢力を、ヨルダンでは、アラブ・ナショナリストやパレスチナ系住民による急進的な勢力を抑えるために、それぞれ国王がこれらに対抗する政党の結成を促した。こうして社会的亀裂に沿った政治勢力間の競合が激化するなかで、国王はその調停者として優位に振る舞うことができるのである（こうした権威主義体制の維持の仕組みは、「分断型競合構造」と呼ばれることもある）〔Lust-Okar 2005〕。

（3）共和制型

一方、一党支配型の権威主義体制の持続はどのように説明できるだろうか。まず、中東諸国における一党支配型の成立過程は、①革命・独立、②クーデタ、そして、③一党支配のなかの変質の三つに大別できる〔Magaloni and Kricheli 2010〕。

第一の革命・独立については、チュニジアやアルジェリアのケースであり、フランスからの独立運動を担った（ネオ・）ドゥスゥール党や国民解放戦線が、そのまま独立後の国家における一党支配の担い手となった。これらの政党は、独立後に近代的な政党組織を整備・拡大し、国民からの支持を梃子に複数政党制を不認可とすることで、単一政党制の一党支配型を確立した。

第二のクーデタについては、イラクやシリアのケースが該当する。両国では、クーデタの主体となった軍の将校を中心に「アラブ社会主義バアス党」（以下バアス党）が結成された。同様に、エジプトでは、一九五二年のクーデタを主導したナーセルがその後、大統領に選出され、エジプト国民連合——後のアラブ社会主義連合と国民民主党——による単一政党制の一党支配型を築き上げた。

これらの一党支配型はいずれも単一政党制だが、なかには優位政党型へと内実を変化させたものもある。これが第三の成立過程である。例えば、ナーセル死去後のエジプトである。国民の不満に対する「ガス抜き」のために、アラブ社会主義連合のみが合法化された単一政党制から、他の政党が認可されつつも同連合の優位が固定化された優位政党制への移行がなされたのである。その後、サーダートとムバーラクが段階的に複数政党制を導入したものの、実際には自らが率いた国民民主党以外の権力掌握を禁じた〔今井 二〇一七〕。

革命・独立運動にしても、軍にしても、実力行使を通した権力掌握の後にわざわざ政党を組織したのであろうか。言い換えれば、権威主義体制下において民主主義体制の象徴とも言える政党や議会がなぜ整備されたのであろうか。先に触れたゲデスらの研究では、権威主義体制の崩壊率は、一党支配型（二・六％）よりも個人支配型（六・七％）の方が高いことが明らかにされている。その原因は、次のように説明される。個人支配型であっても、支配エリートは現状維持に便益を見出すため、権力の内部での対立は起こりにくいと想定される。しかし、支配者が死亡したときには、権力の内部（継承者争い）と外部（反乱や革命）の両方からの挑戦を受けやすい。なぜならば、個人支配型ではエリートと非エリートの線引きが流動的かつ曖昧であるのに加え、権力の継承が制度化されてないことが多いためである。また、個人支配型は、一党支配型に比べて権力の支持基盤が小さくなりがちなため、一般市民からの挑戦を受けやすくなる〔Geddes et al. 2014〕。

この個人支配型が抱える問題に対処するうえで、支配者にとっては政党の組織が合理的な戦略となる。すなわち、政党という一つの組織に支配エリートを帰属させることで権力の内部での対立が起こりにくくなり、また、仮に対立が起こった場合でもその内部で解決できる。さらに、政党組織を通して新たな支配エリートのリクルートや社会化の推進、一般市民を対象とした利権誘導や取り込み（コオプテーション）、大衆動員がしやすくなる〔Angrist 2006; Brownlee 2006; Magaloni 2008〕。

権威主義体制下では、政党だけでなく、選挙もその維持のために利用されることがある。たとえ茶番であっても選挙が実施される権威主義体制を、「選挙権威主義」や「競争型権威主義」と呼ぶこともある。選挙は、民主主義体制下では、一般市民の意思の表明とそれに基づく多数派の形成のための制度と考えられている。そして、与野党の間の政策や利益の相違が大きいほど、議席の増減や政権交代の可能性が高まる。しかし、権威主義体制下では、その相違が当初より与党勢力によって統制されることで小さくなる傾向があり、議席の増減も政権交代も起こりにくくなる。むしろ、こうした統制下で実施される選挙では、野党勢力は選挙後に敗者となったときに冷遇されることを恐れ、与党勢力との直接対決を避け、現状維持を指向しやすくなる。つまり、野党勢力が勝者を目指すことの費用対効果を低くすることで、与党勢力が勝者となることがあらかじめ決まっている選挙の実施が可能となるのである〔Gandhi and Lust-Okar 2009〕。

したがって、選挙を通して形成される議会も、一党支配型の権威主義体制の維持のための道具と化す。そこでは、与党勢力が多数派として「数の論理」を振りかざすことで野党勢力に対処できるため、政治参加の可否判断を通じてその分断をはかったり（先述の分断型競合構造）、逆に政党間の利害調整の手段として利用したりすることもできるからである〔Gandhi 2008〕。

このような、いわば「勝者総取り」が約束された不公正な選挙を利用した権威主義体制の維持は、エジプト、チュニジア、イエメン、シリアなどで見られた。例えば、エジプトでは、一九八一年に成立したムバーラク政権が、与党国民民主党による優位政党型の一党支配型の権威主義体制を採用した。そこでは、複数政党制が導入されたものの、それは野党勢力の分断に利用されただけであった。野党勢力のうち、体制の脅威とならないものを「穏健派」、大きな変革を求めるものを「急進派」に区別したうえで、前者を合法的な公認政党として取り込む（コオプテーション）一方で、後者を非合法として排除することで、一致団結して与党に挑戦できないようにしたのである。また、ムバーラク政権は、小政党に有利となる比例代表制を導入したものの、拘束名簿式を用い無所属候補の出馬を禁じたり、政党別の得票率に「足切りライン」を設けたり、各選挙区の候補者と同数の予備候補を擁立することを義務づけたりすることで、全国規模で候補者と支持者を動員できる政党、すなわち、与党国民民主党しか勝者になれない制度を築いていった〔Lust-Okar 2005〕。

4　中東の権威主義体制に関する今後の研究課題

前節までの議論から、中東諸国の権威主義体制を持続させてきたロジックが体制の下位分類によって異なることが浮き彫りになった。このことは中東地域のみならず、アジアやアフリカ、南米で権威主義体制が存続してきた理由の一端を解明するものであり、異質と思われがちな中東の権威主義体制が実は「凡庸」な面を持っていることを示している。

その実態やメカニズム、そして、それらを説明するためのロジックについては、引き続き多くの研究課題がある。

第一に、権威主義体制を支える財政や資源分配について、個人および主体に注目したミクロレベルの量的な証拠に基づく実証が十分になされていないことが挙げられる。レンティア国家の財政、権力中枢における大統領と支配エリートたちとの間の資源流通、軍部の経済的権益などについては、信頼できるデータに基づく量的な実証は発展途上であり、現時点ではブラックボックスになっていると言ってよい。この課題については、現存する権威主義体制が崩壊して機密扱いの文書が公開されることで、初めて明らかになることなのかもしれないが、引き続き注視が必要である。

第二に、中東諸国の一般大衆が権威主義体制に服従する心理、ないし消極的な支持を示すメカニズムについても、未解明である。「現体制の持続はやむを得ない」「体制崩壊によって混沌となるよりは、強権による秩序維持の方がましだ」とする大衆心理を説得力のある証拠によって因果推論に成功した研究は皆無である。「権威主義体制の正統性研究」ともいうべきこの分野は、実験世論調査などによる量的なアプローチが有効かもしれない。

第三に、権威主義体制と経済成長の両立に関する研究である。世界を見渡してみると、いわゆる開発独裁によってこれを両立してきた諸国は少なくないが、こうした現象が中東地域においても顕在化する可能性がある。現在のところこの分野の研究に貢献しているのは中国に関する政治経済学的研究であるが、中東地域でも湾岸産油国を中心に権威主義体制と経済的繁栄の両立を経験的に認めることができる。持続的な経済成長を果たしうる条件を探求する過程で、経済関係法の整備や汚職の取り締まりといったガバナンスの内実と政治体制の関係性にも、いずれロジック解明のメスが入ることになると思われる。

最後に中東諸国における民主化の経路が研究課題として浮上するかもしれない。政治学者のエリザベス・ヌージェントは、同じような権威主義体制による抑圧下にあったエジプトとチュニジアが、「アラブの春」を経て前者では権威主義体制が復活し、後者では民主化移行が持続した事実をパズルとして捉え、その違いを生んだ要因を分析した〔Nugent 2020〕。そこで注目されたのが、両国の民主化移行期におけるエリートおよび大衆の分極化の程度である。すなわち、エジプトでは、イスラーム主義者と世俗主義者との分極化が大きかったため民主化への移行を持続できず、その結果として、市民は軍部の介入による旧秩序の復活を支持した。これに対して、チュニジアでは、両者が分極化を抑えて政治的な課題解決に向けて協調したことから、民主化への移行を維持できたとされる。このようなチュニジアの経験は、「中東諸国における民主化の成功事例」として、研究者だけでなく政策決定者や実務者の耳目を集めている。

参考文献

今井真士『権威主義体制と政治制度——「民主化」の時代におけるエジプトの一党優位の実証分析』勁草書房、二〇一七年。

オーウェン、ロジャー（山尾大・溝渕正季訳）『現代中東の国家・権力・政治』明石書店、二〇一五年。

粕谷祐子『比較政治学』ミネルヴァ書房、二〇一四年。

ハンチントン、サミュエル（内山秀夫訳）『変革期社会の政治秩序（上）』サイマル出版会、一九七二年。

ハンチントン、サミュエル（坪郷實・中道寿一・藪野祐三訳）『第三の波——20世紀後半の民主化』三嶺書房、一九九五年。

リンス、J（高橋進監訳）『全体主義体制と権威主義体制』法律文化社、一九九五年。

ロス、マイケル（松尾昌樹・浜中新吾訳）『石油の呪い——国家の発展経路はいかに決定されるか』吉田書店、二〇一七年。

横田貴之「エジプト——二つの「革命」がもたらした虚像の再考」青山弘之編『「アラブの心臓」で何が起きているのか——現代中東の実像』岩波書店、二〇一四年。

Albrecht, Holger and Oliver Schlumberger. 2004. "'Waiting for Godot': Regime Change without Democratization in the Middle East," *International Political Science Review*, 25(4), pp. 371-392.

Angrist, Michele P. 2006. *Party Building in the Middle East*. University of Washington Press.

Ayubi, Nazih N. 1995. *Over-Stating the Arab States: Politics and Society in the Middle East.* T. B. Tauris.

Beblawi, Hazem and Giacomo Luciani. 1987. *The Rentier State in the Arab World.* Croom Helm.

Brownlee, Jason. 2006. *Authoritarianism in an Age of Democratization.* Cambridge University Press.

Gandhi, Jennifer. 2008. *Political Institutions under Dictatorship.* Cambridge University Press.

Gandhi, Jennifer and Ellen Lust-Okar. 2009. "Elections Under Authoritarianism," *Annual Review of Political Science,* 12, pp. 403–422.

Geddes, Barbara, Joseph Wright, and Erica Franz. 2014. "Autocratic Breakdown and Regime Transitions: A New Data Set," *Perspectives on Politics,* 12(2), pp. 313–331.

Herb, Michael. 1999. *All in the Family: Absolutism, Revolution, and Democracy in the Middle Eastern Monarchies.* State University of New York Press.

Lewis, Bernard. 1996. "Islam and Liberal Democracy: A Historical Overview," *Journal of Democracy,* 7(2), pp. 52–63.

Lipset, Seymour Martin. 1994. "The Social Requisites of Democracy Revisited: 1993 Presidential Address," *American Sociological Review,* 59(1), pp. 1–22.

Lucas, Russell. 2004. "Monarchical Authoritarianism: Survival and Political Liberalization in a Middle Eastern Regime Type," *International Journal of Middle East Studies,* 36(1), pp. 103–119.

Lust, Elle. 2020. "Institutions and Governance," Ellen Lust ed., *The Middle East.* 15th edition. Sage.

Lust-Okar, Ellen. 2005. *Structuring Conflict in the Arab World: Incumbents, Opponents, and Institutions.* Cambridge University Press.

Magaloni, Neatriz. 2008. "Credible Power-Sharing and the Longevity of Authoritarian Rule," *Comparative Political Analysis,* 41(4/5), pp. 715–741.

Magaloni, Neatriz and Ruth Kricheli. 2010. "Political Order and One-Party Rule," *Annual Review of Political Science,* 13, pp. 123–143.

Nugent, Elizabeth R. 2020. *After Repression: How Polarization Derails Democratic Transition.* Princeton University Press.

Tilly, Charles. 1992. *Coercion, Capital and European States, AD 990–1992,* Blackwell.

Willis, Michael J. 2014. *Politics and Power in the Maghreb: Algeria, Tunisia and Morocco from Independence to the Arab Spring.*

Oxford University Press.

読書案内

①　エリカ・フランツ（上谷直克・今井宏平・中井遼訳）『権威主義――独裁政治の歴史と変貌』白水社、二〇二一年。

＊今世紀に入って長足の進歩を遂げた比較権威主義体制研究の成果を知らしめる一般向けの書籍である。権威主義体制に関する外国書籍の翻訳は長らくリンス『全体主義と権威主義』の独壇場であったが、本書はリンスに代わる新しいスタンダードになるだろう。現代の権威主義体制研究は一カ国の事例研究よりは複数国を扱った比較歴史分析、および大量観察に基づく計量分析に基づいた研究が主流である。主流の研究成果に基づく本書は、権威主義体制の頑健性が下位類型によって異なること、体制の誕生から持続の軌跡、そして崩壊に至るプロセスと比率の概観を読者に与えてくれる。

②　酒井啓子編『中東政治学』有斐閣、二〇一二年。

＊中東を対象とした地域研究と比較政治学の架橋を掲げた論文集。中東諸国の権威主義体制を分析する際には、権威主義体制に関する比較政治学の一般理論だけでなく、各国に特有の要素にも目配りが必要となる。本書では、特に第Ⅰ部「誰が支配しているのか」において、エジプト、シリア、サウディアラビアの権威主義体制の仕組みについて、それぞれ各国の実態に則した解説がなされている。

③　今井真士『権威主義体制と政治制度――「民主化」の時代におけるエジプトの一党優位の実証分析』勁草書房、二〇一七年。

＊エジプトにおける権威主義体制の一党優位（複数政党制を採用しながらも与党勢力が優位にある形態）が確立する条件や政党システムの動態について、政治制度という観点から分析する。権威主義体制研究の諸理論から導き出された仮説を統計分析と事例分析の両方から検証することで、エジプトを事例とする比較政治学の研究書となっている。

第4章　選挙と政党

この章で学ぶこと

中東諸国では選挙が実施されても、政治学研究の対象として注目されることは少なかったと言える。なぜならこの地域では民主主義体制が一般的ではなく、有権者が実質的な政権選択の手段を持っていなかったからである。二〇世紀後半より開発途上地域で民主化が進展していったものの、中東地域にはいわゆる「民主化の波」(1)が訪れなかった。そのため中東地域は先進諸国や他の開発途上地域で発展・蓄積された政治学の知見が及ばないという「中東例外論」がささやかれるようになったのである。実質的な政権選択の手段が存在しない中東の権威主義体制下で、選挙はいかなる意味を持ちうるのか。そしてある程度民主的な国において政党政治の機能不全が認められるのはなぜか。

結論から言えば、中東諸国で選挙が持ちうる意味とは、逆説的だが「選挙はある程度の政党間競争を認めることで体制を安定化させる手段である。ゆえに民主化が進むと政党間競争が激化する」というものである。中東地域の社会はエスニシティ、地域、宗派、階級などの社会的亀裂で分断されている。政党、とりわけ与党の役割は亀裂の断層によって生じかねない社会不安を予防し、集団間の格差を調整することだと言える。ある程度自由な選挙競合を認めているレバノンやイラク、そして近年のイスラエルで組閣をめぐる混乱が見られたり、短期間に選挙が繰り返されたりあるいは選挙日程が先送りされたりするのは、政党政治による調整が困難であることの結果であろう。

今世紀に入って中東諸国の選挙および政党政治の研究が進むようになった。本章では最新の研究成果を紹介して、上記の答えに至る論理を説明していきたい。

1　中東政治における選挙と政党

中東政治学において選挙と政党はマイナーな研究テーマである。カヴァトルタ〔Cavatorta 2020〕は自らの大学院生時代の研究内容を振り返り、「中東例外論」のためにテーマに偏りがあったことを論じている。本章の執筆者である浜中はカヴァトルタとほぼ同時期に大学院生時代を過ごしており、一九九〇年代当時の比較政治研究が南米や東欧の民主化に注目していたこと、中東政治のトピックとしてはイスラームと民主主義の関係にフォーカスしていた事実を自己の経験として知っている。それゆえ、中東研究で政党と選挙というテーマが扱われないのは「民主化の例外地域」であるとみなされていたため、というカヴァトルタの説明に同意できる。

政党は自由で公正な選挙の存在を前提に、有権者の支持によって政治権力の獲得を目指す政治団体である。であるならば、自由で公正な選挙がおおむね存在しない中東諸国の政治で、政党は研究の対象になりえない。実際、冷戦期に出版された中東選挙政治研究の古典であるLandau, Ozbudun, and Tachau〔1980〕はイスラエル、レバノン、トルコに分析対象を限定していた。ゆえにかかる議論は一定の説得力が認められるだろう。

しかしながら、近年、権威主義体制であっても政党間で一定の競争性を有する選挙が実施される、いわゆる競争的権威主義(2)（または選挙権威主義）の研究が進んだことで、中東諸国における政党と選挙の意義や機能を解き明かす試みも着手されるようになった〔Storm 2021〕。なお本章では「定期的に行われる自由で公正な選挙で政府が選出される政治体制」を民主主義体制であると定義し、自由で公正な選挙という条件を満たさない体制を権威主義体制であるとみなす〔フランツ 二〇二一〕。

今日、中東政治学における政党と選挙は、権威主義体制を持続させるメカニズムの構成要素と見られている。ゲデス（B. Geddes）による権威主義体制の下位類型に一党支配型があり、これは他の下位類型よりも長期に存続することが知られている〔Geddes 1999〕。独裁者が他の政治エリートと権力を分有することで支持を獲得するには、与党という可視化されたアリーナの存在は好都合だからである。

また、権威主義体制が国民から正統性を問われるような危機に直面したとき、これをどうやって乗り切るかという問題を考えるうえでも、政党というアクターは有用である。Lust-Okar〔2005〕は体制が危機を乗り切るため、野党勢力に対処する競合構造（structure of contestation）を構築し、操作するという解を示した。彼女が分析対象としたのはエジプト、ヨルダン、そしてモロッコである。エジプトのナーセル大統領が組織した解放戦線（liberation rally）や議会停止期のヨルダンは排除・統一型競合構造であり、政権の方針に反する野党勢力は公式の政治空間からは排除されていた。一方、ムバーラク政権のエジプトや一九七五年以降のモロッコは野党勢力を合法・非合法で分断し、合法的勢力を公式の政治空間に引き入れる分断型競合構造を構築して体制維持を図ったと説明される。

政権が権威主義体制を持続させる目的で野党勢力と取引することもある。この取引プロセスをモデル化したのがガンディー（J. Gandhi）である。ガンディーらは野党勢力に対する利権配分と政策的妥協をコオプテーション（cooptation）と定義し、立法府をコオプテーションの場としてモデル化した（コオプテーションについては第5章の議論も参照）。ガンディー自身は選挙権威主義となったクウェイトやモロッコをコオプテーションの具体的事例として分析したのに対し、浜中〔二〇〇九〕はガンディーらのモデルを用いて地方での暴動や湾岸危機に直面したヨルダン政治を分析した。ヨルダンのムスリム同胞団はコオプテーションの対象として政権に取り込まれ、危機が去ると選挙制度の改正によって政治の場から排除されてしまったのである。選挙制度は連記投票制から単記非委譲型投票制（Single Non-Transferable Vote）に変更されたことになり、制度変更前には議席を獲得できた同胞団も、変更後は勢力を縮小せざるを得なかった〔Lust-Okar 2006〕。

以上の研究は権威主義体制の持続性や強靭さを政権と野党との関係（与野党関係）に着目して説明するものであった。フランツ〔二〇二一〕によれば、「複数政党や議会、定期的な選挙などを持つ独裁のほうが、そうでない体制よりも長続きする証拠が存在して」おり、権威主義体制下の政党（制）や選挙を体制生存戦略のツールとして分析対象とすることに、学術的な意義があると言えよう。一方、ある程度自由な選挙競合を認めるレバノンやイラク、そして完全に自由な選挙を有するイスラエルでも、政府形成をめぐる与野党間の駆け引きがエスカレートし、予算策定の遅滞や遅延、重要政策の決定をきっかけにした倒閣運動の勃発、議会の短命化（短期間に何度も総選挙が実施されること）といった現象が見られている。

中東地域における選挙と政党政治の役割と機能を統一的に説明できる論理は何か、というのが本章の中心的な問いである。言い換えると、これは「権威主義体制下で選挙政治が持つ意味とは何か」であり「ある程度民主的な国において選挙を通じた政党政治が機能不全の様相を見せるのはなぜか」という二つの問いに分けることができるだろう。

以下では政党と有権者との関係に着目し、中東諸国の政党や選挙がいかなる役割と機能を有しているのかについて、論じていくことにしたい。本章が依拠する政党理論としては支持調達手段としてのクライエンティリズムと政策プログラムに着目する。二つの支持調達手段は中東各国の政治的社会的状況に応じてさまざまに利用され、政党政治の特色を描き出すことになる。

2　クライエンティリズムと政策プログラム

ここでは政党政治研究を革新したキッチェルト（H. Kitschelt）の学説に従い、政党と有権者の関係をモデル化する〔Kitschelt and Wilkinson 2007〕。いかなる政治体制であっても、政党は有権者の一部をターゲットにして利益を誘導し、彼らの支持を獲得する。有権者側に利益を取りまとめる個人をブローカーと呼び、政党がこのブローカーを媒介して利益と支持をやりとりする交換形態をクライエンティリズムと呼ぶ。与党が権力を維持し続けるためには、ブローカーが裏切らないように、また有権者がブローカーに従うように監視する必要がある。そのため、権力維持をクライエンティリズムに頼る政党は、監視組織を構築し保守しなくてはならない。

一方、ブローカーに頼らない形でターゲットの有権者にアクセスし、利益と支持をやりとりする交換形態もある。特定の社会集団にとって利益となる政策、具体的には農家や幼稚産業にとっての保護関税や、税収が不足する地域の住民に対する所得移転および公共事業の発注、といった政策プログラムを指す。政策プログラムによる交換形態はクライエンティリズムと比較して非属人的であるものの、広範な有権者に利益を分配するには組織化された官僚制が必要になる。ハミド（S. Hamid）が言うように、モロッコを例外として「（中東の）半権威主義体制にも独自の政党は存在したが、それらは職業的キャリアの達成手段であったり、同盟者や支援者への権限配分手段であったり、パトロン・クライアント関係の管理手段であった」〔Hamid 2014〕。自由で公正な選挙を持たない中東諸国において、政党は第一義的にはクライエンティリズムの手段なのである。

3　クライエンティリズムの事例

（1）レバノン国民議会選挙の事例

クライアンティリズムの事例として、まずレバノン国民議会選挙を取り上げよう。レバノンの選挙政治を研究するコルスタンジュ（D. Corstange）は、同国のクライエンティリズムを次のように説明する。「『サービスとお金』は、『政策イシューと政治的原則』の代わりに、ほとんどの人々の投票行動を左右する。実際、雇用や病院のベッド、学用品、警察へのとりなしといった斡旋の要求が、有権者からひっきりなしに持ち込まれることに、国会議員は不満を漏らしている。……現地の観察者は選挙キャンペーンを『自由競争』であると表現し、候補者が票の半分かそれ以上を買収しているのが実情だと主張する。……各政党は有権者にサービスを配給し、投票行動を監視するために集票組織とブローカーに依存している」〔Corstange 2018〕。

レバノンの政治と社会を大枠で規定する構造は、第一に水平的な宗派集団であり、第二に各集団内部の垂直的なパトロン・クライアント関係（アラビア語でザイーム・ザラメ関係）である〔青山・末近 二〇〇九〕。主要な宗派集団にはキリスト教マロン派、スンナ派イスラーム、シーア派イスラーム、ギリシア正教があり、政府や議会の主要ポストが宗派集団ごとに配分されるだけではなく、各選挙区の配分議席も宗派に沿って割り当てられている。このように宗派単位で政治ポストが配分される仕組みは紛争回避を目的としたパワーシェアリング（権力分有）の装置だとみなされている。

選挙制度を説明するための仮想例として、ある選挙区がマロン派一、ドルーズ派一、スンナ派一に割り当てられているものとする。マロン派の候補者はこの選挙区では割り当てられた一議席をめぐって同派の候補者と争うことになる。大選挙区完全連記制という制度下で、有権者は定数上限まで投票することができる〔青山 二〇一〇：溝渕 二〇〇九〕。仮想例の場合、有権者がマロン派だったとしても自派の一議席だけでなく、ドルーズ派一議席、スンナ派一議席に対しても投票が可能である。

この時、出馬した候補者が勝利するには、垂直的な関係にある自派の票だけでなく他宗派に属する有権者からの票も得なければならない。青山は候補者の集票行動を次のように説明する。「立候補者は水平関係を駆使し、他の宗派に属する立候補者と選挙協力を行い、共同で候補者リストを作成することで互いの支持票を共有しようとする」〔青山 二〇一〇〕。溝渕〔二〇〇九〕は二〇〇九年レバノン国民議会選挙の際、実際に配布された親シリア派の三月八日勢力と、反シリア派の三月一四日勢力それぞれの選挙リストを掲示し、有権者の投票行動を説明した。溝渕が分析した当時のベイルート三区は定数一〇であり、三月八日勢力と三月一四日勢力の運動員が一〇名分の名前が印刷された投票用紙を投票所の前で配布していた。有権者は印刷済みの投票用紙を運動員から受け取って、「多くの場合、そのまま封筒に入れ投票箱に投ずる」〔溝渕 二〇〇九〕のである。(3)

青山・末近〔二〇〇九〕が整理した政治構造をキッチェルトのモデルに落とし込むと、有力なザイームが候補者（パトロン）であり、候補者にならないザイームやより下位のザラメがブローカー（クライアント）としてさらに下位にある同宗派や同地域の一般成員の票を動員する、という構図になる。有力ザイームはブローカーを介して同宗派・同地域の一般成員と垂直に繋がる組織を有しており、これが国政選挙において集票組織すなわち「選挙マシーン」として機能する。このことは選挙競争が激しくなっても、それは同じ宗派内部での争いであり、同じ宗派がシリアとの関係や諸政策をめぐって別の政党・政治勢力に分裂することを意味する。そしてシリアとの関係に特徴づけられる二大勢力の拮抗と衝突の回避は、組閣や国家予算の策定という重大事項を二の次にする「決めない政治」へと帰着している〔末近 二〇一四〕。

（2）エジプトの国民民主党の事例

次にエジプトの国民民主党の事例を取り上げる。「アラブの春」以前のエジプトにおいて、クライエンティリズム型交換によって有権者に供与された利益の一つが政府部門職員のポストである。政府部門職員は失業の不安がほとんどなく、社会的評価が高いうえに、勤務時間外には副業が認められていた。そのうえ年金が保障されていたので、給与は安くとも便益として大いに魅力があったのであろう〔Richards and Waterbury 2008〕。また政府部門で働くことは国民民主党の動員ネットワークの内部にいることを意味した。エジプトの選挙政治を研究したブライデス（L. Blaydes）は、政府職員への賞与や年金および恩給が選挙動員の見返りとして支払われてきた可能性を指摘した。エジプト政府は一九八四年に政府部門職員の年間賞与を三三％、一九九〇年には四半期賞与を五％、一九九五年には一〇％の引き上げを行った。その後も二〇〇〇年と二〇〇五年に政府職員の賞与引き上げが行われている。賞与引き上げが行われたタイミングと人民議会選挙の年度は一致しており、ブライデスはこれを国民民主党による投票参加促進要因だとみなしている〔Blaydes 2011〕。

ムバーラク大統領を支えた国民民主党は政党としての組織的凝集性を有さず、人民議会議員や同党員が個人的なネットワークを通して有権者の一部に利益供与を図っていたと見られている。投票参加する一般有権者たちはクライエンティリズムのネットワークを通じて、低金利の融資や日用品、集合住宅の入居権、煩瑣な行政手続きの免除や税金逃れの手段といった便益を人民議会議員から得ていたとされる〔Singerman 1995〕。国民民主党の党員資格は、農村部の有力者に対して「地域の支配者然」と振る舞う権威を付与することだろう。党員資格は国家資産にアクセスするためのパスポートになり得た。なぜならアクセスした資産を一般有権者に付与することで国民民主党への支持を調達することが、党員の任務だからである〔Kassem 1999〕。すなわち国民民主党の党員資格は「ブローカーとしての資格」であり、地域社会と党を結びつけるクライエンティリズムの結節点なのである。

一九九〇年から二〇一〇年までの選挙制度は、全国を二二二の選挙区に分け、各選挙区の定数を二とし、一議席を専門職、もう一議席を労働者あるいは農民に割り当てるという職能別のシステムを採用していた(4)。選挙区選出四四四議席に大統領任命分一〇議席の計四五四議席で人民議会が構成され、二〇一〇年選挙の際はこれに女性枠六四議席が付け加えられた〔鈴木二〇一二〕。

エジプトの事例は権威主義体制下の支配的与党（dominant party）が国政選挙を体制維持の装置として利用する典型例と

して考えることができるだろう。さて、エジプト人口八〇〇〇万人のうち、一九〇万人が国民民主党の党員であったという。この数値は四二人に一人が党員であったという計算になる。ベン・アリー政権下チュニジアの与党・立憲民主連合党の党員は同国人口一〇〇〇万人中二〇〇万人であったというから、チュニジアの与党党員比率はエジプトの八倍ということになる〔Koehler 2021〕。この差は政府与党を構成するパトロン政治家がクライアントに行使できる国家資源の違いであったのかもしれない。

（3）イラン議会選挙の事例

最後にイランの議会選挙と地方の事例を取り上げる。イスラーム共和国体制を採るイランは、同体制の是非を政治的イシューとすることができない。同国では最高指導者と彼に統括される諸機関が体制のイスラーム性を保障し、被選挙人の立候補をコントロールしている。イランの選挙を比較政治学的見地からどのように評価するのかについては定説がないものの、競争的権威主義体制の一種とみなして分析を試みる立場が強調されるようになっている〔坂梨 二〇二一〕。本章ではイランを競争的権威主義体制下における選挙政治の一事例と見なし、かかる分析を紹介することにしたい。

イランの選挙は政党間競争ではなく右派と左派（報道ではしばしば保守派、改革派と呼称される）に分別される派閥間競争として記述される〔坂梨 二〇二一〕。大統領選挙では右派と左派のうちどちらの候補が当選するかによって、同国の外交政策が大きく変化することがあるため、国際的にも注目されやすい。一方で、国民議会選挙は報道でも学術的にも注目されることは少ないようである。マフダヴィー〔Mahdavi 2015〕によれば、イランの選挙区の六割が定数一の小選挙区であり、残りは定数二から六の大選挙区である。そしてマフダヴィーは小選挙区の現職候補が石油資源を利用して再選していると指摘した。この研究では一九八四年から二〇〇八年まで七回の全国選挙データと石油に関する全国レベルの経済データを用いて、石油の再選メカニズムを実証している。

一方Raisi〔2020〕は首都テヘランと地方都市の投票率に大きな違いが見られることから、地方の現職候補者がクライエンティリズムを使って選挙区内の投票動員に成功していることを示している。ライシは先行研究から投票行動における部族や親族関係の影響、貧困地域での票買収エピソードを紹介するとともに、全国選挙データと地区の経済開発レベルを示すデータを用いて計量分析を実施した。この研究の計量分析そのものは選挙区レベルの議論であるため、有権者個人の行動を直接説明するものではない。しかし有権者人口や識字率と投票率が負の相関関係にあり、聞き取り調査によって地方の立候補者が有権者から就職あっせんや融資の陳情を受ける事実を明らかにしている。このパトロン・クライアント関係はイスラーム共和国体制の樹立が地方に及ぶに当たり、国会議員と有権者との間を規定することになったと考えられている。

4　政策プログラムの事例

（1）イスラエルのリクードの事例

次に政策プログラムの事例を見ていきたい。まずはイスラエルの事例を取り上げる。前節で検討した国々と異なり、イスラエルは少なくとも四年に一度は国政選挙が実施され、政権交替が起こりうる民主主義国家である。中東諸国の一つではあるが、選挙政治・政党政治の比較対象としては近隣諸国よりもヨーロッパの方が適切だと言えるかもしれない。そのことを了解したうえで議論を進めると、イスラエルの政党政治を検討するうえで重視されるべき視点は政策プログラムの対立軸である。

イスラエル国内では政治家も有権者も、自らの政治的立ち位置を表現する際に右派、あるいは左派、という言葉を用いる。諸外国では右派に民族主義や経済面での規制緩和（自由主義）の価値観が付与され、左派には政治的リベラル（少数派への寛容）と市場への政府介入を求めるニュアンスがある。イスラエルでも同じような意味合いはあるものの、それらに増して重視されるイシューは安全保障・外交面である。イスラエルにおける右派とはパレスチナ問題における譲歩の拒否と占領地における入植の継続を意味する。一方、左派とは真の和平を求めてパレスチナ側との交渉を望み、将来的な占領地からの撤退を展望する立場である〔Galnoor and Blander 2018〕。すなわち右派は占領地の維持ないし拡大を望み、原理としてのユダヤ民族主義を政策プログラムとして実現していく立場である。そして左派はパレスチナ側との和平のために占領地の放棄を考慮する、平和主義ないしリベラリズムに立脚した政策プログラムを示す立場だと言える。

二〇〇〇年に発生した第二次インティファーダ以降、イスラエル社会において優勢となっているのは右派である。総選挙の結果、二〇〇一年以降は右派のリクード党ないし中道系政党による連立政権が続いており、左派に属する政党は勢力を失っている。浜中〔二〇二〇〕は「なぜイスラエルの政治は右傾化しているのか」という問いを立て、中央選挙管理委員会が提供している投票箱単位の観察データ、およびイスラエル国政選挙研究（Israel National Election Studies）が収集した世論調査データを分析して答えを与えている。浜中によれば、有権者は自らのアイデンティティを政策プログラムの対立軸上に重ねていると考えられ、アイデンティティに従って投票している。投票箱単位の観察データから、有権者はある年の選挙で支持した政党を、次の選挙でもそのまま支持する傾向にある。

イスラエルの議会選挙は定数一二〇を全国一区の拘束名簿式比例代表制で争う。つまり有権者は政党ないし複数政党が結成した選挙リストに投票し、候補者個人を支持することはできない。投票ブースには、政党名（選挙リスト名）とシンボルであるヘブライ語アルファベットの書かれた投票用紙が出馬している政党（リスト）の数だけ置かれており、一枚を選んで封筒に入れ、投票箱に投じる。イスラエルの選挙制度は政党数を削減する効果が弱く、多数の政党が議席を得ることになりやすい。そのため議会第一党が過半数を占めたことはこれまでにはなく、連立政権が常態である。また選挙後に大統領から指名を受けた首相候補者が連立交渉に苦労し、期限内に組閣できない結果に終わることもある。

（2）イスラーム主義政党の事例

次にイスラーム主義政党の事例を取り上げる。末近〔二〇一八〕はイスラーム主義を「宗教としてのイスラームへの信仰を思想的基盤とし、公的領域におけるイスラーム的価値観の実現を求める政治的なイデオロギー」と定義した。このイデオロギーを掲げる人々をイスラーム主義者、社会運動をイスラーム主義運動と呼ぶとき、彼らが中核となって結成した政党をイスラーム主義政党と呼ぶことにしたい。末近はイスラーム主義運動の例としてムスリム同胞団、ハマース、ヒズブッラーなどを挙げているが、これらは政党組織を併せ持っている（あるいは持っていた）。エジプトのムスリム同胞団は自由公正党

コラム④　リクード

リクードはベンヤミン・ネタニヤフ首相が率いる連立与党の議会第一党である〔二〇二一年五月時点〕。同党は一九七三年クネセット選挙を前にメナヘム・ベギンらが右派ブロック諸派を糾合して結成された。一九七七年選挙で勝利し、イスラエルで初めて非労働党系の政権が誕生した。以後、選挙で議会第一党となった際には首相を輩出する与党として、イスラエル政界を特徴づける主要政党の一つになった。

リクードの政治理論的支柱は、ゼエブ・ジャボティンスキーの思想にある。一九二五年、ジャボティンスキーはパレスチナへのユダヤ人入植を進める主流派シオニストの実践主義を批判し、「あるべき姿に戻す」修正主義運動を開始した。今日のイスラエル・パレスチナ問題への関心から注目される思想の特徴は、ユダヤ人とアラブ人を分離すること、そして問題の力による解決を唱えることであろう〔森 二〇〇八〕。修正主義シオニズムの思想はリクードの政治理論として受け継がれ、イスラエルに隣接した非武装のパレスチナ国家を建設することで紛争解決を目指す「二国家和平案」やパレスチナ側の武力行使に対して過剰とも取れる規模の反撃を行う国防政策を下支えしている。

選挙制度が一つの原因となって、イスラエルの政党システムは極端な多党制の状態にある。*そのなかでも安定的に勢力を維持できている政党がリクードである。リクードは一九七三年の議会選挙前に、市場経済主義とユダヤ民族主義を掲げる諸政党が結成した選挙リストであった。リクードは、修正主義シオニズム**の指導者ジャボティンスキーのイデオロギーに影響された、右派の民族主義政党だとみられている〔Mahler 2016〕。党首ベンヤミン・ネタニヤフは通算で一四年以上首相の座にあり、イスラエル憲政史上最も長期にわたって政権を支配している。

長期政権はしばしば政治腐敗の温床となる。ネタニヤフも例外ではなく複数の不正に関与したと見られており、現職首相のまま収賄罪の容疑で司法当局に起訴された。現職首相が刑事裁判の被告になった事案はイスラエル憲政史上初めてのことである。そしてこの事案が二〇一九年三月、九月、二〇二〇年三月、そして二〇二一年三月と三年間に四度も解散総選挙を繰り返すという停滞の原因になっている。

＊　多党化現象が進行すると政党システムの断片化と呼ばれる症状に至るので、イスラエルの選挙には阻止条項が設けられている。当初は有効投票数の一％であったが、徐々に引き上げられて二〇一五年より三・二五％になっている。

＊＊　ユダヤ民族の至上性を重視する立場から、アラブ人との共存を図る労働シオニズムの路線を「修正」してT・ヘルツルが唱えたシオニズムへ回帰しようとするイデオロギーを指す〔森 二〇〇八〕。

を結成してムハンマド・ムルスィー大統領を輩出した。ハマースは「自由と変革のリスト」として二〇〇六年パレスチナ自治政府選挙で勝利し、イスマーイール・ハニーヤを首相のポストに就けた。ヒズブッラーは武装した合法政党として三月八日勢力の一端を担うとともに、内閣に閣僚を送っている。

明確な政策プログラムに基づいて支持を集めようとする政党はイスラエルだけではなく、アラブ諸国やトルコにも存在する。さまざまな研究によると、中東全域の政党政治を特徴づけるイデオロギー的分裂は宗教と世俗をめぐる対立軸[5]に沿っている〔Aydogan 2021〕。投票に参加する有権者の多数派は経済問題に関心を持つが、政党は多様な経済政策プログラムを造り上げることには失敗してきた。代わりに世俗的な左翼政党もイスラーム主義政党も自由市場経済アプローチ、貧困者への助成金、そしてすべての人々への社会正義を主唱したに過ぎなかったのだ〔Aydogan 2021〕。

イスラーム主義政党は経済政策プログラムに関して見るべきものを提示できないかもしれないが、世俗的な左派政党と自らを明確に区別する政策イシューとして「政治における宗教の役割の拡大」と「社会における女性の権利」を挙げることができるだろう〔Wegner and Cavatorta 2019〕。前者に関して言えば、ハマース（自由と変革のリスト）の選挙綱領には「シャリーア（イスラーム法）をパレスチナにおける立法の主たる法源とする」という箇所に認められる〔Gunning 2010: Tamimi 2007〕。後者に関して言えば、クルツマンとナクヴィ〔Kurzman and Naqvi 2009〕が興味深い発見をしている。イスラーム主義政党の選挙綱領を分析した結果、社会における両性の平等な役割分担よりは、女性に独特の役割があることを強調するものが数のうえで上回るのである[6]。そしてウェグナーとカヴァトルタ〔Wegner and Cavatorta 2019〕は、イスラーム主義政党に顕著な二つの政策イシュー、つまり宗教の役割の拡大とジェンダーの保守性において、政党と有権者の価値観が一致していることを世論調査データの分析で実証している。

イスラーム主義にまつわる政党政治論のトピックとして、興味深いものの一つに穏健化理論（Moderation Theory）ないし包摂 - 穏健化仮説（Inclusion-Moderation Hypothesis）と呼ばれるものがある〔浜中 二〇一九〕。これは「ある政治アクターが多元的な政治過程に包摂されたことで穏健化する」という命題であり、ヨルダンやイエメン〔Schwedler 2006〕、エジプト、クウェイト、パレスチナ〔Brown 2012〕、トルコとイラン〔Tezcür 2010〕、チュニジア〔Hamid 2014〕といった国々のイスラーム主義政党の事例で検証されている。ここでは「アラブの春」後のチュニジアの事例に着目して議論を進めたい。ハミド（S. Hamid）によれば、民主化革命後のチュニジアでは政党がプログラム別にイスラーム主義・世俗派・左派で分裂していた。選挙による政権獲得に成功したナフダ（an-Nahda）党は、自らのイスラーム主義的目的を果たすためには段階的なアプローチをとらざるを得ないことを自覚していた。そのためチュニジア社会の統合を優先し、他党と妥協して連立政権を樹立できたのである。すなわち、ナフダ党の「穏健化」が「チュニジア民主化の成功」であると解釈されている〔Hamid 2014〕。

もっとも選挙後のチュニジア政治が混迷状態にあることに鑑みると、選挙後の政権運営までも射程に入れて議論をするべきだろう。渡邊は Kitschelt and Wilkinson〔2007〕の議論を参照し、次のように説明する。「民主主義の初期段階においては、政治家たちは完成された組織的インフラストラクチャーを利用できないため、クライエンタリズム政党もプログラム政党もすぐには現れることがなく、投票は過去の短期的な業績投票または個人的資質（「カリスマ」）に左右される。……ナフダは特定の社会層を意識したプログラム政党となるには支持社会層・地域が広すぎるが、クライエンタリズム政党になろうとすると、連立政権ゆえに政権内部から離反を生み、さらに腐敗に批判的な国民の支持も失うジレンマを抱えている」〔渡邊 二〇一三〕。

5　クライエンティリズムと政策プログラムの混合事例

(1) イラク選挙政治の事例

クライエンティリズムと政策プログラムの混合事例もある。まず、イラクの選挙政治の事例を取り上げたい。二〇〇三年のイラク戦争後、同国は国家再建のプロセスに入った。米国占領下で「上からの民主化」が進められたイラクは、各政治勢力間の対立と内戦の勃発、そして「イスラーム国」(IS)の台頭と、苦難に次ぐ苦難を経験した。このようなイラクはポスト紛争社会の一例として位置づけられ、選挙と政党政治を論じるにあたっては政治秩序の(再)構築問題と不可分になる。そして各政治勢力ならびに各政党は、しばしば「宗派主義」に基づいて相争っていると説明される。すなわち、政党はシーア派、スンナ派、クルドといった宗派および民族集団ごとに分裂した有権者のアイデンティティを刺激して自党への支持を訴える、という投票行動モデルに基づく説明である。さらに宗派や地域ごとのネットワークに沿ったパトロン・クライアント関係に依拠し、各政党は選挙動員を行いうる。この説明をここでは宗派主義理論と呼ぶことにしよう。

イラクの有権者は宗派主義理論に基づいて投票行動をしているのであろうか。山尾・浜中〔二〇一四〕によると、イラク人は単純な宗派に基づくアイデンティティ投票やクライエンティリズムによる選挙動員に従っているとは言い切れない。とりわけ多数派であるシーア派有権者は宗派主義の傾向が弱く、特定の政治イデオロギーに対する支持態度が明確である。また政策プログラムに反応する有権者も少なからず存在することがわかっている。

イラク選挙政治に特徴的な現象の一つは、職業政治家の汚職・腐敗によって蔓延した政治不信である。そして政治不信の蔓延が投票率の下落を招いているとの指摘がある。山尾・浜中〔二〇二〇〕はイラクで世論調査実験を行い、投票参加と選挙動員の因果関係を分析している。二〇一八年選挙の直前に行われた実験調査によると、政党から投票要請の電話を受けた有権者は、投票参加の意欲を有意に失うことがわかっている。選挙利権の恩恵を受けられる有権者はマイノリティであるため、世論調査で恩恵のある対象にアプローチすることは難しい。すなわち調査対象者のほとんどはクライエンティリズムに沿った選挙動員を受けたとしても，経済的あるいは政治的な見返りを得ることはないと思われる。それゆえ，有権者への動員電話は政治的腐敗の記憶を惹起し，その結果として投票参加意欲を失うものと考えられている。

（2）トルコにおける公正発展党の事例

次にトルコの公正発展党（ＡＫＰ）の事例について見ていきたい。民主的問責性と連携プロジェクト（ＤＡＬＰ）のデータセットによると，トルコはクライエンティリズムに基づく政党制を有する国であり，与党のＡＫＰは世界でも最もクライエンティリズムに頼る政党にランキングされている〔Bulut 2020〕。そしてＡＫＰは二〇〇二年から今日まで，イスタンブルや

コラム⑤　中東選挙研究のためのデータセット

近年，中東政治研究にも計量政治分析の波が押し寄せてきた。計量政治分析とは政治学のなかで数量的に扱える対象に統計学を応用して分析するアプローチのことである。本書のなかだと第6章で全面的に展開されている手法が計量政治分析である。計量政治分析はアメリカの選挙研究から生まれたので，現在でも選挙政治が研究対象の中心である。

選挙のように有権者個人の選択を集計して全体の意思とみなす政治制度を研究する際，個人を観察単位とする世論調査データセットが有用である。中東諸国の選挙を研究するうえで便利なデータセットは Arab Barometer Project が提供している。イスラエル選挙だと Israel National Election Studies が一九六九年から二〇二〇年まで一八回分の世論調査データを提供している。このほか，本書執筆陣の多くが参加する「現代中東政治研究ネットワーク」（ＣＭＥＳＰ-Ｊ）も二〇〇七年から世論調査を行っており，シリア・レバノン・パレスチナ・イスラエル・イラク・エジプト・トルコの調査データが存在する。この他，トルコやイランのような非アラブ国家有権者の投票行動を分析したい場合は，World Values Survey の調査データを利用することができる。

アンカラなどの大都市の市長選を除いて、国政選挙と統一地方選で勝利し続けている。この結果、トルコ政治はＡＫＰの一党優位制に特徴づけられることになった。このことから、クライエンティリズムに基づく選挙動員がＡＫＰの一党優位制を形作ったと理解されるかもしれない。しかしながらブルト〔Bulut 2020〕によると、ＡＫＰをはじめとするトルコの政党は、「クライエンティリズムの慣行と政策プログラムを組み合わせることで中間層から反感を回避し、選挙基盤を広げることができる。この点で、クライエンティリズムに依拠する政党は選挙資源を多様化し、公的な優先事項と選挙公約に対応するとともに、クライエンティリズム関係を利用し続けることで、混合戦略に従っている」。

ＡＫＰによるクライエンティリズムの例は現地メディアで報道されている。二〇〇八年の選挙キャンペーン中、ＡＫＰは過去の選挙で勝利できなかった貧しい州の有権者に対し、自治体職員が冷蔵庫や食洗機といった生活用品を配給したという。またＡＫＰ政権は二〇〇三年から二〇一五年の間に二一〇〇万トン以上の石炭を、毎年一九〇万以上の世帯に配給したと伝えられている。政策プログラムによる利益誘導の例としては住宅プロジェクトの例が知られている。トルコ大衆住宅管理局（ＴＯＫİ）のプロジェクトは政権に近しい業者に委託されており、事業発注の見返りに業者はＡＫＰ支持者に雇用を与えていることが先行研究で解明されている。ＡＫＰの選挙公約は法律として実現していることは体系的に示されており、このことは有権者が政策プログラムからＡＫＰを評価している可能性をうかがわせる〔Bulut 2020〕。

ＡＫＰが支持を集める政策プログラムは経済的な利益誘導に限られるわけではない。間〔二〇一九〕は、ＡＫＰが信仰心の強い有権者を引きつけるためにイスラーム主義的価値観に基づく戦略を執拗に用いることに触れている。また間は別稿〔間 二〇一八〕でＡＫＰ政権がトルコの民主主義を後退させ、同国が南米でよく見られる委任型民主主義に堕したことを主張している。ＡＫＰがトルコの民主主義をどこまで後退させたかについては諸説あり、フランツ〔二〇二一〕は自由な選挙に制限を課すようになったためにトルコが権威主義体制のレベルにまで後退したとみなしている。

トルコの権威主義体制化を考察するに当たって、エルドアン大統領という政治家個人を取り上げざるを得ない。エルドアンは二〇〇二年一一月以降、ＡＫＰ政権を率いて事実上の執政府の長であり続けた人物である。二〇一七年の国民投票を経てトルコは改憲し、議院内閣制から大統領制へと移行した。この体制転換によって、大統領であるエルドアン個人への権力集中が進み、「大統領制化」すなわち所属政党や議会に拘束が弱まり、執政長官の権力行使がさらに強化される状況を作り出している〔岩坂 二〇一九〕。

6　選挙・政党研究に対する中東政治の貢献

前世紀にはマイナーだった中東諸国の選挙政治・政党政治の研究は、近年になり長足の進歩を遂げた。その背景に、各国の選挙や政党政治の事例研究が積み上げられたこと、そして中東政治を射程に収められる競争的権威主義体制論やキッチェルト・モデルの開発を指摘することができる。中東諸国の事例を比較政治学の俎上に載せて比較分析することが可能となり、中東政治のみならず政治現象そのものに普遍的な洞察を与える含意が得られるようになった。

我々は冒頭において「実質的な政権選択の手段が存在しない中東の権威主義体制下で、選挙はいかなる意味を持ちうるのか。そしてある程度民主的な国において政党政治の機能不全が認められるのはなぜか」という問いを立てた。この問いに対して、中東諸国の選挙政治・政党政治の比較研究は次のように答える。中東諸国で選挙が持ちうる意味とは、逆説的だが「選挙は政党間競争を通じた体制安定化の手段であり、民主化が進むことで政党間競争がかえって激化する」というものである。競争的権威主義体制下で、政党はクライエンティリズムを通じて便益と票の交換を行う。政党間競争は政策レベルの議論にはならず、政党支持構造は安定的で、議会における各政党の勢力分布は大きくは動かない。

政治体制が民主化し、自由な選挙競合が認められると、議会における政党の勢力分布が変化する恐れがあり、票の動きによっては政権が交代する。与党勢力が選挙での敗北を認めて下野しなければ、与野党間で紛争が発生し、最悪の事態になると内戦が発生する。武力紛争にエスカレートしやすい社会状況下だと、政治体制の民主化は無条件の善とはならないのである。

近年の中東では民主主義の機能不全や後退と判断できる事案が散見される。一つは三年間に四度も解散総選挙を繰り返しながらもネタニヤフ以外の首相を選出できなかったイスラエルである(7)。別の例では権威主義体制化したエルドアンのトルコを挙げられよう。いずれも民主的な選挙を経ながらも、長期にわたり同一人物が政権を握り続けた末路である。ネタニヤフやエルドアンへの権力集中は「大統領制化」として描かれる。「大統領制化」という現象は一義的には執政長官個人への権力集中であり、見方を変えると政党政治の弱体化、そして与党内部の統制力の減衰を意味する。

対立と紛争が渦巻く中東政治において、民衆は強力な政治的指導力を求める。それゆえに民主主義に不可欠なはずの政党の存在と役割は等閑視されやすい。民主主義という政治学にとって永遠のテーマを考えるにあたり、中東政治の研究は多くの普遍的な洞察を与えてくれる。

注

（1）政治学者S・ハンチントンが定義した一九七〇年代から九〇年代にかけて生じた南欧・南米・アジア諸国の民主化現象を指す用語。

（2）定期的に実施される選挙や合法的な野党といった民主主義の要素・制度を持ちながら、文民政権が野党勢力を抑圧したり選挙不正を行ったりして、権力を維持するタイプの権威主義体制を意味する。

（3）直近の二〇一八年選挙では前年の法律改正によって、投票形式が変更されている。選挙を所掌する内務地方行政省が投票リストごとに色分けされた候補者の写真付き投票用紙を発行した。有権者はリストにチェックした上で、リスト内の候補者一名に選好投票する形に改正された〔青山・末近・溝渕 二〇一八〕。

（4）議席を労働者・農民階級に割り当てる仕組みはシリアも採用している〔青山 二〇一二〕が、有名無実化している〔鈴木 二〇一一〕。

（5）この点はイスラエルにおいても同じであり、ユダヤ教の戒律で社会を拘束しようとする宗教政党とその動きに反対する世俗政党の間で対立がある。

（6）とはいえ、他国のイスラーム主義政党がしばしば主張する男女の隔離に対して、反対を唱えるモロッコの公正開発党（公正と発展党と訳されることもある）のような存在も認められる〔Wegner 2011〕。これは社会における女性の社会進出度合いの差異とモロッコの選挙が中東では珍しく競争的であるためであろう。また Pellicer and Wegner〔2014〕は公正開発党がクライエンティリズムによる支持獲得に頼っておらず、政策プログラムによるアクセスの可能性を示唆している。

（7）ネタニヤフ首相は二〇二一年三月の選挙で勝利し、リクードは議会第一党の座を守った。しかしながら法の定める期限内に組閣できなかったため、六月一三日に首相職を辞任した。

参考文献

青山弘之「宗派主義制度が支配する政党間関係：不安定化するレバノン（2005年4月～2008年5月）」佐藤章編『新興民主主義国における政党の動態と変容（研究双書№584）』JETROアジア経済研究所、二〇一〇年、一三三～一六四頁。

青山弘之「シリア・アラブ共和国」および「レバノン共和国」松本弘編著『中東・イスラーム諸国民主化ハンドブック』明石書店、二〇一一年、一五二～一八九頁。

青山弘之・末近浩太『現代シリア・レバノンの政治構造（アジア経済研究所叢書5）』岩波書店、二〇〇九年。

青山弘之・末近浩太・溝渕正季「レバノン第19期国民議会選挙（2018年）データベース」（CMEPS-J Report No. 43）（https://cmeps-j.net/ja/archives/2321）、二〇一八年。

岩坂将充「議院内閣制の「大統領制化」から「大統領制化」された大統領制へ」岩崎正洋編著『大統領制化の比較政治学』ミネルヴァ書房、二〇一九年、二一五～二三三頁。

坂梨祥「選挙――イラン・イスラーム共和国と「公正な選挙」の必要性」末近浩太編著『シリア・レバノン・イラク・イラン』ミネルヴァ書房、二〇二一年、一二一～一四四頁。

末近浩太『イスラーム主義と中東政治――レバノン・ヒズブッラーの抵抗と革命』名古屋大学出版会、二〇一四年。

末近浩太『イスラーム主義――もう一つの近代を構想する』岩波書店、二〇一八年。

鈴木恵美「エジプト・アラブ共和国」松本弘編著『中東・イスラーム諸国民主化ハンドブック』明石書店、二〇一一年、九二～一〇五頁。

間寧「外圧の消滅と内圧への反発――トルコにおける民主主義の後退」川中豪編著『後退する民主主義、強化される権威主義――最良の政治制度とは何か』ミネルヴァ書房、二〇一八年、一〇三～一二七頁。

間寧「政治体制――経済、宗教、政権支持」間寧編著『トルコ』ミネルヴァ書房、二〇一九年、九五～一一四頁。

浜中新吾「ムスリム同胞団とコオプテーションの政治」『日本中東学会年報』二五巻一号、二〇〇九年、三一～五四頁。

浜中新吾「イスラーム主義政党支持者の「穏健化」――包摂・穏健化仮説の検証」髙岡豊・溝渕正季編著『「アラブの春」以後のイスラ

ーム主義運動』ミネルヴァ書房、二〇一九年、二九～四六頁。
浜中新吾「イスラエルの内政――選挙政治を通じた「右傾化」」浜中新吾編著『イスラエル・パレスチナ』ミネルヴァ書房、二〇二〇年、一〇五～一三六頁。
フランツ、エリカ（上谷直克・今井宏平・中井遼訳）『権威主義――独裁政治の歴史と変貌』白水社、二〇二一年。
溝渕正季「寡頭制支配を支える制度的装置としての「選挙」――第18期レバノン国民議会選挙（２００９年）の分析を中心に」浜中新吾編著『中東諸国家運営メカニズムの普遍性と特殊性の析出』京都大学地域研究統合情報センター、二〇〇九年、四三～六八頁。
森まり子『シオニズムとアラブ――ジャボティンスキーとイスラエル右派　１８８０～２００５年』講談社、二〇〇八年。
山尾大・浜中新吾「宗派主義という隘路――イラク世論調査に見る政党支持構造の分析を手掛かりに」『日本中東学会年報』三〇巻一号、二〇一四年、一～三二頁。
山尾大・浜中新吾「ポスト紛争社会の政治動員と投票率の関係――イラクにおけるサーベイ実験から」『アジア経済』六一巻三号、二〇二〇年、二～二七頁。
渡邊祥子「革命後チュニジアの政治的不安定」『アフリカ・レポート』五一、二〇一三年、六三～七八頁。
Aydogan, Abdullah. 2021. "Party Systems and Ideological Cleavages in the Middle East and North Africa," *Party Politics*, 27(4), pp. 814-826.
Blaydes, Lisa. 2011. *Elections and Distributive Politics in Mubarak's Egypt*, Cambridge University Press.
Bulut, Alper T. 2020. "How Clientelistic Parties Go Programmatic: The Strategic Logic of Responsiveness in a Least Likely Case (the AKP of Turkey)," *Comparative Politics*, 52(2), pp. 333-356.
Brown, Nathan J. 2012. *When Victory Is Not an Option: Islamist Movements in Arab Politics*, Cornell University Press.
Cavatorta, Francesco, 2020. "Overcoming exceptionalism: Party politics and voting behavior in the Middle East and North Africa" In Larbi Sadiki ed. *Routledge Handbook of Middle East Politics*, Routledge, 216-227.
Corstange, Daniel. 2018. Clientelism in Competitive and Uncompetitive Elections, *Comparative Political Studies*, 51(1), pp. 76-104.
Galnoor, Itzhak, and Dana Blander. 2018. *The Handbook of Israel's Political System*. Cambridge University Press.
Geddes, Barbara. 1999. "What Do We Know About Democratization After Twenty Years?" *Annual Review of Political Science*, 2(1), pp. 115-144.

Gunning, Jeroen. 2010. *Hamas in Politics: Democracy, Religion, Violence.* Hurst.
Hamid, Shadi. 2014. "Political Party Development Before and After The Arab Spring." in Mehran Kamrava (ed). *Beyond the Arab Spring,* Oxford University Press, pp. 131–150.
Kassem, May. 1999. *In the Guise of Democracy: Governance in Contemporary Egypt,* Ithaca Press.
Kitschelt, Herbert, and Steven I. Wilkinson (eds.). 2007. *Patrons, Clients and Policies: Patterns of Democratic Accountability and Political Competition,* Cambridge University Press.
Kurzman, Charles, and Ijlal Naqvi. 2009. "Islamic Political Parties and Parliamentary Elections," United States Institute of Peace Working Paper.
Koehler, Kevin. 2021. "Inheriting the Past: Trajectories of Single Parties in Arab Republics," in Cavatorta, Francesco and Lise Storm (eds.), *Routledge Handbook on Political Parties in the Middle East and North Africa,* Routledge, pp. 57–68.
Landau, Jacob, Ergun Ozbudun, and Frank Tachau (eds.). 1980. *Electoral Politics in the Middle East: Issues, Voters and Elites,* Routledge.
Lust-Okar, Ellen 2005. *Structuring Conflict in the Arab World,* Cambridge University Press.
Lust-Okar, Ellen. 2006. "Elections under authoritarianism: Preliminary lessons from Jordan," *Democratization,* 13(3), pp. 456–471.
Mahdavi, Paasha. 2015. "Explaining the Oil Advantage: Effects of Natural Resource Wealth on Incumbent Reelection in Iran," *World Politics,* 67(2), pp. 226–267.
Mahler, Gregory S. 2016. *Politics and Government in Israel: The Maturation of a Modern State, Third Edition,* Rowman & Littlefield.
Pellicer, Miquel, and Eva Wegner. 2014. "Socio-economic voter profile and motives for Islamist support in Morocco," *Party Politics,* 20(1), pp. 116–133.
Raisi, Alireza. 2020. "Electoral Participation in Iran's Parliamentary Politics: Between Two Competing Explanations," *Political Behavior,* 43, pp. 1581–1609.
Richards, Alan, and John Waterbury. 2008. *A political economy of the Middle East.* Westview Press.
Schwedler, Jillian. 2006. *Faith in Moderation: Islamist Parties in Jordan and Yemen,* Cambridge University Press.

Singerman, Diane. 1995. *Avenues of Participation: Family, Politics, and Networks in Urban Quarters of Cairo,* Princeton University Press.

Storm, Lise. 2021. “Political parties under competitive Authoritarianism” In Francesco Cavatorta and Lise Storm (eds.), *Routledge Handbook on Political Parities in the Middle East and North Africa,* Routledge, pp. 99–113.

Tamimi, Azzam. 2007. *Hamas: Unwritten Chapters,* Hurst.

Tezcür, Günes Murat. 2010. “The Moderation Theory Revisited: The Case of Islamic Political Actors,” *Party Politics,* 16(1), pp. 69–88.

Wegner, Eva. 2011. *Islamist Opposition in Authoritarian Regimes: The Party of Justice and Development in Morocco,* Syracuse University Press.

Wegner, Eva, and Francesco Cavatorta. 2019. “Revisiting the Islamist-Secular Divide: Parties and Voters in the Arab World,” *International Political Science Review,* 40(4), pp. 558–575.

読書案内

① Lisa Blaydes. 2011. *Elections and Distributive Politics in Mubarak's Egypt,* Cambridge University Press.

＊ムバーラク統治下のエジプトを事例に、一定程度の競争的な選挙と複数政党制が実現していた事実をパズル（謎）として、これを解き明かそうとする研究である。議会の立候補者はなぜ政策決定権のない議会で議席を獲得するために資金と労力を費やすのか。また有権者はなぜ時間と労力を割いて、一見無駄と思える投票を行うのか。そしてムバーラクのような独裁者はなぜ「茶番」のような選挙を実施するのか。ブライデスの解答は、選挙のタイミングで分配政治（公共支出の拡大、立候補者への利益供与、票の買収）を行うことで社会の不満を抑え、権威主義体制を持続させるため、というものである。

② Daniel Corstange. 2016. *The Price of a Vote in the Middle East,* Cambridge University Press.

＊本書はエスニック政党が有権者にクライエンティリズムに基づく利益を供与して選挙で争い合うことを分析テーマとしている。あるエスニシティに基づく政党が一つしかない場合、そのエスニシティを持つ有権者はロックされ、エスニック政党による有権者集団の独占状態になる。この場合、政策プログラムに基づく政党間競争は発生せず、クライエンティリズムによって有権者の票は安価に交換される。コルスタンジュはレバノンとイエメンを事例として世論調査と現地インタビューに依拠して上記の議論を展開し

た。

③ M. Shamir and G. Rahat. 2017. *The Elections in Israel 2015*, Transaction Publishers.

＊イスラエル議会選挙における有権者の投票行動と各政党の動向を世論調査データ（Israel National Election Studies dataset）に基づいて分析するシリーズ本。選挙が実施された数年後に出版されてきた。一九六八年クネセット選挙の分析を皮切りに、本章執筆時点（二〇二一年五月）で二〇一五年クネセット選挙を扱ったものが最新版（一四冊目）である。選挙ごとに存在する争点の違いや、政党の分裂や再編統合など一つの選挙を挟んだ短期間の詳細な変化を追うのに適している。

第5章　政治と暴力

この章で学ぶこと

本章では中東の暴力組織について扱う。暴力組織と聞いて、読者の方々が最初に思い浮かべるのが軍であろう。政治学の政軍関係をめぐる議論では、軍人が職業軍人かどうかが大きな争点となるが、中東において軍は各国の政治に必要不可欠な組織であった。軍は、暴力装置の最も主要な担い手であると同時に、国家建設や国家運営に深くかかわってきた。エジプトのナーセル、サーダート、ムバーラク、スィースィー、イスラエルのイツハク・ラビンやベンヤミン・ネタニヤフ、トルコのムスタファ・ケマルなどは全員元軍人である。要するに、中東では軍は職業軍人ではなく、政治に深く関与する存在であった。加えて、警察、情報機関（インテリジェンス）、治安機関、民兵といった他の暴力組織もしばしば重要なアクターとなる。

暴力組織が必要とされる理由は、中東における統治の不安定性に求めることができるだろう。統治の不安定性は、国内の領域を十分に管理できていない、もしくは／加えて、国内の制度が未発達であるという点に起因している。この条件の両方、もしくはどちらかが当てはまる国家では、強制能力を持つ暴力組織の重要性が高まるのである。

国内の領域を十分に管理できていないという点は、例えば、シリアを考えれば理解しやすい。シリアでは二〇一一年三月に内戦が勃発すると、アサド政権の管理が十分に及んでいない南東部、北東部、東部でクルド民族主義勢力、反体制派、「イスラーム国」（ＩＳ）といった武装組織が跋扈することとなった。また、比較的主権国家の枠組みが強固なトルコでさえも、南東部ではクルディスタン労働者党（ＰＫＫ）が活動している。こうした非合法武装組織に対しては、軍だけでなく情報機関、警察、治安機関、民兵などの活動も重要となる。なぜなら、非合法武装組織やテロリストは町や村などで住民に紛れていることも多く、正規の軍だけでは十分に対応できないためである。

国家の制度が不十分な場合、暴力組織を十分にコントロールできないことが多い。その場合、当該国家ではクーデタが勃発する可能性が高まるため、政府は軍へ何らかの利益を供与することで忠誠・支持を維持しようと試みる。また、政府は反体制派対策において暴力装置を利用しつつも、さらに効率的な統治を目的に物理的暴力に依存しないコオプテーションを試みることが多い。

本章ではまず、政軍関係に関する政治学の説明を概観したうえで、国家の公的な暴力装置である軍および情報機関について検討する。次いで、国家運営に軍をはじめとした暴力装置がどのような役割を果たしてきたかについても確認する。また、インフォーマルな暴力組織についてもイラクの事例を取り上げて検討する。次に、統治の不安定性について見ていく。具体的には、国内の統治をめぐる政権と武装組織の抗争、クーデタ、政権のコオプテーションについて事例を挙げながら説明する。

1　従来の政軍関係研究

よく知られているように、政軍関係の研究は、民主主義体制下で軍をいかに政治指導下に置くか、つまり文民統制（シビリアン・コントロール）のあり方をめぐる議論を嚆矢とする。

ハンチントンは、軍と市民社会を完全に分離し、軍の専門職業主義を強化したうえで、軍を制度化して政治的に中立化させること、すなわち「客観的シビリアン・コントロール」の重要性を指摘した〔ハンチントン 二〇〇八〕。これに対して、ジャノヴィッツは、軍と社会を切り離さず、軍の「市民化」を進めて軍の規範意識を市民社会のそれと一致させることが重要だとし、ハンチントンの指摘を真っ向から批判した〔Janowitz 1961〕。

これらの議論は、いずれも民主的な先進国の政軍関係を考える際には有効であるが、文民統制を前提としにくい途上国には適用が難しい。例えば中東では、後述するように度重なる軍事クーデタが発生したことを受け、軍が政治に介入する条件を解明するための研究が進められてきた[1]。軍の政治介入の動機を説明する要因として、組織防衛や利害に着目する研究は多い。軍は、国防や国益というよりは、独自の組織的利害に基づいて行動すると主張したのはファイナーであった〔Finer 1988〕。また、パールマターは、軍が組織利害に基づいて政治権力を掌握すれば、必ず直接的／間接的にそれを維持しようとするものであると主張し、軍のこうした行動様式を衛兵主義（プリートリアニズム）と呼んだ〔Perlmutter 1977〕。

また、中東に関する研究はまだあまり進んでいないが、軍の行動様式を解明する他の要因として、しばしば挙げられるのは人事である。代表的なのはタイであり、軍の政治的影響力が低下した要因を人事から分析した研究〔玉田 二〇〇二〕や、クーデタ発生要因を同じく軍内部の人事を分析することで明らかにした研究〔玉田 一九九二；二〇一〇〕などがある。さらに、より広く、権威主義体制の維持に軍がどのような役割を果たしたかについては、ビルマの事例を扱った中西〔二〇〇九〕や、軍だけではなく党人事とあわせて論じた酒井〔二〇〇三〕が重要な研究である。これに加え、軍が軍事以外のビジネス分野に活動を広げる現象を分析した研究も活発に行われている[2]。

2　公的な暴力装置の役割

本節では暴力装置としての軍と情報機関に関して、トルコ、エジプト、イスラエル、イラン、イラクを事例として取り上げ、検討する。これらの国々を取り上げたのは、トルコ、エジプト、イスラエルは軍事力の規模が中東におけるトップの三カ国であり、次節で見るようにとりわけ軍が国家運営にも大きな影響力を行使してきたからである。イランでは革命後の国内統治に暴力装置は欠かせない組織であると同時に、ゴドゥス軍のように近隣諸国で活動する部隊も有している。イラクは長い期間戦争してきたため、軍の影響力は顕著で、とりわけフセイン政権下で大きかった。

（1）トルコ

トルコの暴力装置として真っ先に名前が挙がるのが軍である。トルコ軍は陸海空軍と沿岸警備隊、そして国内の治安維持を担当するジャンダルマから成る。トルコには兵役があり、現在では最低六カ月、その義務につかなくてはならない。トルコは中東に位置する国の中で唯一の北大西洋条約機構（ＮＡＴＯ）加盟国である。一九四九年に発足したＮＡＴＯの第一次拡大（一九五二年）でギリシャとともに同組織に加盟している。トルコは長らく、ＮＡＴＯにおいてアメリカに次いで二番目の規模の軍人を有している。また、トルコには二四のＮＡＴＯ基地と七つのアメリカ軍基地があり、冷戦期は対ソ連の前線基地、冷戦終結後はイラク、イラン、シリアといった国々へ対応する基地として不可欠なものとなっている。その中でも最も有名なのはアメリカの二つの軍事基地であるインジルリック基地とチーリ基地である。インジルリック基地には現在までアメリカの第三九空軍部隊が配備されており、チーリ基地は一九六二年一〇月のキューバ危機の際、核弾頭を積んだジュピターミサイルが配備されていた。

トルコの情報機関は、その前身であるオスマン帝国末期から立ち上げられてきた。第一次世界大戦期からトルコ建国にかけてさまざまな情報機関が活動し、役割を終えると解体されてきた。トルコ共和国建国以降、一九二六年まで情報機関はトルコ軍の傘下に位置づけられてきた。しかし、建国の父であり、初代大統領であるムスタファ・ケマルが欧米諸国のように独立した情報機関が必要と考え〔National Intelligence Organization website〕、一九二七年から国家安全保障サービスが活動を開始した。国家安全保障サービスは一九六五年に国家情報局（ＭİＴ）となり、首相府の傘下に加えられた。二〇二一年一一月現在与党の座にある公正発展党はＭİＴと強い結びつきがあり、軍部と対立していた二〇一〇年代前半まで特にその傾向が強かった。また、ＭİＴは二〇〇〇年代から二〇一〇年代前半にかけてのＰＫＫとの和平交渉、二〇一六年七月一五日クーデタ未遂の黒幕と言われているギュレン派の取り締まりにおいても中心的な役割を果たしてきた。

（2）エジプト

二〇二一年の「世界火力指標」（Global Power Index）によると、エジプトは世界一三位の通常兵力を誇る国であり、中東では有数の軍事大国である。[3] 陸・海・空・防空軍の四軍制（総兵力約四五万人）をとっており、伝統的に陸軍が他軍に対して優越的な位置にある。現在にまで至るエジプト軍は、一九世紀にムハンマド・アリー朝の富国強兵政策の一環として発足した。アフマド・ウラービー大佐が率いた一八八一～八二年の反英運動など、西洋列強に対抗する民族主義運動への貢献は軍の功績として国民に評価されている。

一九五二年にナーセル大佐ら青年将校を中心とする「自由将校団」はクーデタで実権を掌握し、ムハンマド・ナギーブ将軍を議長とする革命評議会が設けられた。翌年、エジプトは王制から共和制へ移行し、ナギーブは初代大統領、ナーセルは首相に就任した。やがてナギーブとナーセルの間に対立が生じ、ナギーブ失脚後の一九五六年にナーセルは大統領に就任した。以降、ナーセル、サーダート、ムバーラクと軍出身者が大統領に就任したが、エジプト軍は政権を支える主柱であった。対外的には、イスラエルとの計四回に及ぶ中東戦争に見られる祖国防衛、拡張的な対外政策を掲げたナーセル主義の下で遂行されたイエメン内戦（一九六二～七〇年）への軍事介入など、国防・対外政策に従った軍事行動をとった経験を持つ。また、湾岸戦争（一九九一年）ではアメリカが主導する多国籍軍の一翼を担った。

エジプト軍は国内的には、最重要の治安維持機関として機能している。特に、対イスラエル和平締結（一九七九年）以降、対外戦争の可能性が低下したため、治安維持における役割が拡大した。軍は準軍事組織である治安警察（内務省管轄）と協力して、ムスリム同胞団やイスラーム過激派など反体制派に対する暴力的な弾圧に従事した。軍は軍事裁判権を反体制活動家に対しても行使し、同胞団の急進派イデオローグのクトゥブなど処刑された者も多い。一九九〇年代以降は、テロ対策を理由に過激派メンバーに対する軍・治安警察の掃討作戦も行われた。また、一九八六年にカイロ中央治安警察が待遇改善を求めて暴動を起こした際、軍はこれを鎮圧して中央治安警察に対する統制権を確立した（オーウェン 二〇一五）。

二〇一一年の「アラブの春」に際して、軍はムバーラク大統領に対して辞任を実質的に強要し、同政権を崩壊させた。その後、軍最高評議会の下で暫定統治が行われ、二〇一二年に文民出身のムルスィー大統領誕生によって民政移管が果たされた。しかし、翌年に反ムルスィーの抗議活動が高揚するなか、軍は国内混乱の収拾を名目にクーデタを敢行し、ムルスィーを解任した。その後、軍が主導する暫定政権を経て、スィースィーが大統領に就任した。一連の政変の背景には、国民の軍に対する堅固な支持を指摘できる。軍は治安警察と協力し、ムルスィーの出身母体である同胞団に対する苛烈な弾圧を行うとともに、同国北東部のシナイ半島を中心に破壊活動を行っていた「イスラーム国」ら過激派に対する掃討作戦を継続している。

暴力装置としてのエジプト軍を考えると、彼らにとって自らを中心とする支配エリートが構成する共和制を維持することが最も重要な利益である。それは、国内外の脅威からの組織防衛や利益堅持へ至るものである。一九八〇年代以降、軍にとって中核的任務であった国防・対外戦争が発生する可能性は極めて低くなっており、それに伴い国内の治安維持が軍の主な任務になっている。物理的暴力は国外から国内へと対象をシフトさせている。

(3) イスラエル

次にイスラエルの事例を見ていきたい。イスラエル国防軍は「中東最強の軍隊」であると評されてきた。国防軍は地上部隊（陸軍）、航空宇宙軍（空軍）、海軍、の三軍から成り、北部・中部・南部の各方面軍ならびに民間防衛軍（Home Front Command：災害救援活動が主任務）に配されている。二〇二一年の兵員は全軍で一七万三〇〇〇人（World Fact Book）であり、一八歳以上のユダヤ系・ドゥルーズ派アラブ・チュルケス系の市民は兵役義務を負っている。入隊後、男性は三二カ月以上、女性は二四カ月以上従軍しなくてはならず、除隊後は予備役に編入される。有事ともなれば予備役が招集され短期間に兵力が増強されるシステムを採用しており、周辺国と比較して人口が小さいイスラエルの軍事力を支えている。

イスラエルにおいて、国外の諜報活動と特務工作はモサドが担当する。任務の特殊性・隠密性のために、目的や役割に関する法的な根拠が存在しないとされる。イスラエルに敵対するテロリストの国外対応はモサドが担当しており、暗殺に成功するとその名声を広めるために大きく報道される。国内の諜報・治安活動はシャバクが担当する。対パレスチナ人テロリストの防諜・活動阻止・暗殺はシャバクの任務となる。モサドとシャバクのいずれも首相府の直轄であり、国防省・国防軍とは異なる指揮命令系統に属している。

（４）イラン

イランは、正規軍に加えて、革命防衛隊と呼ばれる軍を持っている。もともと前者が国防省、後者が革命防衛隊省の管轄下にあったが、現在は国軍の最高司令部の下で指揮系統が統合されている。つまり、国軍のなかに陸海空軍が存在し、それとは別に革命防衛隊があるというわけである。革命防衛隊も陸海空軍をもっているが、それに加えて特徴的なのは、国外での特殊作戦を遂行するためのゴドゥス軍と、戦時に動員されるバスィージと呼ばれる二つの部隊である。

ゴドゥス軍は、レバノンのヒズブッラーやパレスチナのハマース、イラクの人民動員隊に参加する多様な民兵組織などに対して、軍事訓練や武器、資金のみならず、人員の派遣による実践部隊の指揮といったさまざまな支援を行っている。これらの組織に批判的な者や政府からは、しばしばイランの介入を代表する組織として認識されているのが、このゴドゥス軍に他ならない。

他方、バスィージは戦時に動員される志願制の兵士で、職業軍人ではない。つまり、普段は普通の市民として生活しているが、体制批判を行う者たちを監視する役割も担っており、組織力や動員力も相当高いと考えられている。これも現在の体制を維持する役割を果たしていると言えるだろう。

革命防衛隊将官は改革派と保守派に分けられる一方、軍最高幹部たちは最高指導者への忠誠を誓っているとされる。また、ボロウジュウディ〔Boroujeudi 2014〕によると、一九八〇年代末にラフサンジャーニー大統領が戦時経済体制からの転換を図った際、イラン・イラク戦争での革命防衛隊の貢献に報いるためもあり、石油・ガス産業やインフラ建設事業などの諸分野で革命防衛隊関連企業が活動を開始した。また、退役隊員が議員・県知事などの公職、公務員・ジャーナリスト・研究機関員・ビジネスマンとして活躍する事例も見られる。

（５）イラク

イラクでも、長期にわたる軍事政権が続いたこともあり、国軍の役割は相当大きかった。一九五八年の共和革命によって英国と関係が深い王政が崩壊したが、その際も中心的な役割を果たしたのは、アブドゥルカリーム・カースィム准将ら軍の中枢部にいた自由将校団であった。カースィム政権を引き継いだアーリフ兄弟も、軍の将校であり、彼らが率いたのは軍事政権であった。

その後、一九六八年にバアス党が無血クーデタによってアーリフ政権を打倒するが、その時に中心となり、のちに大統領になったハサン・バクルはイラク軍の将軍であり、バアス党政権も当初は軍事政権の色彩が極めて強かった。バクルの後を継いで一九七九年に政権を掌握したサッダーム・フセインは文民であったが、そのぶん軍の役割を重視し続けた。具体的には、フセイン政権は軍をはじめとする暴力装置の肥大化を進めると同時に、クーデタを恐れて軍の戦車部隊などの主力を首都バグダードには決して侵入させず、大統領を警備する共和国防衛隊と呼ばれる精鋭部隊を結成した。国軍は、警察と合わせて一九七〇年代前半には六万二〇〇〇人にすぎなかったが、一九八〇年代には実に七倍以上の四三万人まで増員していることがよくわかるだろう。文民であったフセイン大統領は、軍内に強い基盤を持っていなかったため、正規軍の動きには特に気を配り、懸念していた。そのため、精鋭部隊の共和国防衛隊に予算や最新の装備を集中させ、自らの親族を司令官に登用するなどして、正規軍との差別化を図った。こうして二極化した軍は、バアス党政権とそれを率いるフセイン大統領の体制を持続させる役割を果たした。

〔ジャッバール 一九九八〕。イランとの戦争に備えていたとはいえ、フセイン政権がどれほど軍の規模を拡大しようとしたのか

肥大化し、二極化した軍は、二〇〇三年の米英を中心とする有志連合による軍事侵攻（イラク戦争）の結果、旧バアス党政権を支え、人権侵害に加担した組織として完全に解体された。完全に解体された軍や治安機関は、一から作り直さなければならないが、それには長い時間がかかり、その間に国防治安能力の空白が生まれた〔山尾 二〇一三〕。その空白のなかで出現し、影響力を拡大させたのが、イラク戦争後に凱旋帰国し、新たな国作りの中枢に躍進した元亡命政党（フセイン政権下の反体制派）が持っていた民兵組織であった（後述）。

3　国家運営における軍

次に軍がどのように建国および国家運営に携わってきたのかを具体的な例と共に確認しておこう。中東では多くの国で軍が国家運営にかかわってきた。まず、軍が建国において重要な役割を果たしたトルコとイスラエルについて、軍の機能およびアイデンティティを確認する。次いで、国家運営に軍が果たす役割についてイスラエルとエジプトを事例として取り上げ、概観する。最後に、クーデタについても触れておきたい。というのもクーデタは国家と軍の関係の根幹をなしているからである。シリアのアサド政権に代表されるように、クーデタは軍の権力獲得の契機となり、また、トルコのように国家体制護持のためにクーデタが実行に移される場合もある。

（1）建国と軍

まず、トルコ軍と国家建設について簡単にふれたい。トルコにおいて軍は自分たちこそ第一次世界大戦後にムスタファ・ケマルに導かれ、西洋列強から祖国を守り、トルコ共和国の建国に尽力したという意識が強い。というのも、ケマルやケマル没後に二代目大統領となったイスメト・イノニュも軍人であり、建国初期の有力政治家たちは「文民の服を着た以前の軍人たち」〔Jenkins 2005〕と表現された。また、ケマルが創設した共和人民党は軍部の後押しを受けたことで近代化を推し進めることができた〔Özbudun 1966〕。このように、トルコの軍部は、自分たちが建国に貢献し、ケマルの近代化を後押しするという意識が強く、ケマルが目指した国家運営方針の守護者（Guardianship）を自負してきた。

イスラエルの建国過程においても国防軍が果たした役割は小さくない。ヨーロッパからの入植が進むなか、現地のアラブ人との軋轢は避けられず、しばしば衝突が生じた。そのためユダヤ人入植村は夜警を組織化し、衝突に備えたのであった。この夜警が次第に自警軍へと発展し、イスラエル国防軍の前身「ハガナー」となった。ユダヤ人共同体に対するアラブの攻撃が激しさを増すにつれて自警軍のプロフェッショナル化が必要となり、職業軍人型の部隊パルマッハが結成された。またハガナーが服従するユダヤ人共同体指導部の路線とは相容れないグループが武装し、英国委任統治政府に対してテロ活動を行うようにもなった。パルマッハやユダヤ武装テロ集団もまた、イスラエル国防軍の前身である。イスラエルは一九四八年五月の建国宣言直後に周囲のアラブ諸国と第一次中東戦争に突入したので、建国直後の新国家が生き延びるために国防軍は必要不可欠だった。

（2）国家運営と軍

直前で見たように、イスラエルは軍が建国に大きな役割を果たしたが、その後の国家運営にも不可欠な存在であった。イスラエルが直面する戦争の規模は次第に小さくなっていき、大規模な国家間戦争は一九七三年の第四次中東戦争を最後に経験しなくなった。しかし、その後もパレスチナの武装組織や隣国の武装集団による小規模な攻撃は断続的に生じている。このためイスラエル政治は国防問題とは切り離せず、同国の著名な政治家には国防軍やその前身組織の出身者がしばしば含まれる。第三次中東戦争（一九六七年）時のモシェ・ダヤン国防大臣、PLOやヨルダンとの和平合意を取りつけたイツハク・ラビン首相、パレスチナ自治政府と和平交渉を再開させたイフード・バラク首相、二〇二〇年に国防大臣となったベニー・ガンツは国防軍のトップである参謀総長を務めた。またエジプトとの国交樹立を果たしたメナヘム・ベギン首相は軍の前身であったユダヤ武装テロ集団の幹部であり、二〇〇五年ガザ地区からの軍撤退を実行したアリエル・シャロン首相は四度の中東戦争を戦い抜いた国防軍きっての名将として知られる。

次にエジプトの事例を見ていこう。現在のエジプトの共和制は、一九五二年の自由将校団のクーデタとその後の革命評議会による権力掌握によって基礎づけられたといっても過言ではない。つまり、軍が支配エリートの中核をなし、その他の支配エリートを構成する政治アクターに権限や利益が配分されているというのがエジプトの政治構造の実態である。そこにおいて、軍は現共和制の確立者、運営者、守護者としての役割を担っている。自由将校団のクーデタ以降、軍はエジプト政治を主導してきた。前述のように、ムルスィーを除く五人の歴代大統領はすべて軍出身者である。

憲法には、大統領は軍最高司令官の権限を有することが記されている。一方、文民統制は制度化されておらず、現役軍人が国防相を務める実質的な現役武官制が慣例化している。軍事予算については一般予算計上分に加えて、軍の経済活動による収益も充当されているが、その詳細は明らかにされていない。また、対イスラエル和平合意以降は米国から年間約一〇億ドルの軍事援助も受領している。退役する高級軍人には閣僚、省庁次官、県知事などの公職や国有企業幹部ポストなどが配分されることが多い。軍の傘下・関連企業の活動は現役・退役を問わず軍人・軍属に対する利益供与機関としても機能している。対イスラエル和平以降、軍は兵舎へ戻ったが〔Abul-Magd 2017〕、依然として支配エリートの中核をなす実態は変わらなかった。

二〇一一年の「アラブの春」に伴うムバーラク政権の崩壊は、この軍を中心とする支配構造を動揺させた。ムバーラク政権崩壊後、軍最高評議会が暫定統治（軍政）を施行し、巧みに軍の既得権益を守りつつ、二〇一二年に民政へ移管した。エジプト史上初の民主的な大統領選挙で選出されたムルスィー大統領は、軍の政治的役割制限を示唆する発言を行うなど、軍の既得権益への挑戦とも取れる姿勢を示した〔横田 二〇一九〕。しかし、ムルスィー政権は政治的・経済的な失政を繰り返して国民の支持を喪失し、反政府デモによってエジプト国内は混乱に陥った。これを好機と見たスィースィー率いる軍は、二〇一三年にクーデタを決行し、同政権を崩壊させた。結果的に、軍は動揺したエジプト政治における主導権を回復させ、既得権益の維持に成功した。二〇一四年にはスィースィーが大統領に就任し、軍のさらなる権限強化が行われた。

（3）クーデタ

冷戦終結後、民主主義が重視されるようになってからはその数が明らかに減少しているが、それでも二〇二一年二月にミャンマーでの政変のように、軍部が政権を奪取する最も典型的な方法がクーデタである。フランツによると、第二次世界大戦後、クーデタは権威主義の権力獲得の事例の四六％を占めてきた〔フランツ 二〇二一〕。

中東でも特に一九五〇年代から八〇年代にかけてクーデタによって政権の入れ替わりが何度も起こった（表5-1参照）。イラク、イラン、エジプト、シリア、リビアでは、クーデタによって体制転換や政権転覆が起こってきたのである。言い換えれば、クーデタは暴力による権力獲得の道を開いた。そのため、クーデタはサッダーム・フセイン、ナーセル、アサド、

表5-1　中東での主なクーデタ

国	年	決行主体	成功の可否
イラク	1936年10月	国家改革軍	成功（政権打倒）
	1941年4月	軍および文民の同盟者	成功（政権打倒）
	1958年7月	カーセムとアブドッサラーフ・アーリフを中心とした自由将校団	成功（王政打倒）
	1963年2月	アーリフを中心とするアラブ民族主義とバアス主義を信奉する軍将校	成功（政権打倒）
	1968年7月	軍およびバアス党員	成功（政権打倒）
イラン	1921年2月	レザー・ハーンを中心とした軍	成功（政権打倒）
エジプト	1952年7月	ナーセルを中心とした自由将校団	成功（王政打倒）
	2013年7月	スィースィーを中心とする軍	成功（政権打倒）
シリア	1949年3月	アッザームを中心とした青年将校	成功（政権打倒）
	1963年3月	軍およびバアス党員	成功（政権打倒）
	1966年2月	軍およびバアス党員	成功（政権打倒）
	1970年11月	ハーフィズ・アサドを中心とする軍およびバアス党員	成功（政権打倒）
トルコ	1960年5月	青年将校	成功（政権打倒）
	1980年9月	統合参謀本部	成功（治安維持）
リビア	1969年9月	カッザーフィーを中心とした青年将校	成功（王政打倒）

カッザーフィーといったカリスマ性を持ち合わせた強大な権力者の登場まで続き、国内統治は反対者を抑圧・監視が徹底されるシステムが築かれる傾向が強かった。また、トルコはムスタファ・ケマルが定めた国家運営護持のため、国家の安定のためにクーデタを実行してきた。トルコでクーデタ（未遂および警告も含む）はこれまで一九六〇年（クーデタ）、一九六一年（未遂）、一九六二年（未遂）、一九七〇年（書簡クーデタ）、一九八〇年（クーデタ）、一九九七年（書簡クーデタ）、二〇〇七年（警告）、二〇一六年（未遂）と八回あった。一九六〇年、一九七〇年、一九八〇年は治安の悪化などの理由による秩序の再編・文民政治の矯正を目指した。一九六一年と一九六二年は軍人による統治を目指した一部の軍人によるクーデタ未遂、一九九七年と二〇〇七年は世俗主義の擁護、二〇一六年は体制転換を目指したものであった。

トルコ軍はクーデタ後に文民政府に政権運営を再度移譲してきた。そのため、トルコのクーデタは「民主主義のためのクーデタ」と呼ばれることもある〔Varol 2012〕。これも国家運営方針の守護者としての行動の一環であった。

冷戦終結後、クーデタで権力を獲得した政府は国際社会から敵対視されるようになった。エジプトの同胞団を出身母体とするムルスィー政権は、国内混乱の収拾を理由とする軍部隊の出動によって崩壊した。

4　非公式の暴力組織

これまで、軍および情報機関といった公的な組織について概観してきたが、中東など一部の地域では、場合によっては民兵も重要な暴力装置として機能する。特に紛争が起きた地域や紛争が終結していない地域はその傾向にある。以下では、紛争後の社会で非公的暴力装置の重要性がとりわけ高まったイラクの事例を取り上げて、軍以外の非公的な暴力装置について理解を深めていきたい。

イラクでは、イラク戦争後に、解体されて機能不全になった国軍や警察機構に代わり、民兵や部族軍などの準軍事組織が国防と治安の役割を果たすようになったことはすでに述べたとおりである。ＣＰＡの占領統治下では、シーア派諸政党の民兵が治安の回復を主導した。というのも、戦後に政権中枢に躍進したシーア派イスラーム主義政党は、旧体制下での半世紀にわたる反体制地下活動の過程で民兵を多数結成し、戦後も保有し続けたからである。米軍の発表によれば、シーア派民兵の数は約八万人で、うち六万人がサドル派のマフディー軍、一万五〇〇〇人がＩＳＣＩ（イラク・イスラーム最高評議会）のバドル軍団、その他の五〇〇〇人が小規模の政党に属している〔Jones et al eds. 2010〕。戦後に社会秩序を維持する能力を持っていたのは、これらの民兵に限られていた〔Dodge 2005〕。

とはいえ、これらの民兵が母体となる政党の利害に応じて活動したため、さまざまな問題が生じるようになった。サドル派はマフディー軍を用いてシーア派聖地や南部諸都市の実効支配を試み〔Allawi 2007〕、ＩＳＣＩはバドル軍団を内務省掌握のために利用した〔Herring and Rangwala 2006〕。マフディー軍とバドル軍団は、様々な利権をめぐって次第に鎬を削るようになったが、その主たる要因もまた、サドル派とＩＳＣＩの政治対立であった。

シーア派民兵に加えて、治安の回復と秩序の再建に貢献したもう一つの準軍事組織が、部族であった。部族とは、系譜意識を共有する伝統的社会紐帯である。その部族の組織化を進めたのは米軍であった。というのも、米軍が次第に治安維持能力を失っていったからである。選挙の導入に伴って激化した政治対立は、二〇〇六年二月のシーア派聖地の爆破事件に発展した。これを契機にイラクは内戦状態に陥り、米軍の対応能力は限界に達した。それを補うために、米軍は、現地部族の協力によってアル・カーイダなどの武装勢力を取り締まる戦略を採用するようになった。具体的には、一部の部族に資金と武器を提供し、地域社会の治安維持政策を委託した。とりわけ、資金（メンバーの給与）、軽火器、治安維持に用いる車両、諜報関係の情報などが提供された。米軍の発表によると、部族民に支払われた給与は月間三〇〇ドルであった。これは戦後の物価を考えるとかなり高額であった。こうして米軍が組織化を支援した部族は、「覚醒評議会」と呼ばれるようになった。

覚醒評議会は、治安の悪化が著しいアンバール県で、ドゥライム部族の一部を中心に形成された。アンバール県の覚醒評議会が治安回復にある程度成功を収めたことで、二〇〇七年後半には各地で同様の組織が結成された。こうして全国に広がった覚醒評議会は、二〇〇七年末に約七万三〇〇〇人、二〇〇八年初頭には約九万一〇〇〇人（約八割がスンナ派）、同年四月には約一〇万五〇〇〇人に達した。組織数は二〇〇八年初頭で四二、翌年三月には約一三〇にも上った。半数が首都バグダード県とその近郊に集中しているが、地域的には八県に広がった。メンバーの大半がスンナ派だが、シーア派も六〇〇〇人程度含まれている（山尾 二〇一三）。無論、すべての部族が覚醒評議会を形成したわけではなく、各評議会には多様な性格が見られた。

いずれにしても、覚醒評議会が地元コミュニティと密接に連携しながら治安維持を進めたために、治安は劇的に回復し、社会に秩序が戻った。米軍の支援の結果、武装勢力よりも優位な装備を手に入れたことも重要だが、地域社会に根を張った部族ネットワークが利用可能だったことが、成功の最大の要因であった。

以上のような準軍事組織の台頭は、イラクの諸都市を支配した「イスラーム国」（ＩＳ）に対する掃討作戦が本格化すると、さらに顕著になった。シーア派を「不信仰者」と断罪し、その殺害をイスラーム的な義務と主張するＩＳからシーア派コミュニティを守るため、多数のシーア派民兵が動員された。シーア派を敵視するＩＳに危機感をつのらせたシーア派宗教界の最高権威が祖国防衛を呼びかけるファトワー（法学裁定）を出したことが、短期間で大規模な民兵を動員できた最大の要因であった。

これらの民兵は、モスル陥落から一カ月後に「人民動員隊」という緩やかなアンブレラ組織にまとまるようになった。公的な司令官となったファーレフ・ファイヤード国家安全保障評議会議長によれば、人民動員隊には六六組織、約一四万人が参加している。多くはシーア派イスラーム主義政党が有する民兵組織だが、宗教界が動員した義勇軍もかなりの数を占める。いずれにしても、アンブレラ組織である人民動員隊に統一された指揮系統は整っておらず、各組織の独立性は相当に高かった。

こうして強大な勢力になった人民動員隊は、次第に正規軍からIS掃討作戦の主導権を奪い、少なくとも二〇一五年三月までは軍事作戦のほとんどすべてを展開するようになった。人民動員隊がここまで力をつけたのには、もちろん理由があった。それは、イランの革命防衛隊による直接的な支援である。イランは、イラク国内のシーア派聖地の保護という「国益」を守るためにモスル陥落直後から介入し〔松永 二〇一四〕、革命防衛隊を派遣して人民動員隊を支援してきた。武器や資金、シーア派民兵の訓練に加え、炊き出しや負傷兵の介護など、イランの支援は多岐にわたった。それに加え、人民動員隊はシーア派コミュニティの一部では大きな人気を誇っている。前線の人民動員隊兵士への食糧提供や輸血などのイベントが各地で大々的に開催され、人民動員隊を称える映画の制作まで盛んに行われた。

その結果、政府や軍は、人民動員隊をコントロールできなくなった。国防省は、人民動員隊の管理をめぐってイラン政府との交渉を繰り返し、中央政府はIS掃討作戦で人民動員隊への依存度を強めていった。たしかに、「人民動員隊関連法」が国会で可決され、人民動員隊をイラク正規軍と同様の指揮系統に置くという条項や、スンナ派部隊も設置するという規定が採決された。にもかかわらず、依然として人民動員隊は個別の民兵の指揮下に置かれており、実態として政府の管理が及ぶことはなかった。

5　国内統治をめぐる国家と非合法武装勢力の相克

前節までは軍が国家運営にどのような役割を果たしてきたかを検討してきた。とはいえ、中東にはいまだに「弱い」国家が多い。弱い国家とは端的には、自国の領土を完全に統治しきれていない国家のことを指す。イエメンやリビアは典型的な弱い国家と言えよう。また、一般的に弱い国家と考えられていない国のなかにも領域の維持に苦心している国もある。その中の一つがトルコである。トルコは長年、クルド民族主義を掲げる非合法武装組織、ＰＫＫと抗争を展開してきた。ここでは国内統治のための非合法武装組織との抗争に関して、トルコとＰＫＫの対立を取り上げて見ていきたい。

トルコをはじめ、世界各国で非合法武装組織と認定されているＰＫＫは一九八四年からトルコ政府と抗争を続けている。この三七年間でトルコ軍関係者、ＰＫＫの兵士、そして両者の抗争に巻き込まれた人々の死者数は四万三〇〇〇人に上ると見積もられている。ＰＫＫは絶対的な指導者である党首のアブドゥッラー・オジャランが一九九九年に逮捕されたにもかかわらず、その後も活動を続けている。

ＰＫＫの党首オジャランは、その目標をより現実的に実行可能と彼が考えるものに常に変化させてきた。オジャランはＰＫＫを立ち上げた当初から九〇年代初頭まではイラク、イラン、シリア、トルコに分断されたクルド人居住区を統一し、国家建設することを目的としていた。しかし、九〇年代初頭にトルコ政府のＰＫＫに対する攻撃が激しさを増すと、オジャランはまず、トルコ政府と停戦を模索し、長期の停戦が失敗に終わると、九五年にその目的を民主的な自治を行う独立した統一クルディスタンと階級がない社会の実現に変更した。その後、オジャランはすでにクルド人国家の建設を諦め、主権国家とは異なるトランスナショナルな自治という政体を模索するようになっていた。このトランスナショナルな自治に基づく連邦化を具体化したのが、二〇〇五年に設立されたクルディスタン共同体同盟（ＫＣＫ）である。ＫＣＫは扇の要であると考えられ、ＫＣＫの傘下にＰＫＫ（トルコ）、民主統一党（ＰＹＤ）（シリア）、クルディスタン自由生活党（ＰＪＡＫ）（イラン）、クルディスタン民主的解決党（ＰＣＤＫ）（イラク）が設置されている。

ＰＫＫのトルコ政府に対する抵抗の戦略は、国境に近い辺境地で支配を確立することであった。そのため、ＰＫＫは「国境のスペシャリスト」と呼ばれることもある〔Aydin and Emrence 2015〕。具体的には、辺境地の村を襲撃してその村を占領、そして周辺に地雷を埋めたり、即席爆破装置（ＩＥＤｓ）を設置したりするなどして、トルコ軍もしくはトルコ軍の協力者に対してゲリラ戦を展開した。ＰＫＫは辺境地のインフラ、教育施設、経済施設を破壊することも主眼に置いた。トルコ政府の政策で辺境地の経済が潤うことで、そうした地域の人々がトルコ政府を支持、さらに協力するようになることを防止するためであった。このように、ＰＫＫはトルコの東部、南東部のシリア、イラク、イラン国境沿いで影響力を持ち、トルコ政府の領域支配に挑戦している。

もちろん、トルコ政府も手をこまねいているだけではなかった。ＰＫＫへの協力者も戦犯として扱う、ＰＫＫに共感しないクルド人の部族や村人に武器を提供し、ＰＫＫに対抗させる「村の守護者」制度の展開、辺境地の切り捨てによる住民の強制移住などを実施した〔Ünal 2012〕。「村の守護者」制度について触れておきたい。南東部でＰＫＫによって家族を殺害された者、ＰＫＫによって害を被るものも多く、クルド人でもＰＫＫを敵視している人々は少なくなかった。そうした人々が村の守護者としてＰＫＫ対策に当たった。また、トルコの東部および南東部は産業が発展しておらず、村の守護者制度は政府から安定した収入を得られるという点でも魅力的であった。

このように、トルコ政府もＰＫＫの辺境地への攻撃に対抗し、加えて隣国にもＰＫＫを取り締まるよう圧力をかけている。しかし、ＰＫＫは今でも戦力を保持し、トルコの領域統治の脅威となっている。

6　コオプテーション

これまで本章では、軍や治安機関など暴力装置に依拠する「ハードな統治」が中東諸国の体制維持にいかに貢献してきたのかを論じた。体制への挑戦者に対して、物理的暴力の使用、あるいは物理的暴力に基づく脅迫によって対処することは極めて重要である。しかし、ここで少し考えてほしい。暴力だけで反体制派を叩き潰すことは果たして可能だろうか。例を挙げるならば、一九七〇年代のイラン・パフレヴィー朝下では抗議運動に対してサーヴァーク（秘密警察）などの治安機関が物理的暴力を伴う弾圧を行ったが、その弾圧がさらなる抗議運動を引き起こし、最終的に王制は事態を収拾できないまま革命によって一九七九年に崩壊した。一九九〇年代初頭のアルジェリアでは、「イスラーム救国戦線」（ＦＩＳ）の議会選挙勝利が確実となった段階で軍がクーデタを決行し、イスラーム主義者たちに暴力を辞さない苛烈な弾圧を加えた。その後、同国は深刻な内戦状態に陥ってしまった。

権威主義的な統治者は体制への挑戦を抑圧するために物理的暴力をしばしば用いる。多くの場合は、それによって既存の権力構造や利権分配を守るためである。これは紛れもない事実である。しかし、物理的暴力の行使はコストが高くつくことが多く、また必ずしも期待される効果を挙げるものではない〔Gandhi and Preworski 2007〕。つまり、割に合わない場合や期待される帰結を伴わない場合が大いに想定されるのである。暴力のみでは、体制、そしてそれを支える軍など既得権益受益者を護持することが困難なことも多い。では、中東諸国の体制、特に権威主義体制はこの問題をどのように解決しているか。その答えの一つが、軍や治安機関などの物理的暴力と、非暴力的手段に依拠する「ソフトな統治」を「ベストミックス」するという対応である。

一般的に権威主義体制下では、非民主的な統治者は支配に対する挑戦を阻止するとともに、支配される人々の協力を求めるという課題に取り組まなければならない〔Gandhi 2008〕。暴力のみでは体制維持は難しいためである。中東諸国でも、体制への潜在的な挑戦者や反対派の台頭を抑制し、統治への協力を誘引するために、コオプテーション（co-optation）を試みるという事例が多く見られる。コオプテーションとは体制による反体制派の「抱き込み／懐柔」を意味する。権威主義体制下におけるコオプテーションの形態は非常に多様であるが、研究者たちは政治制度がコオプテーションの道具として利用されてきた点を強調してきた〔フランツ 二〇二一〕。

中東政治研究では、政治制度の利用や政治参加の容認などが、体制維持を目的とするコオプテーションを論じる際に注目されてきた。権威主義体制に関する研究で知られる政治学者のガンディーとプシェヴォスキは、反体制派の台頭抑制と協力者への転向を可能にするために、非民主的な統治者は政策的妥協と利権配分によってコオプテーションを行うと論じる。その際、立法府がコオプテーションに適した場として機能していることに着目し、クウェイト、モロッコ、エクアドルを事例に、立法府での活動を通じて反体制派が懐柔される過程を分析した〔Gandhi and Preworski 2007〕。一定の政治参加を認められることで、反体制派はそれを損ないかねない急進化を躊躇するのだ。浜中は彼らの議論に依拠し、一九八〇～二〇〇〇年代のヨルダンとエジプトにおけるムスリム同胞団を事例に、同胞団の議会活動を通じたコオプテーションの実態を分析した

〔浜中 二〇〇九〕。

中東政治学者ラスト＝オカルが示した「競合構造」という分析枠組みも中東諸国におけるコオプテーションを考えるうえで興味深い。彼女はこの競合構造を用いて、モロッコ、ヨルダン、エジプトの各政権が反体制派に対して行ったコオプテーションの実態を明らかにした〔Lust-Okar 2005〕。すなわち、為政者など体制に属する政治エリートは、反体制派を小規模な体制変革を求める「穏健派」と大規模な変革を求める「急進派」に類別する。そして、前者を合法的な公認野党として「公的政治領域」（Formal Political Sphere）に包摂し、後者を非合法として排除することにより、反体制運動を分断して体制安定化・存続を図る「分断型競合構造」を制度化する。穏健派に一定の政治参加の自由を認める一方で、過激派の政治活動は厳しく禁じられるのである。これによって、公認野党は体制によって懐柔されていると国民にしばしば認識され、公的政治領域から排除された反体制運動に比べて広範な支持を獲得できないことが多い。また、「分断型競合構造」で、公認野党は合法政党としての政治活動の一定の自由という選択的誘因（selective incentive）を付与される。その利益の保持のために、公認野党の挑戦は体制の許容する範囲内で行われる。一方、体制により公的政治領域から排除され、コオプテーションの対象とならない反体制運動は、体制から利益を供与されない〔Lust-Okar 2005〕。穏健派と過激派の間の選択的誘因の差異が原因となって、反体制派の間に不信感や分断が生じ、体制への一致団結した挑戦は困難となる。

なお、普遍的なモデル化という点で傑出しているラスト＝オカルの研究であるが、エジプトのムスリム同胞団については必ずしも明確な記述が行われていないことも指摘できる〔浜中 二〇〇九〕。この問題について、横田〔二〇一四〕は同胞団の政治活動だけではなく社会奉仕活動もコオプテーションの対象になっていると論じた。つまり、政治活動以上に社会奉仕活動が組織の基盤である同胞団にとっては、仮に弾圧で政治活動が不可能になったとしても、社会奉仕活動が継続できるという重要な選択的誘因を付与されている。それゆえ、ナーセル政権以来非合法組織に指定されてきたにもかかわらず、同胞団は体制との全面対決を自制したのである。このように、体制側は暴力装置に依存するだけではなく、コオプテーションという補完的政策を実施することで、物理的暴力行使にかかるコストを抑制しつつ、体制維持をより確実なものにしようと試みる。

体制によるコオプテーションの他の形態として、軍産複合体の存在が重要な国もある。例えば、エジプトでは軍が権威主義体制を支える主柱であるが、その経済活動も活発である。通説では、GDPに軍の経済活動が占める割合は一〇〜二〇%、多い場合だと四〇%に達するといわれる。ただし、軍の経済活動に関する情報はほぼ明らかにされておらず、かつ情報収集が非常に困難なため、学術的に詳しく論じられたことは少ない。エジプトで軍の経済活動が拡大し始めたのは一九七〇年代末〜一九八〇年代初めとされる。エジプトはイスラエルと数次の中東戦争を戦ったが、イスラエルとのキャンプデーヴィッド合意によって国防政策が見直されるなかで、軍の規模と基盤を維持するための選択だったと考えられる〔土屋 二〇一五〕。エジプト軍の経済活動は軍産複合体や機構によって担われている。具体的には、「国民事業生産機構」、「アラブ産業機構」、「軍工学技術庁」、「海運事業機構」、「社交団体・ホテル局」、「軍医療局」、「空軍土地事業機構」である〔Abul-Magd 2017〕。特に、最初の三組織が中心的な役割を果たしているとされ、軍用品に加えて飲食料・衣服・電器製品・自動車など各種民生品の生産、さらには建設業、不動産・土地開発事業、ホテル経営、物流業、スーパー・小売業など事業を手広く展開している〔土屋 二〇一五：Abul-Magd 2017〕。スエズ運河拡張工事（二〇一四〜一六年）や新行政首都建設などスィースィー政権が進めた国家事業においても、軍関連建設業者が実際の工事作業に携わった。また、こうした軍の多岐に及ぶ経済活動は大きな雇用を創出するものであり、軍関連企業に勤務する従業員とその家族にとって、軍は生活の糧を与える不可欠の存在である。筆者の一人である横田がエジプト滞在時に通った小売店は軍関連企業の店舗で、そこで働く男性は軍との「コネ」をしばしば自慢していた。国民の日々の生活というレベルにおいても、軍が持つ有形無形の利権や利益を実感できる。

昨今、暴力を伴う統治とコオプテーションを補うものとして、衛星放送やインターネットの統制・運用が権威主義体制にとって重要になっている。二〇世紀は新聞・雑誌など紙媒体や国営テレビ・ラジオなど地上波が主な情報媒体であり、体制による情報統制が比較的容易であった。二一世紀になって衛星放送やインターネットの普及でメディアが多様化したことで、こうした新しい情報媒体への情報統制が権威主義体制によって試みられた〔山本 二〇〇八〕。しかし、情報媒体の多様化に政権による統制がもはや追いつかない事態となった。完全な統制が不可能と悟った体制は、反体制派の情報発信には厳しく対処しつつも、これを積極的に活用する方針に転じた。SNSの急速な普及はこの動きをさらに動かした。例えば、エジプトのスィースィー大統領はフェイスブックやツイッターを駆使して国民へメッセージを発信している。エジプト軍も国内でのテロ掃討作戦の戦果報告をフェイスブックやツイッターで行っている。他方、反政府的な発信に対してはフェイクニュースと断じ、虚報流布の罪で発信者を逮捕・投獄するなどの対応をとっている。また、カタルに本拠地を置く有名なジャズィーラ放送は、「アラブの春」において他国の権威主義政権へ批判的な報道を行った一方で、同じく権威主義的なカタル政府については抑制的な報道姿勢をとっていた。

以上のように、中東諸国では物理的暴力のみに依存するのではなく、コオプテーションなど「ソフトな統治」を効率的に組み合わせることで体制維持に努める事例が多数見られる。

7　中東における暴力装置研究の課題

本章ではさまざまな角度から中東における暴力装置の研究について確認した。暴力装置は他の地域同様、中東でも国家建設や国家運営に参加してきた。軍や治安機関をめぐる研究は、中東政治史の泰斗ロジャー・オーウェンも指摘しているように、中東諸国では正確な情報を入手することが非常に困難であるために、難しい〔オーウェン 二〇一五〕。したがって、政治の大きな流れや意思決定に軍や治安機関が大きな役割を果たしている国では、国軍などの人事に着目する研究が蓄積されてきた。中東の軍や治安機関においても、こうした将校や司令官の人事から政治の動きや政権の意図を読み取るといった研究は、今後も重要な意味を持ち続けることは疑いを入れない。また、昨今では軍の発信方法もＳＮＳを使用したものになるなど、進歩している。

それに加え、軍は国防という本来の役割だけでなく国内の治安や反体制派の弾圧、そして独自の経済活動など、多様な役割を果たしている。その実態について詳細な情報を入手することは、やはり困難なことが多い。しかし、事例やデータを蓄積し、それをもとに軍に関する包括的な実証研究を進めることは中東政治研究の喫緊の課題の一つである。

また、中東でも昨今頻発するようになったデモを中心とする社会運動に対して、軍や治安機関が弾圧するという事例に注目が集まっている。いかなる場合に軍が介入し、弾圧することを選択するのか、地域内の多数のケースを比較研究し、他地域のケースと比較検討することで、より一般的な議論を導出することも必要になってくるだろう。

注

（1）詳細はオーウェン〔二〇一五〕を参照。
（2）例えば、エジプト軍の経済権益を分析した鈴木〔二〇一三〕や、インドネシア軍の政治とビジネスへの関与について実態を明らかにした本名〔二〇一三〕などがある。
（3）2021 Military Strength Ranking（https://www.globalfirepower.com/countries-listing.php）.

参考文献

オーウェン、ロジャー（山尾大・溝渕正季訳）『現代中東の国家・権力・政治』明石書店、二〇一五年。

岡本正明『暴力と適応の政治学――インドネシア民主化と地方政治の安定』京都大学学術出版会、二〇一五年。

酒井啓子『フセイン・イラク政権の支配構造』岩波書店、二〇〇三年。

酒井啓子「現代イラク政治における部族と政治権力の関係」『中東研究』五二六号、二〇一六年。

鈴木恵美『エジプト革命――軍とムスリム同胞団、そして若者たち』中央公論新社、二〇一三年。

ジャッバール、ファーレフ「イラクにおける国家、社会、地縁集団、党、そして軍」酒井啓子編『イラク・フセイン体制の現状』アジア経済研究所、一九九八年、一～二八頁。

玉田芳史「タイのクーデタ、1980～1991年――軍の同期生、内部抗争、対政府関係」『東南アジア研究』二九巻四号、一九九二年、三八九～四二一頁。

玉田芳史「タイ軍の人事異動と政治力低下――1990年代以降の民主化の中で」『アジア・アフリカ地域研究』二号、二〇〇二年、一二〇～一七二頁。

玉田芳史「クーデタとその後――大陸軍の人事異動と政治介入」『国際情勢紀要』八〇号、二〇一〇年、一五一～一八三頁。

土屋一樹「エジプトにおける軍の経済活動――スィースィー体制での役割」『中東レビュー』二、二〇一五年、一五七～一六八頁。

中西嘉宏『軍政ビルマの政治構造――ネー・ウィン体制下の国家と軍隊 1962-1988』京都大学学術出版会、二〇〇九年。

浜中新吾「ムスリム同胞団とコオプテーションの政治」『日本中東学会年報』二五巻一号、二〇〇九年、三一～五四頁。

ハンチントン、サミュエル（市川良一訳）『軍人と国家』原書房、二〇〇八年。

フランツ、エリカ（上谷直克・今井宏平・中井遼訳）『権威主義』白水社、二〇二一年。

本名純『民主化のパラドックス――インドネシアにみるアジア政治の深層』岩波書店、二〇一三年。

松永泰行「シーア派イスラム革命体制としてのイランの利害と介入の範囲」吉岡明子・山尾大編『「イスラーム国」の脅威とイラク』岩波書店、二〇一四年、二四七～二六五頁。

宮本悟『北朝鮮ではなぜ軍事クーデターが起きないのか？』潮書房光人社、二〇一三年。

山尾大『現代イラクのイスラーム主義運動――革命運動から政権党への軌跡』有斐閣、二〇一一年。

山尾大『紛争と国家建設――戦後イラクの再建をめぐるポリティクス』明石書店、二〇一三年。

山尾大『紛争のインパクトをはかる――世論調査と計量テキスト分析からみるイラクの国家と国民の再編』晃洋書房、二〇二一年。

山本達也『アラブ諸国の情報統制――インターネット・コントロールの政治学』慶應義塾大学出版会、二〇〇八年。

横田貴之「ムバーラク政権によるムスリム同胞団のコオプテーションの再考」『アジア経済』五五巻一号、二〇一四年、九～二七頁。

横田貴之「エジプトのイスラーム主義は失敗したのか――ムスリム同胞団の栄枯盛衰」髙岡豊・溝渕正季編『「アラブの春」後のイスラーム主義運動』ミネルヴァ書房、二〇一九年、一八一～二〇三頁。

Abul-Magd, Zeinab. 2017. *Militarizing Nation: The Army, Business, and Revolution in Egypt*. New York: Columbia University Press.

Aydin, Aysegul and Cem Emrence. 2015. *Zones of Rebellion: Kurdish Insurgents and the Turkish State*, Ithaca: Cornell University Press.

Boroujerdi, Mehrzad. 2014. "Iran," Ellen Lust ed., *The Middle East*, 13th ed., Los Angeles: Sage/CQ Press, 478-506.

Dodge, Toby. 2005. *Iraq's Future: The Aftermath of Regime Change*, London and New York: Routledge.

Finer, Samuel. 1988. *The Man on Horseback: The Role of the Military in Politics*. Westview Press.

Gandhi, Jennifer. 2008. *Political Institutions under Dictatorship*. Cambridge: Cambridge University Press.

Gandhi, Jennifer and Adam Przeworski. 2007. "Authoritarian Institutions and the Survival of Autocrats," *Comparative Politics*,

40(11), 1279-1301.
Herring, Eric and Glen Rangwala. 2006. *Iraq in Fragments: The Occupation and its Legacy*, Ithaca and New York: Cornell University Press.
Janowitz, M. 1961. *The Professional Soldier: A Social and Political Portrait*. New York: Free Press of Glencoe.
Jenkins, Gareth. 2005. *Context and Circumstance: The Turkish Military and Politics*, Oxon: Routledge.
Jones, James L., Jennifer K. Elsea, and Nina M. Serafino. eds. 2010. *Security in Iraq*. New York: Nova Science Publishers.
Lust-Okar, Ellen. 2005. *Structuring Conflict in the Arab World: Incumbents, Opponents, and Institutions*. Cambridge: Cambridge University Press.
Nassif, Hicham Bou. 2021. *Endgames: Military Response to Protest in Arab Autocracies*. Cambridge University Press.
Özbudun, Ergun. 1966. *The Role of the Military in Recent Turkish Politics*, Harvard University: Center for International Affairs.
Perlmutter, A. 1977. *The Military and Politics in Modern Times: On Professionals, Praetorians, and Revolutionary Soldiers*. New Haven: Yale University Press.
Ünal, Mustafa Coşar. 2012. *Counterterrorism in Turkey: Policy choices and policy effects toward the Kurdistan Workers' Party (PKK)*, London: Routledge.
Varol, Ozan. 2012. "The Democratic Coup d'Etat", *Harvard International Law Journal*, Vol.53, No.2, pp.291-356.

読書案内

①　酒井啓子編著『途上国における軍・政治権力・市民社会――21世紀の「新しい」政軍関係』晃洋書房、二〇一五年。

＊中東をはじめとしたいわゆる途上国の軍と政治の関係および軍と市民社会の関係について事例研究を中心にまとめた研究書である。幅広い事例を扱っており、比較の視座を養うこともできる。

②　『アジア経済』第五五号一巻、二〇一四年三月。

＊アジア経済研究所が刊行している査読雑誌『アジア経済』の第五五号一巻では「アラブの春」以降の中東のイスラーム政治運動の特集が組まれた。特にエジプトに関する横田貴之の論考とヨルダンに関する吉川卓郎の論考では、ムスリム同胞団の動きや軍の行動はコオプテーションをはじめ、内政における権益争いが詳細に論じられている。

第6章　レンティア国家
——計量分析の視点から——

この章で学ぶこと

中東諸国の権威主義体制はなぜ崩れにくいのだろうか。この問いに明快な説明を与えたレンティア国家論は改めてその理論的妥当性が確認された。なぜなら「アラブの春」を経て生き残った湾岸アラブ諸国が権威主義体制のレンティア国家であったからである。では、その理論とはどのようなものなのだろうか。レンティア国家とは、レント収入に依存する国家、そのなかでも権威主義体制の存続が顕著に確認される国を指す。したがって、レンティア国家論とは、レント収入への依存によって権威主義体制がより長く維持されるメカニズムを論じる理論や枠組みである。

ここからわかるように、レンティア国家を論じるということは、レント収入が権威主義体制の維持に投入されるということを前提に、観察対象の政治・経済・社会現象を論じることである。しばしば誤解されるように湾岸アラブ諸国（の君主制や支配家系内部の権力闘争、外交戦略等）について論じることではない。

本章では、まずレンティア国家論の理論枠組みとその成立経緯を紹介し、次にレンティア国家論の分析方法を、その先端にある「石油の呪い」研究に即して紹介する。特に、近年のレンティア国家研究および石油の呪い研究の特徴である計量分析については、中東地域研究者の間でも十分理解されていないことが多い。読者がその技術を使って分析を取り組む際の一助となるよう、本章は計量分析の基礎的な部分を紹介していく。最後に、レンティア国家論を発展させる方法について述べる。

1　レンティア国家論とは何か

レンティア（rentier）とはレント（rent）収入に依存している国を指す[1]。レントとは元々経済学の用語であるが、レンティア国家論ではやや異なった意味で用いられる場合もある。レンティア国家論においては、レントとは「外生性」と「非稼得性」を有し、「政府に直接流入する」富を指すことが多い。

「外生性」とはその国の外側で生み出された富を意味する。レント収入の代表である石油収入を例に考えると、多くの産油国では石油の富の大半は輸出によって生み出されているので、その代金は国外の経済主体が支払っていることになる。このことは、貧困国で石油が発見され、石油生産・石油輸出が開始されると国内の経済活動規模が小さくとも急激な経済成長を経験することからも理解できる。

「非稼得性」とは、レントを生み出す産業に関与する労働者が国内にほとんど存在しないことを意味する。一般に、産油国で石油産業に従事するのは全労働者のほんの数%にすぎない。にもかかわらずその国が石油生産で潤うとき、大半の国民は自分がその生産に関与していない富の利益に浴していることになる。「政府に直接流入する」とは、その富が国営企業の収入であることを意味している。中東諸国に埋まっている石油は国の資産であり、その富は国内においては国営企業を通じて国家収入となり、その使途は政府が決定する。

レントに依存する国家では、特殊な政治経済的現象が発生することが知られている。その代表例が権威主義体制の延命である。それはおおよそ以下のように説明される。レンティア国家において、レントという収入源を得た政府は、歳入源として国内経済への依存、とりわけ徴税から解放される。政府は減税を推し進めることで国民の支持を調達し、石油収入を独占的に（なぜなら石油収入は直接政府に流入するので）配分することで国内経済に対して大きな影響力を行使するようになる。また、政府は国民への再配分ではなく配分（なぜなら国民の大半は石油生産に従事せず、その代金の支払いにもほとんど関与していない）を通じて、国民からさらなる支持を調達する。この配分には、小学校から大学までの教育の無償提供、医療の無料化、年金受給額の大幅な上乗せや、さまざまな補助金が含まれる。政府が権威主義的であっても、レント収入の配分が存在する限り、国民は政府を強く支持する。つまり、レンティア国家においては権威主義的な政府は非レンティア国家よりも長く維持される。レンティア国家とは国民からの支持を調達するための財政手段に秀でた国家であると言える。

レント収入の代表例は石油や天然ガスであるが、上記の三要素に当てはまる富には他にもスエズ運河収入や政府系ファンドの運用益、財政援助などが該当する。特に財政援助は中東地域全体の権威主義的傾向を説明する際に重要である。莫大な石油収入を獲得した産油国は、周辺諸国に財政援助を行うことが多く、巨額の財政援助を受け取った周辺諸国はレンティア国家としての性質を持つ「半レンティア国家」となる。これは、産油国とその周辺に権威主義的な国家群が形成される中東の状況そのものである。

なお、経済学におけるレントは上記の説明とは異なり、「完全競争市場では存在しない富」を意味する（中村　二〇一三）。完全競争市場では財の価格は競争を通じて最終的に生産コストと同程度にまで下落すると考えられている。しかし関税や特許、カルテルや規制等の競争を阻害する制度が存在すると、価格の下落がおさえられることがある。ここで生じる富が経済学的な意味でのレントである。

ただし、ここにはレンティア国家論におけるレントの説明と重複する部分も多い。例えば、経済学においても石油収入は典型的なレントである。なぜなら、石油は特定の地質からのみ生産され、石油と同程度の価格でそれを代替可能な資源は現在のところ存在しないからである。このため、競争によって石油価格を下落させることは一般的に難しく、その富は生産費用を大きく超える利益、つまりレントを生み出していると考えられている。このような経済学的なレントの定義を用いても、やはりレンティア国家のような政治経済的な影響力の強い政府の存在を想定することは可能である。つまり、石油を歳入源とする政府がそれを配分することで国民の支持を調達するような場合、競争を通じて政府の歳入源を縮小させることが困難であるため、政府は資源配分の観点からほかの政治経済的アクターよりも有利になり、その政府が権威主義的であれば、石油は権威主義的な政府を延命させることになる。

2　レンティア国家論と「石油の呪い」研究

レンティア国家論の枠組みは、その名称の生みの親である Beblawi and Luciani〔1987〕の『レンティア国家』（*The Rentier State*）に由来する。Mahdavi〔1970〕においてすでにレンティア国家という用語が使用されているため、そちらをレンティア国家論の端緒に位置づける見解もある。ただし、Mahdavi〔1970〕の論点は製造部門の弱いイランが経済成長を遂げるパラドクスを外生的な収入を生み出す石油産業から説明することにある。国営石油企業を有する政府が国内経済に強い影響力を持つことを指摘してはいるが、権威主義体制の延命という点にはほとんど触れていない。そのため、今日的なレンティア国家論の源とまでは言えない。

『レンティア国家』は二〇一六年にも版を改めて出版されており、現在まで中東地域の政治経済現象を理解するための基本概念に位置づけられている。また、レンティア国家の概念は中東諸国以外にも広く適用されるようになっている。Yates〔1996, 2015〕や Omeje〔2008〕、Watts〔2008〕らがサハラ以南のアフリカを対象に、また Buxton〔2008〕はラテンアメリカを対象に、Barma〔2014〕は東アジア・環太平洋地域を対象に、レンティア国家概念を用いた研究を行っている。こうした状況は、「中東地域研究から生み出された政治学への主要な貢献の一つ」〔Anderson 1987〕というレンティア国家論への評価を裏付ける。

しかし、地域研究におけるレンティア国家研究は、必ずしもそのすべてがレンティア国家の特質に基づく研究であるとは言い難い。前節で説明したとおり、レンティア国家の特質は権威主義体制を維持するための特殊な財政手段を有している点にある。しかし、レンティア国家という用語が湾岸アラブ諸国や産油国の単なる言いかえとして用いられている場合も少なくない。筆者は「レンティア国家の石油開発」といったタイトルのエッセイを目にしたことがある。しかし、そのエッセイはレント収入と政治体制の関係に全く触れず、単に湾岸アラブ諸国の石油開発の歴史とその将来の展望を紹介するだけであった。「アラブ社会主義国家における映画産業」と題するエッセイがあったとしよう。その中で映画産業に対するアラブ社会主義のイデオロギーの影響が全く書かれずに、単にエジプトの映画産業の歴史が描かれるだけなら、読者は「看板に偽りあり」と思うだろう。しかし、レンティア国家論に関してはこうしたことがしばしば発生するので、注意が必要である。

また、レンティア国家論の「政治学への貢献」を達成したのは、中東地域研究におけるレンティア国家論というよりも、比較政治学の成果であるRoss〔2001〕の「石油の呪い」研究であった。二〇世紀の政治学において、しばしば経済的な豊かさが民主化を促進すると主張されてきたが、その効果は実証されていなかった。経済的豊かさを民主化と結びつける説明はLipset〔1959〕に遡る。リプセットはヨーロッパとラテンアメリカの四八カ国を「安定的な民主主義国」「独裁・不安定な民主主義国」に分類し、それぞれのグループで経済的豊かさ、工業化、教育、都市化の四つの指標の平均値を比較した。この研究から、「安定的な民主主義国」は「独裁・不安定な民主主義国」に比べて、経済的豊かさの指標が優れていることが明らかとなった。しかし、キリスト教の影響が強く、また植民地宗主国と旧植民地という制度的類似性が見られる地域に観察対象が制限されているため、この分析結果の普遍性は不明瞭である（ただし、リプセットの研究が行われた一九五〇年代には、多くの国で統計資料が未整備であったことを考えれば、観察対象国が制限されたのは仕方がなかった）。

ロスの著作が発表される前年、プシェヴォスキらの有名な『民主主義と開発』が出版された〔Przeworski et al. 2000〕。これは民主主義と経済成長に関して、一四一カ国、四一年間という大規模な観察対象のデータを投入した「金字塔的業績」〔浜中 二〇〇七〕であるが、そこでも経済的豊かさが民主化を促進することは証明されなかった。プシェヴォスキらは、「経済的に豊かな国に民主主義的傾向があるのは民主主義が経済発展の結果から生じるのではなく、民主主義がどのような状態から発生したにせよ、経済的に豊かな国で維持されやすいためである」〔Przeworski et al. 2000〕とした。

こうした状況に新たな知見をもたらしたのが、ロスの著作であった。ロスは、民主化の国際比較を行う研究の多くは中東地域を観察対象に含まないが、そこには適切な理由がないと指摘した(2)。そのうえで、改めて中東地域を観察対象国に含んで分析を行った。この分析によって初めて、経済的豊かさと民主化の間には二つの経路が存在しており、経済的豊かさは民主主義の程度を強化するが、石油の富はそれを阻害することが明らかとなったのである。

ロスの研究はさまざまに発展し、最終的に二〇一二年に『石油の呪い』（*The Oil Curse*）として結実した〔Ross 2012＝

2017〕。ロスの研究は広く知られているものの、その分析手法への理解が広まっているとは言い難い。ロスが採用しているのは回帰分析と呼ばれる計量分析の一種であり、その理解には一定程度の数学と統計学の知識が必要とされる。この知識は中東地域研究という狭い研究分野で用いられていた「レンティア国家論」を広く世界中の権威主義体制の延命を取り扱う「石油の呪い」研究へ発展させるために不可欠であった。二一世紀におけるレンティア国家研究においては、あるいは中東地域研究の知見を広くグローバルな事象に適用させるためには、計量分析への理解がそれを大きく助けると考えてよい。そこで、以下の節では石油の呪い研究を題材に、回帰分析の仕組みを説明しよう。

上記の通り、回帰分析の手法とその分析結果を理解するためには一定水準の数学と統計学の知識が必要である。しかし、それを説明する紙幅はない。ここでは数学的な厳密さよりもわかりやすさを優先しているために不正確な記述となっている部分もあるが、それについては本章末尾にまとめた読書案内をもとに、不十分な点を補ってほしい。

3　数値データから傾向を読み解く

回帰分析を学ぶ前に、まずは「石油の呪い」研究に関する数値データを眺め、分析上の問題点を理解しておこう。人間は数値データを見るだけではその特性を理解することが難しいが、図にすると理解が進むことがある。散布図[(3)]はその代表例である。図6‐1は、横軸に一人当たりの国民所得の対数値を、縦軸にポリティスコアを取り、二〇一五年の各国の値を示した散布図である。ポリティスコアは各国の民主主義の程度を比較する際に比較政治学で広く用いられる指標であり、−10から10の間で一刻みの二一段階に区分されている。ここでは、ロスにならって0から10に再尺度化して用いている。また、中東諸国の特徴を示すために、中東諸国とそれ以外を異なる記号で示している。この図では各点が広く散らばっており、はっきりとした傾向は見られない。しかしよく見ると、中東以外では、一人当たりの国民所得が高い国の多くはポリティスコアが高い位置にある。このことから、経済的な豊かさと民主主義の間には正の相関がある（一人当たりの国民所得が増えるとポリティスコアが上昇する）ことが推測される。この推測を客観的に示すために用いられるのが、回帰直線である。図の中では、破

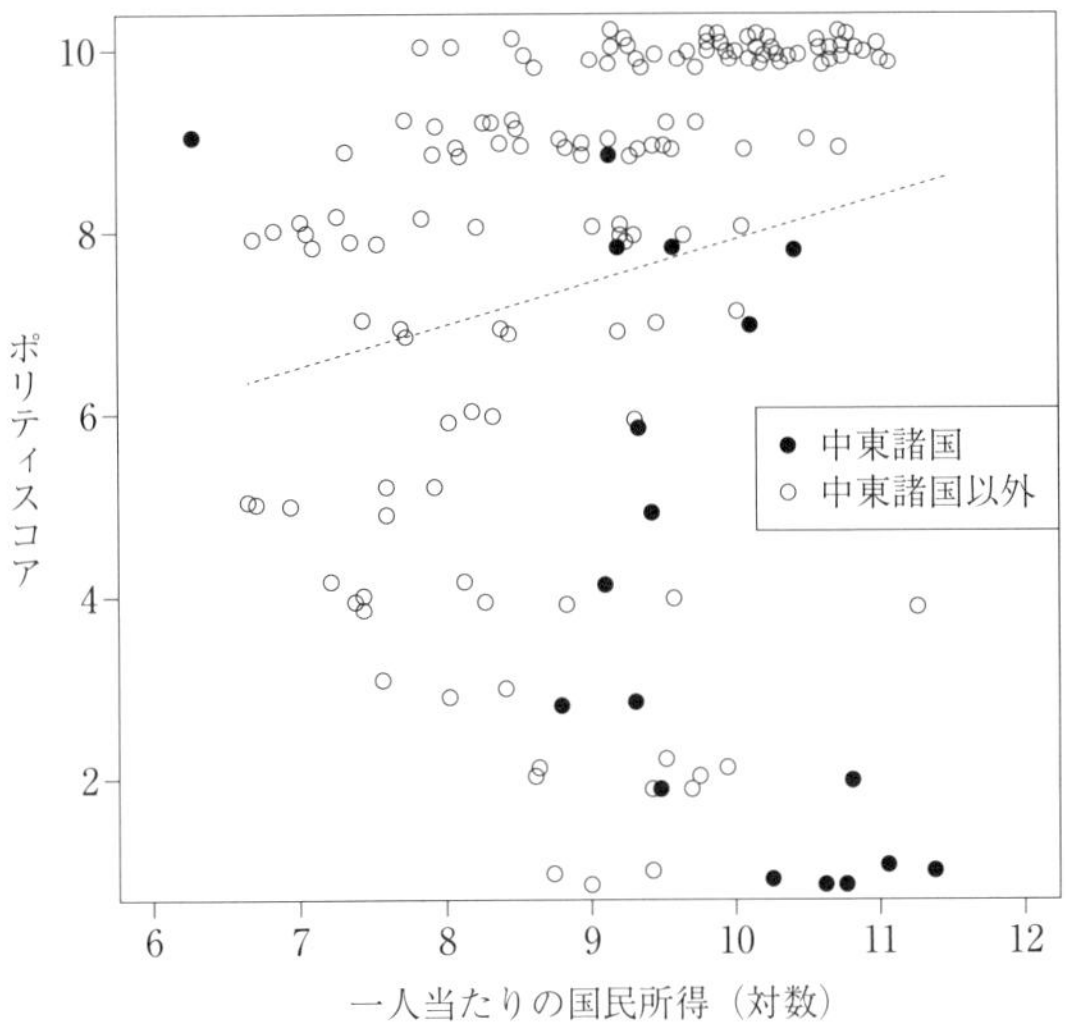

図6-1　経済的豊かさと民主主義(a)（2015年）

注：中東諸国はアルジェリア，バハレーン，エジプト，イラン，イラク，ヨルダン，クウェイト，モロッコ，オマーン，カタル，サウディアラビア，スーダン，チュニジア，トルコ，アラブ首長国連邦，パレスチナ，イエメン，イスラエルの18カ国。見やすいように各点をずらして表示している。ポリティスコアは1から10の10段階に再尺度化してある。図6-3～5も同様。

出所：World Bank〔2021〕, Center for Systemic Peace〔2020〕を基に筆者作成。

線で示されている。

回帰直線は計量分析で頻繁に登場するが、それがどのような手順で描かれたのかわからないがゆえにこの線を信用できないという人（例えば、研究者が都合よく線を引いたのではないかと疑う人）がまれにいる。しかし、研究者が勝手に線を引くということはありえない。回帰直線とは、その線と各点からの距離を最も小さくするように計算され、描かれた線である。この考え方は、次のように想像するとわかりやすい。例えば、特定の点に近くなるように回帰直線を引くと、その点は回帰直線が示す世界的なトレンドに近いことになる。しかしそのように引かれた線は別の点からは遠ざかることになるので、別の点は世界的なトレンドから遠くなる（つまり世界的に「異常な」状態となる）。特定の点に近いように線を引いたのでは、我々が読み取りたい現象を正確に把握することはできない。このような問題を回避するため、すべての点からの距離が最も小さくなるように線を引くのである。

この距離の測り方にはいくつかの種類があるが、

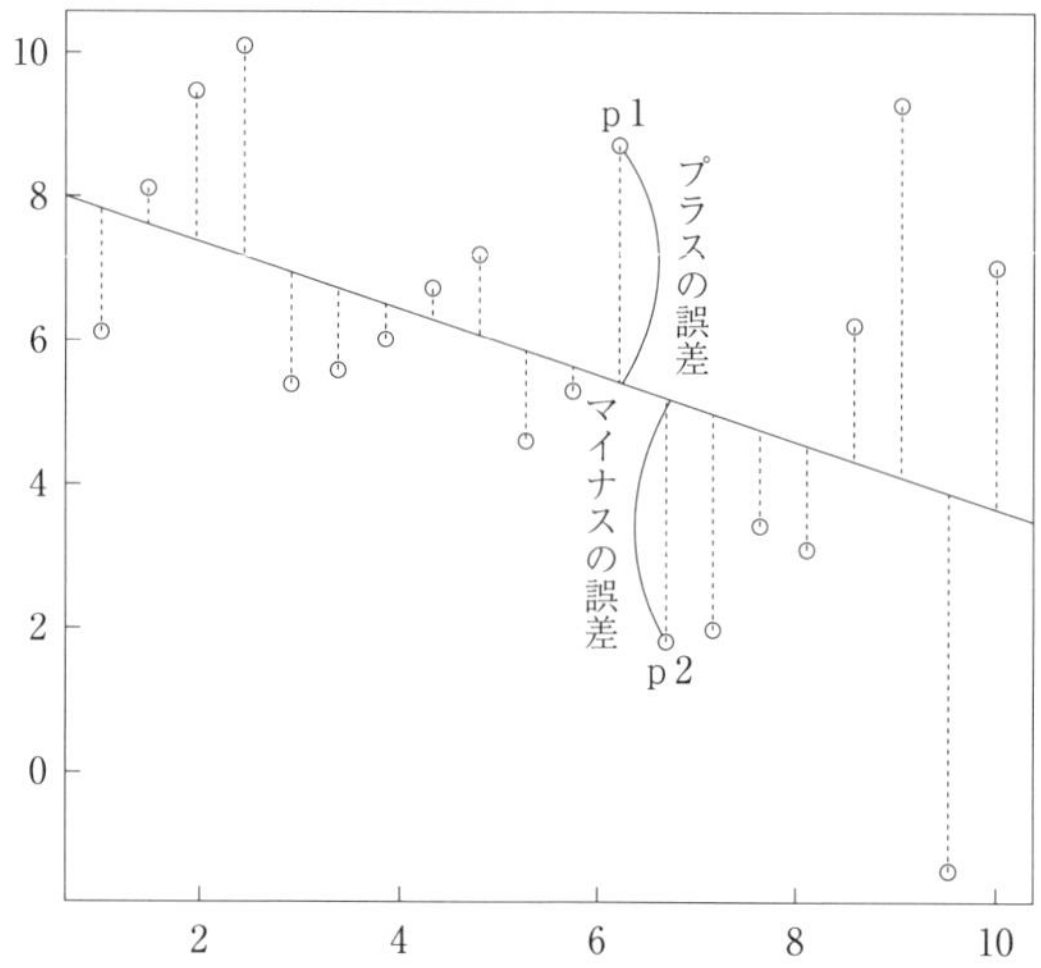

図6－2　回帰直線の推定

出所：筆者作成。

一般的には回帰直線と各点の縦方向の距離を二乗した値の合計が最小になるように計算される。このことを、ランダムに生成した二〇個のデータから作成した図6-2を元に説明しよう。ここでは、回帰直線が実線で示され、各点から回帰直線までのY軸方向の距離が破線で示されている。各点は回帰直線よりも上に位置している場合もあれば、下に位置している場合もある。Y軸の値は上に行けばプラス、下に行けばマイナスとして計測されるので、各点から回帰直線までの距離も線より上の距離はプラス、下の距離はマイナスで計測される。この距離を単純に合計すると、プラスの値とマイナスの値が打ち消しあってしまう。例えば、点p1は回帰直線よりも上に位置しているので、推定されたYの値よりも観測値がプラス方向に大きいので、誤差の符号はプラスである。しかし、点p2は回帰直線よりも下にあるため、誤差はマイナスとなる。この二つの誤差を足すと、プラスとマイナスが相殺されて計算結果の値は小さくなり、誤差が小さいということになる。これでは、誤差を適切に計測できているとは言えない。この問題を解消するため、すべての距離の値を二乗し、マイナスの値をプラスに変換してから合計する。この値が最小になるように計算された結果、回帰直線が推定される。この方法を最小二乗法と呼ぶ。この計算を研究者が自分で行うことはなく、コンピューターが使用される。つまり、この回帰直線を引くにあたって、分析者が恣意的に線の角度を操作することはない。このよう

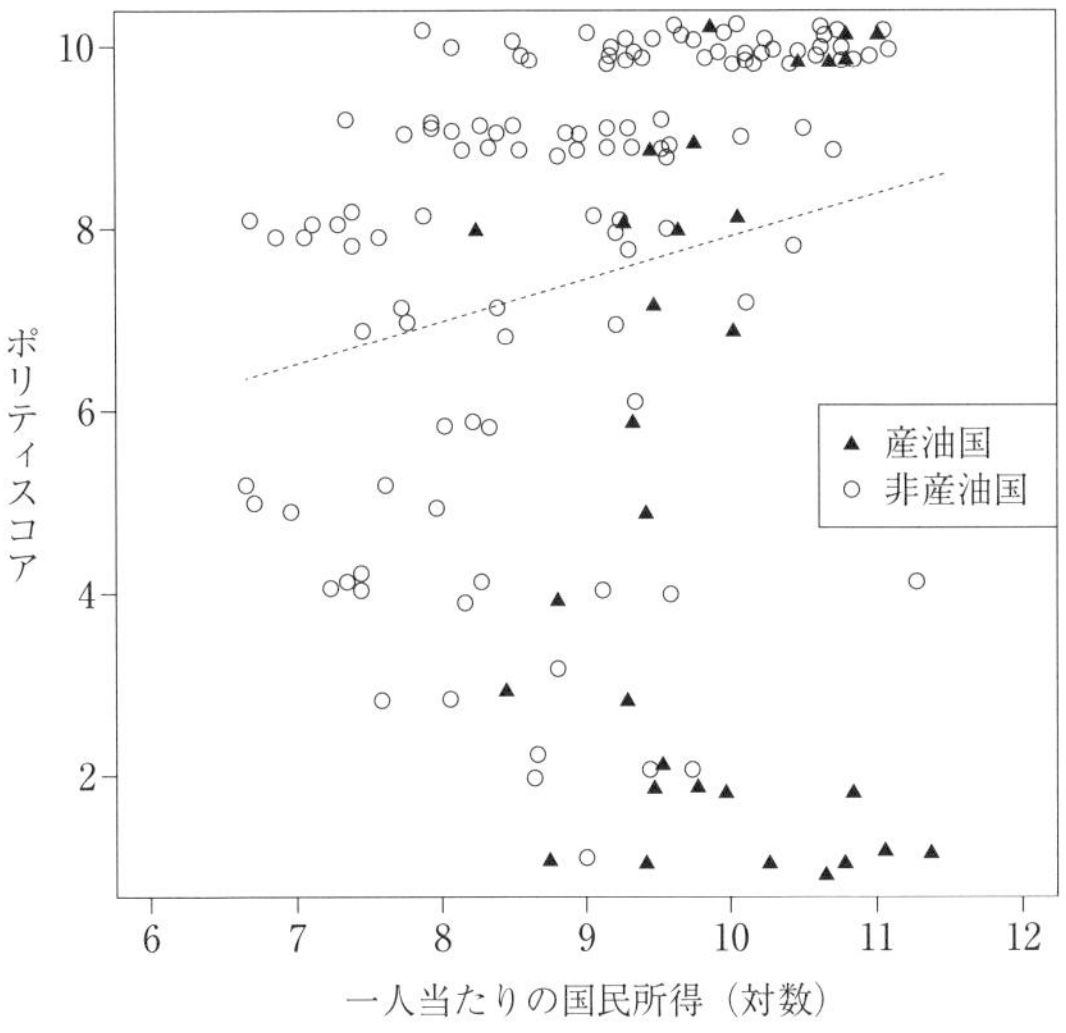

図6-3　経済的豊かさと民主主義(b)（2015年）
出所：図6-1と同じ。

に引かれた線であっても、ある点は線に近く、別の点は線から遠いということがありうる。しかしその結果は、研究者が恣意的に作り上げた結果ではなく、上記の作業を通じて確認された客観的な結果である。

　さて、図6-1のなかで、一人当たりの国民所得が高くポリティスコアが低い位置にある点の多くは、中東諸国である。また、中東諸国の多くは回帰直線よりも下に位置しており、ここから中東諸国は経済的な豊かさの割には民主主義の程度が低いことがわかる。では、この原因はどこにあるのだろうか。図6-3は、図6-1と同じデータを用いて、各国を産油国と非産油国に区別して表示したものである。この二つはよく似ており、図6-3の産油国は図6-1で中東諸国が占めていた位置とよく似た場所に見られる。これは、中東諸国と産油国が重複している事例が多いためである。このことは、経済的豊かさの割に民主主義の程度が低いという現象は、中東諸国において顕著に見られるだけでなく、世界中の産油国においても見られる現象であることを示している。ほら、レンティア国家論がなんとなく正しそうにみえるでしょう？

　しかし、注意深い人は、図6-3の右上、一人当たりの国民所得が高くポリティスコアも高い場所にいくつかの産油国が存在していることに気づくだろう。ここから、「たとえ石油が出たとし

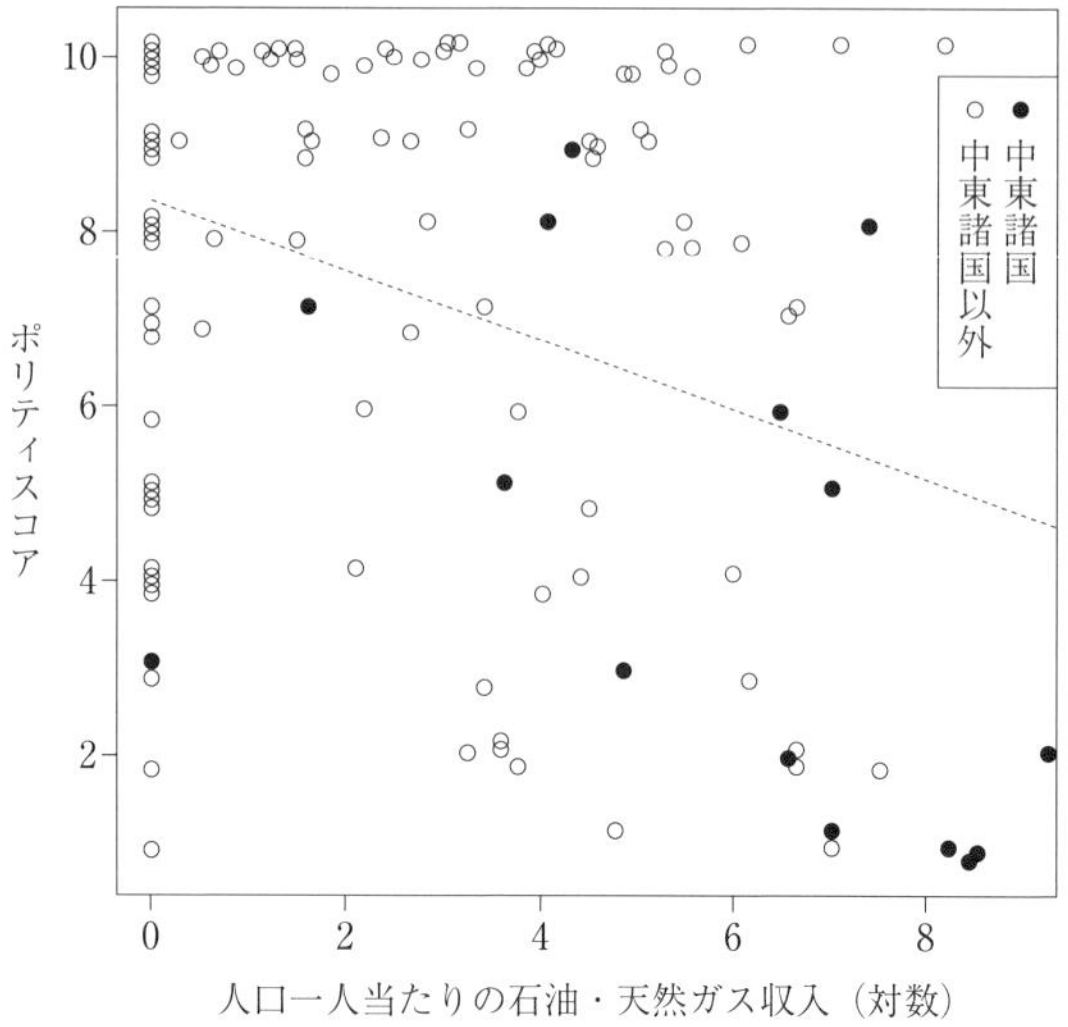

図6-4　石油・天然ガス収入と民主主義（2015年）
出所：図6-1と同じ。

ても、民主主義の程度が高い国があるのだから、やはりレンティア国家論はまゆつばだ」と思うかもしれない。たしかに、その可能性は否定できない。

実は、図6-3には大きな問題がある。ここでは、産油国は「石油・天然ガスから得られる富が、国民一人当たりで一〇〇ドル以上の国」を意味しているだけであり、同じ産油国といっても、石油・天然ガスの生産規模の違いは考慮されていない。この違いを考慮するために、人口一人当たりの石油・天然ガス収入と民主主義の程度の関係を確認しよう（図6-4）。この図を見ると、右下がりの回帰直線が描かれているように、一人当たりの石油・天然ガス収入が増えれば増えるほど、民主主義の程度が低くなることは明らかである。

我々は図6-1と図6-4から、一口に経済的な豊かさといっても、石油によってもたらされた豊かさはそうでないものと比べて特殊な特徴を持っていることを想定できる。つまり、経済的豊かさには一般的に民主主義をより強固にする働きがあるとしても、石油によって豊かになった国ではそれが作用しない、あるいは逆に民主主義を弱体化させるのではないか、と。もしこの想定が正しければ、図6-1に描かれた回帰直線の傾きは、石油によってもたらされた民主化に貢献しない（あるいは民主化を阻害する）効果と、石油に由来しない民主化を促進する効果の二つの効果が混

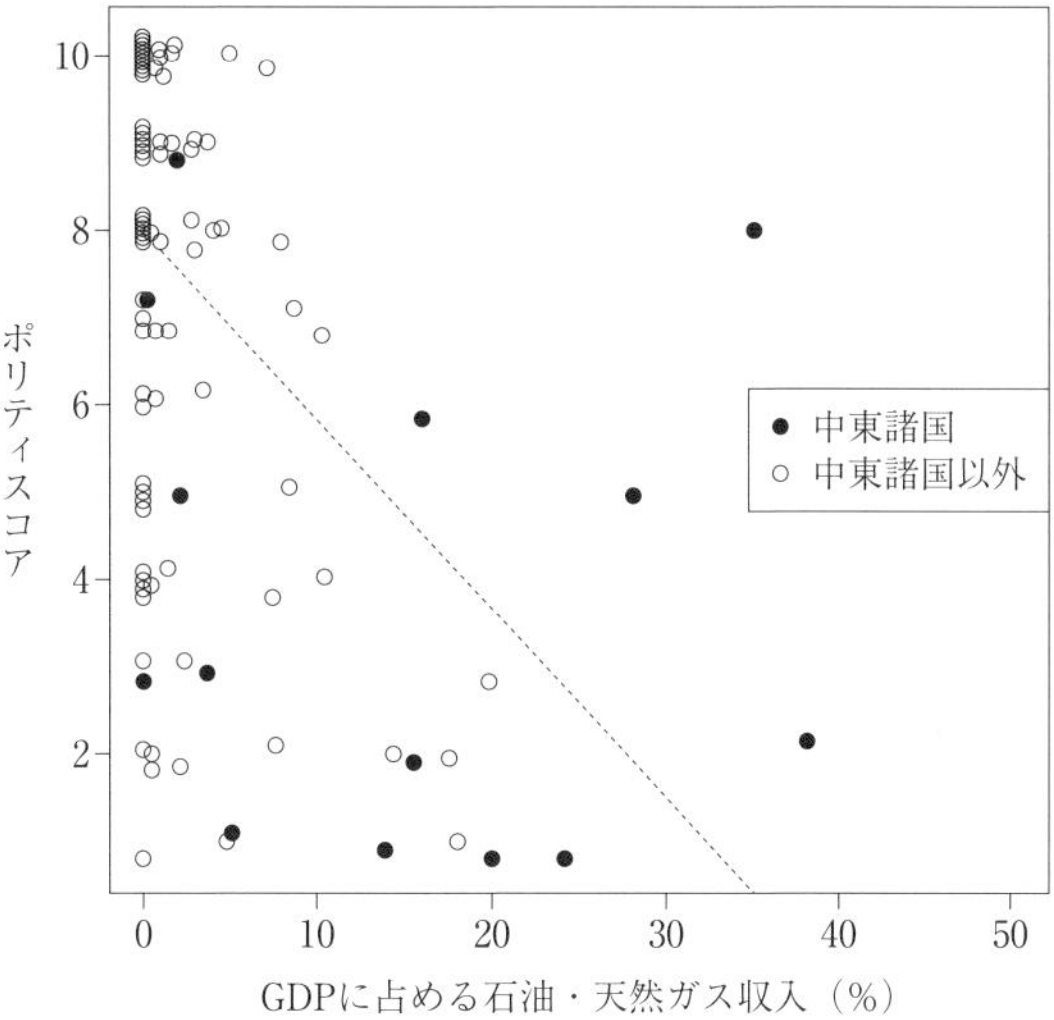

図6-5　石油・天然ガスへの依存と民主主義（2015年）
出所：図6-1と同じ。

じり合った、不正確な効果を示していることになる。

では、図6-4は民主主義に対する石油の効果を適切に示しているだろうか。実はそうではない。例えば、石油・天然ガスの生産額も人口も同じ二つの国があり、片方の国は石油産業以外にもGDPに大きく貢献する産業を有しており、もう片方の国は石油以外には特に見るべき産業がないと仮定しよう。この場合、人口一人当たりの石油・天然ガス収入の効果は、前者では小さく、後者では大きい。世の中には石油以外の産業で多くの富を生み出すことで経済的な豊かさを享受しながら、同時に石油を生産している国（例えば英国やノルウェー、アメリカなど）もある。そうした国では石油の効果が小さいので、図6-3で見たように、産油国に分類されるとしてもポリティスコアが高くなる。

では、石油以外の産業規模も考慮して石油の効果を見るために、その国のGDPに占める石油・天然ガス収入の割合がポリティスコアに与える影響を計測したらどうだろうか（図6-5）。この図には、回帰直線の右下がりの傾きが急になっていることからわかるように、石油・天然ガスがポリティスコアを低下させる効果がよりはっきり現れている。しかし、ここでもまだ問題が残る。というのも、もしも観察対象が貧困国で石油が生産されたような事例だとしたら、その国でGDPに占める石油・天然ガス収入の割合は非常に大きくなる。この場合、ポリティスコアが低いのは、

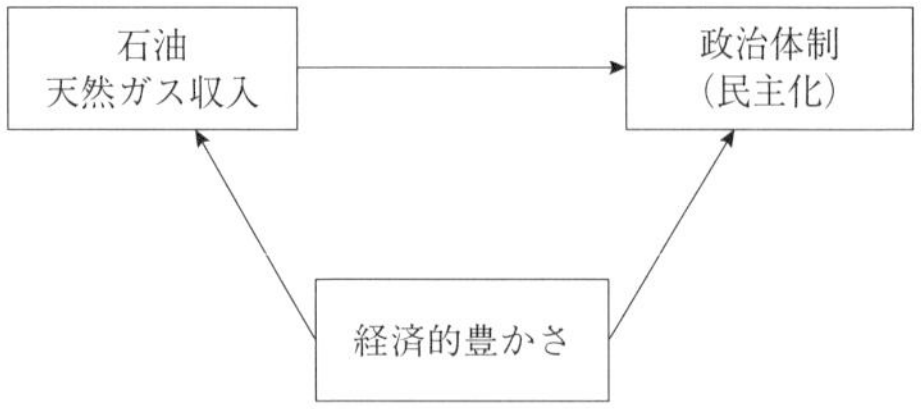

図6-6　石油・天然ガス収入と政治体制に対する経済的豊かさの影響

出所：筆者作成。

石油・天然ガスの効果なのか、その国が貧困だからなのか、はっきりしない。

こうした関係は、因果関係を考察する際の「交絡変数」の問題として知られている（図6-6）。今、我々は石油や天然ガスといったレント収入が政治体制、特に民主化に何らかの効果を持っているのではないかと考えている。しかし、民主化には経済的豊かさが影響しているし、同時にその国の石油・天然ガス収入の規模に関しても、その国の経済的豊かさが影響を与える。では、経済的豊かさの影響を排除して、石油・天然ガスの効果を分析するためにはどうしたらいいだろうか。ここで力を発揮するのが、回帰分析である。

4　回帰分析の方法

前節では、図に描かれた破線が回帰直線であることを紹介した。この回帰直線の傾きを推定し、その統計的有意性を明らかにする方法が回帰分析である。図6-1に示されている回帰直線は、中学校の数学で学習した一次関数のグラフとして理解することができる。中学校の数学では、一次関数の式は以下のようなものとして理解した（なつかしい）。

$$Y = aX + b \qquad (1)$$

ここで、aはXの係数であり、bは切片（$X=0$の時のYの値）である。aは「傾き」とも呼ばれ、Xの変化がYに及ぼす効果の大きさを示している。

計量分析で使用するのもこれとほぼ同じ形だが、表現は若干異なる。

$$Y = \alpha + \beta X + u \qquad (2)$$

この式を、一般にモデル式（あるいは単にモデル）と呼ぶ。αは式(1)の切片と同じである。計量分析では、Xが0の時の値を右辺の第一項に示すのが通例である。βはXの係数である。中学数学では単に「係数」と呼ばれたが、計量分析では「回帰係数」と呼ばれる。中学で使用していたアルファベットがギリシャ文字に置き換わっているのは単なる作法の違いだと理解し、深く考えずに先に進もう。

計量分析においては、Yは従属変数や被説明変数、Xは独立変数や説明変数と呼ばれる。最後のμ（ミュー）は、誤差項と呼ばれる。図6-1を見てわかるように、回帰直線と実際の観察（各点の散らばり）の間には差がある。この差がμとしてモデルに表現されている。このモデルの従属変数はポリティスコアであり、独立変数は一人当たりの国民所得であるから、式(2)は以下のように解釈できる。

$$\text{ポリティスコア} = \alpha + \beta \times \text{一人当たりの国民所得} + \mu \qquad (2)'$$

ポリティスコアはCenter for Systemic Peace〔2018〕から、国民所得の数値はWorld Bank〔2020〕から入手できるが、αとβ、μは計算しないとわからない。中学数学で求めた一次関数のグラフは二点を通る直線であり、二点のX座標とY座標を一次式に代入して二本の式を作り、連立方程式を解いてXの係数と切片を求めた。しかし回帰分析では二点を通る直線ではなく、すべての観察対象（図6-1では一五七の観察対象＝国）からの距離が最小となる式を考えなければならない。ここで、前節で紹介した最小二乗法を用いて傾き（Xの係数）を求めることになる。研究者は一五七カ国分の一人当たりの国民所得とポリティスコアをコンピューターに読み込ませ、モデル式を指定し、回帰係数と誤差、およびそれらの統計的有意性といった情報を引き出す。表6-1は、二〇一五年のポリティスコアと一人当たりの国民所得（対数）を代表的な統計解析ソフトの一つであるRに読み込ませ、上記のモデル式（ここではこのモデルを「モデル1」と呼ぶ）を指定して分析を行わせた結果の一部である。

一人当たりの国民所得（対数）の係数が〇・四五八、切片が三・二九五と推定されている。これらの値を式(2)′に代入すると、図6-1の回帰直線を描いたモデルは、

表6－1　ポリティスコアと経済的豊かさ（モデル1）

従属変数：ポリティスコア	
一人当たりの国民所得（対数）	0.458*
切片	3.295
観察数	157
決定係数	0.034

注：＊は5％水準の統計的有意性を意味する。

$$\text{ポリティスコア} = 3.295 + 0.458 \times \text{一人当たりの国民所得} + \mu \qquad (3)$$

と推定されたことがわかる。表6－1で示された一人当たりの国民所得の係数の右にアスタリスクが示されているが、これは統計的有意性を示す記号である。統計的有意性とは、その現象が発生する確率を統計的に推定した結果に基づいて、その数値に統計的に意味があるのかないのかを判断する目安である。計量分析では統計的有意性の判断（検定と呼ばれる）をさまざまに用いるが、回帰係数については傾きが0と仮定された場合に、モデル1の回帰係数が推定される確率を示している。傾きが0ということは、その独立変数が従属変数の変動に影響を及ぼしていないということになる。傾きが0であるという仮定にもかかわらず、推定された回帰係数が0でなく、またそのように推定される確率が低い場合、傾きが0であるという仮定そのものが間違っていると判断される。傾きが0でないということは、その独立変数が従属変数の変動に影響を及ぼしているということになる。この判断に用いられる確率（有意水準）は、社会科学分野では伝統的に五％、一％、〇・一％の有意水準が採用されており、この水準をこえる確率が推定された場合には、当該モデルを利用する限り、その変数は効果を持たないと判断される。

観察数とは、このモデルを成立させるデータであるポリティスコアと一人当たりの国民所得の両方がそろっている観察対象（国）の数を示している。「一人当たりの国民所得」の参照元である『世界開発指標』は最多で二一七カ国を対象にしており、ポリティスコアの二〇一五年は一六七カ国を対象としている。つまりポリティスコアは『世界開発指標』の観察対象の約七七％をカバーしていることになる。また、モデル1の観察数はその中の九四％、『世界開発指標』対象国の約七二％をカバーする。可能であればすべてを観察対象にしたいところだが、ほとんどの指標はいずれかの国を観察対象に含まず、また観察対象の中には当該年のデータが欠損値となっていることもあるので、多くの分析事例ですべての国が観察対象になることはない。このモデルの観察対象は潜在的観察対象国の七〇％以上を含んでおり、研究者が都合の良い分析対象を選んだとは言えないだろう。

最後の決定係数とは、観察対象全体の散らばり具合（散布図上の観察対象のY軸方向の変動に対するX軸方向の変動の効果）を、モデル（回帰直線）でどの程度説明できているかを示している。決定係数は0から1の間の数値で示され、1であればすべての観察結果を回帰直線で説明できたことになる。つまり、もしも散布図上のすべての点が回帰直線の上に乗っているのであれば、決定係数は1になる。このモデルの決定係数は0.034であり、モデルが観察対象の散らばりの三・四％しか説明できていないと理解できる。つまり、精度の良いモデルではない[4]。

モデルの精度が良くないとしても、これを計量分析の実力だと判断してはならない。良い値であれ、悪い値であれ、決定係数という概念を利用できることは計量分析の大きな長所である。なぜなら、回帰分析を用いない説明が現実にどの程度適合しているか、我々は決して知ることはできないからだ。例えば、サウディアラビア国王の持つ「二聖都の守護者」という肩書きがサウジ王室の正統性の根源であり、それがサウディアラビアの権威主義的統治に強く影響を与えていると説明したとしよう。しかし、その説明がサウディアラビアの権威主義の変動をどの程度説明するのか、我々は全く知ることができない。これに対して回帰分析であれば、当該モデルが現実を説明する程度を0から1の間で評価することができる。さらには、以下で見るように、モデルに新しい説明変数を投入した際に他の説明変数の係数がどのように変化するのか、また決定係数がどのように変化するのかを見ることで、そのモデルがどの程度精緻化されたのか知ることができる。

例えば、モデル1に新たに「一人当たりの石油・天然ガス収入」を説明変数に加えたとしよう。この変数は、図6-3のX軸で使用された変数である。この時のモデルは以下のようになる。

$$ポリティスコア = \alpha + \beta_1 \times 一人当たりの国民所得 + \beta_2 \times 一人当たりの石油・天然ガス収入 + \mu \quad (4)$$

説明変数が二つに増えたため、係数にも添字をつけてβ_1、β_2と区別する。αとμは、式(1)と同じである。

式(4)は、以下のような状況を捉えるのに便利である。例えば、経済的に同程度に豊かなA国とB国があるとする。ただし、

表6-2　ポリティスコアへの諸変数の効果（モデル2）

従属変数：ポリティスコア	
一人当たりの国民所得（対数）	0.911***
一人当たりの石油・天然ガス収入（対数）	−0.538***
切片	0.379
観察数	156
決定係数	0.253

注：***は0.1％水準の統計的有意性を意味する。

A国では石油が生産されていないが、B国では生産されている。図6-1で確認したように、一人当たりの国民所得がポリティスコアにプラスの効果をもたらすのであれば、β_1の符号はプラスになる。また、図6-4で確認したように、一人当たりの石油・天然ガス収入がポリティスコアにマイナスの効果をもたらすのであれば、β_2の符号はマイナスになる。この時、A国は石油を生産していないので、式(4)をA国に当てはめると、

$$\text{ポリティスコア} = \alpha + \beta_1 \times \text{一人当たりの国民所得} + \beta_2 \times 0 + \mu$$
$$= \alpha + \beta_1 \times \text{一人当たりの国民所得} + \mu \qquad (4)'$$

となり、石油の負の影響を受けない。つまり、経済的な豊かさはポリティスコアに対して正の効果しか持たない。しかし、B国はたとえA国と同程度に豊かであったとしても、石油が出るためβ_2の負の効果（β_2×石油・天然ガス収入）の分だけ、ポリティスコアが低下することになる。つまり、式(4)は図6-1と図6-4の関係を同時に読み解きながら、前節で紹介した「交絡変数」の問題を回避するモデルである。このように作られた新しいモデル2に基づいて分析すると、表6-2のような結果を得る。

モデル1と比べて、一人当たりの国民所得の係数が大きくなっている。また、一人当たりの石油・天然ガス収入の効果が予想通りマイナスで示されている。ここから、モデル1に投入されていなかった「一人当たりの石油・天然ガス収入」という変数をモデル2に新たに投入して分析したことにより、一人当たりの国民所得の効果をより正確に推定することができたと考えられる。要するにモデル1は、一人当たりの国民所得のなかから石油・天然ガスから得られる所得を選り分けて分析しなかった。そのため、石油・天然ガス収入のマイナスの効果込みの小さい値で一人当たりの国民所得の効果を推定していたと解釈できる。

このモデル2を先ほどのA国とB国に当てはめてみよう。A国とB国が共に一人当たりの国民所得の対数値が一〇で、B国は一人当たりの石油・天然ガス収入が対数値で八・五だと仮定する。誤差を除いて考えると、A国とB国のポリティスコアは、

A国　0.379＋0.911×10−0.538×0＝9.489

B国　0.379＋0.911×10−0.538×8.5＝4.916

となる。同じ経済的豊かさを享受していたとしても、その多くを石油・天然ガスから得ている場合には、ポリティスコアがおよそ半分程度になることがわかる。この分析結果は我々の実感に近い。

また、モデル2の決定係数は0.253とモデル1よりも大幅に改善しており、このモデルが観察結果の分布の二五％程度を説明していることがわかる。二五％という値は（線形モデルが妥当だという前提に立てば）どう評価されるべきだろうか。二五％程度では精度が低いと考える読者もいるかもしれないが、筆者は悪くない値だと考えている。政治現象はさまざまな要因が絡まりあい、複雑である。しかし、このモデルは「一人当たりの国民所得」と「一人当たりの石油・天然ガス収入」というたった二つの変数で、当該国の民主主義度合の変動の四分の一を説明できる。どの程度説明できているのか不明瞭な要素をいくつも並べて説明するよりも、よっぽど明瞭に現象を説明できているとは思わないだろうか。計量分析を行う研究者は、現実をよく説明する（観察結果への当てはまりが良い）モデルを作ろうと努める。この当てはまりの良さを測る指標の一つが決定係数である。モデル1とモデル2を比較するとわかるように、モデル2で決定係数が改善されたのは、「一人当たりの石油・天然ガス収入」を投入したためである。

ところで、ロスの分析は中東地域研究から生まれたレンティア国家論を視野に入れながらも、伝統的な中東地域研究の作法——現地の政治エリートの動向や統治の正当性（つまりイスラーム的政治規範に基づく政治エリートによる権力行使の解釈）——といった事柄を扱わなかった。このため、ロスの研究は中東地域の歴史や伝統を全く無視していると批判されることがあるが、これは誤解である。例えば、ロスはモデルに「中東ダミー」という変数を投入して分析を行うことで、中東に固有

表6-3　ポリティスコアへの諸変数の効果（モデル3）

従属変数：ポリティスコア	
一人当たりの国民所得（対数）	0.982***
一人当たりの石油・天然ガス収入（対数）	−0.396***
中東ダミー	−3.200***
切片	−0.262
観察数	156
決定係数	0.351

注：***は0.1％水準の統計的有意性を意味する。

の特徴が「石油の呪い」に作用しているのかどうかを明らかにしている。

これをモデル式で表現すると、

$$ポリティスコア = \alpha + \beta_1 \times 一人当たりの国民所得 + \beta_2 \times 一人当たりの石油・天然ガス収入 + \beta_3 \times 中東ダミー + \mu \quad (5)$$

となる。中東ダミーとは、観察対象国が中東諸国の場合は1、それ以外の場合は0になるように作成された変数である。ポリティスコアに対して他の変数では説明できない効果を中東諸国が持っていると仮定した場合、それが負の効果であればβ_3はマイナスの符号がつくはずである。中東ダミーが0か1で作られていることからわかるように、もしも観察対象国が中東諸国でない場合、中東ダミーの値は0なので、係数β_3がどのような値をとったとしても、この項の値は0になる。これに対して中東諸国であれば、ダミーの値は1なので、β_3の値がそのままポリティスコアに反映されることになる。このモデル式に基づいて分析を行うと、以下のような結果が得られる（表6-3）。

中東ダミーの係数は−3.2であり、統計的に〇・一％水準で有意である。つまり、中東地域にはポリティスコアを三・二低下させる効果がある。また、「一人当たりの石油・天然ガス収入（対数）」の係数は、モデル2の−0.538から−0.396へと減少している。モデル2では「石油・天然ガス」の効果の中に「中東」の効果が紛れ込んでいたためにマイナス方向に大きく推定されていたが、モデル3でより正確に推定されたと考えられる。このことは、モデル2では決定係数が0.253であったものがモデル3で0.351に改善されたことからも明らかである。ロスはこうした分析を通じて、数値化できない地域の特徴を計

コラム⑥（中東）地域研究にRを使う

中東に関心があり、同時に計量分析に関心があるという学生にとって、悩ましいのは計量分析の知識と、プログラミングの技術の習得ではないだろうか。中東について学べる環境にある学生は、法学部や政治学部、国際学部といった学部に所属することが多いが、これらの学部で計量分析の授業が開講されていることは多くはない。この問題を乗り越える最良の方法は、他学部・他大学の計量分析の授業を聴講することである。これが困難な場合、書籍やインターネット上の講座を利用して独学することになる。幸いなことに、Rを使って統計学や計量分析の手法を学習するための書籍は大量に存在している。手始めに、以下の書籍の①を参照しつつ、RとRStudioをインストールしたのち、ミネルヴァ書房の本書のサポートページ（https://www.minervashobo.co.jp/news/n45720.html、左記QRコードからもアクセス可能）からデータとプログラムをダウンロードして動かしてみてはどうだろうか。

（データとプログラムのダウンロードはこちらから）

計量分析とRのプログラミング独学のための読書案内

① 浅野正彦・中村公亮『はじめてのRStudio　エラーメッセージなんかこわくない』オーム社、二〇一八年。
② 山田剛史・杉澤武俊・村井潤一郎『Rによるやさしい統計学』オーム社、二〇〇八年。
③ 浅野正彦・矢内勇生『Rによる計量政治学』オーム社、二〇一八年。
④ 安井翔太『効果検証入門　正しい比較のための因果推移論／計量経済学の基礎』技術評論社、二〇二〇年。

測したのであった〔Ross 2001〕。ただし、ここで投入された「中東ダミー」の効果は全く不明である。それは中東地域が共有する歴史的経験かもしれないし、イスラーム的規範なのかもしれない。今までのモデルに変数として投入されていない中東の特性を示していることは明らかだが、それが何なのか、はっきりとしたことはわからないのである。

5　レンティア国家研究の今後の発展に向けて

では、「未解明の中東の特性」が影響していることがわかったところで、我々はどのように対応したらいいだろうか。その一つの方法は、「中東ダミー」を分解することである。前節までの説明に明らかなように、もしも「中東ダミー」の中に我々が知らない変数の効果が含まれており、我々がそれを見つけてモデルに投入することに成功したら、「中東ダミー」の係数は低下し、モデルの決定係数も改善されるはずである。これを続けてゆけば、いつか「未解明の中東の特性」は「解明された中東の諸特性」に分解される。つまり、中東地域に固有の効果をいくつかの変数の効果の組み合わせとして捉えることができる。

もしかすると、複雑極まりない中東地域の固有性を単なる数値に還元することは、地域研究者として不適切な行為であると考える人もあるかもしれない。しかし、実はこの分析方法にこそ、中東地域研究者の力量が最も試されるのである。なぜなら、計量分析の知識のみを有していても、中東地域の政治・経済・社会現象に対する深い知識を持たなければ、どのような変数を用いれば中東地域の特質を捉えることができるのか、全く判断できないからである。計量分析を用いてレンティア国家を分析する、あるいは中東地域の政治現象を分析する人々は、単に既存のデータをコンピューターに投入して得られた数値を読み解く作業に没頭しているのではない。日頃から中東地域のさまざまな政治・経済・社会現象に関する知見を蓄積し、その知見を用いて、使えそうな変数を見つけ出そうと努力しているのである。

例えば、モデル3に「国民一人当たりの移民人口」という変数を加えたエスノクラシーモデル（第10章参照）を作ることで、中東ダミーの効果の一部を分解できる。これは、次のような知見に基づいている。第一に、産油国の多くは石油の富を輸出によって得ているので、その国の経済規模は国内で生み出される富よりも大きくなる傾向があることが知られている。そのような産油国がその富を国内に投資すると、投資に見合った労働力を国内で調達できなくなり、労働力不足が発生する傾向が強くなる。このため、産油国はそうでない国に比べて多くの国際移民を引きつけることになる。この時、移民に対する待遇をめぐって産油国には二つの選択肢がある。一つは移民を国民に転換することであり、もう一つは移民を国民にせずに国民と移民の格差を維持することである。どちらの場合でも、石油収入が国内経済に投資されることで達成された経済成長の利益（例えばショッピングモール経営から得られる利益）を国民と移民（あるいは帰化した元移民）が分け合うことが可能となる。しかし、教育や医療を無償で受けるといったレンティア国家に特徴的な権利は国民の権利なので、移民を国民に転換する国では、国民一人当たりに提供される医療サービスや教育サービスの額は減少する。

これに対して、移民を国民に転換しない国では、国民一人当たりに提供されるサービスの額は減少しない。一般的に、民主主義はその社会を構成する人々が平等に政治に参加するという規範を意味しているので、その国において民主主義が定着していれば、移民に広範な帰化の権利を認め、移民と国民の間の格差を縮小させるだろう。では、権威主義的な産油国に住む国民は、自国に多くの移民が流入してきた時に、民主化に賛同するだろうか。民主化に賛同すれば、移民は国民と同等の権利を得る可能性が高くなり、国民一人が受けとるサービスの額は低下する。歳入を税に依存している国ならば、移民が帰化しても彼らの支払う税が政府の提供するサービスを上回る限り、移民を帰化させるインセンティブは常に存在する。しかし、歳入を税に依存しないレンティア国家では、このインセンティブが生まれにくい。このように考えると、レンティア国家では移民の増加は民主化の阻害要因になるのではないだろうか。

この想定は、中東の産油国によく当てはまる。湾岸アラブ諸国は世界最大の移民受け入れ地域であり、アラブ首長国連邦やクウェイトは自国民を遥かに凌駕する移民人口を擁している。また、湾岸アラブ諸国では移民の帰化制度は事実上機能していないため、国民と移民の格差が維持されている。これが、多くの移民が滞在することで民主化が阻害されるという現象であるならば、この移民人口は前節で確認した「未解明の中東の特性」の一部である可能性が高い。では、これまでのモデルに国民一人当たりの移民人口を投入したエスノクラシーモデル（モデル4）を用いて、回帰分析を行ってみよう。この時

表6-4　ポリティスコアへの諸変数の効果（モデル4）

従属変数：ポリティスコア	
一人当たりの国民所得（対数）	1.069***
一人当たりの石油・天然ガス収入（対数）	−0.367***
国民一人当たりの移民人口	−0.808**
中東ダミー	−2.596***
切片	−1.048
観察数	155
決定係数	0.379

注：**は1％，***は0.1％水準の統計的有意性を意味する。

のモデル式は左の通りであり、分析結果は表6-4のようになる。

$$ポリティスコア＝\alpha＋\beta_1×一人当たりの国民所得＋\beta_2×一人当たりの石油・天然ガス収入＋\beta_3×国民一人当たりの移民人口＋\beta_4×中東ダミー＋\mu \quad (6)$$

国民一人当たりの移民人口の符号は予想通りマイナスで、統計的有意性を持つ。つまり、移民が増えればそれだけポリティスコアは低下する。モデル3と比較して中東ダミーの係数は低下しているので、移民人口はポリティスコアに対する中東ダミーの効果の一部であったと考えられる。また、決定係数もやや改善されていることから、新たに投入した変数がポリティスコアの変動を説明する力を持っていることがわかる。

回帰分析では、投入される変数が異なる複数のモデルを作成し、それらのモデルを比較することで変数の効果を確認するとともに、観察事象に最も当てはまるモデルを模索してゆく。読者の中には表6-5のような一覧を見たことがある人がいるかもしれない。これは、モデルを比較するために各変数の係数や統計的有意性、各モデルの決定係数をわかりやすく示したものである。計量分析のリテラシーがない人が見ても何を示しているのか不明だが、本章の読者はもう理解することができるだろう。

回帰分析を用いるにあたって、いくつかの留意点がある。第一に、分析者は観察事象と関係のない変数をモデルに投入しない[5]。各変数の係数や統計的有意性は、各変数が持つ数値の特徴（平均や分散など）から数学的な作業によって得られるのであり、各変数が持つ社会的な機能や当該社会における意味から導き出されるものではない。このため、分析したい現象と全く関係のない変数を入れても何らかの係数は必ず得られるし、統計的有意性すら現れることもある。例えば、当該国における人口一人当たり

表6－5　モデルの比較

従属変数：ポリティスコア				
	(1)	(2)	(3)	(4)
一人当たりの国民所得（対数）	0.458* (0.195)	0.911*** (0.185)	0.982*** (0.174)	1.069*** (0.174)
一人当たりの石油・天然ガス収入（対数）		−0.538*** (0.081)	−0.396*** (0.081)	−0.367*** (0.081)
国民一人当たりの移民人口				−0.808** (0.305)
中東ダミー			−3.200*** (0.666)	−2.596*** (0.694)
切　片	3.295 (1.807)	0.379 (1.657)	−0.262 (1.555)	−1.048 (1.558)
観察数	157	156	156	155
決定係数	0.034	0.253	0.351	0.379

注：＊は５％の，＊＊は１％の，＊＊＊は0.1％水準の統計的有意性を意味する。括弧内の数値は標準誤差である。詳しくはコラム⑥の文献を参照。

の年間チーズ消費量というデータがあったとして，それを変数としてモデルに投入しても，必ず何らかの係数を得ることができる。しかし，仮にその変数が統計的に有意であったとしても，それが民主主義に与える効果を論理的に説明できるだろうか。各独立変数が従属変数に与える効果は，その効果が発生する仕組みを研究者が論理的に説明可能な場合にのみ確認されるのであり，回帰分析はこれを客観的に示しているにすぎない。地域研究に回帰分析を用いる際に必要なのは，統計解析の知識だけでなく，あるいはそれ以上に，地域の固有性を考慮した変数の選定と，観察事象が発生する仕組みを論理的に説明する深い知識である。

第二に，回帰分析やそれを含む計量分析は簡単ではない。例えば，本章でこれまで説明してきた回帰分析は，実際の分析過程のごく一部を簡単に紹介したにすぎず，実際にはもっと複雑な手順を必要とする。例えば，本章で使用したのは二〇一五年のデータだけである。つまりここで確認した分析結果は二〇一五年に固有の現象で，他の年を対象とした分析ではポリティスコアと石油・天然ガス収入の間に統計的に有意な結果は見出せないかもしれない。この問題に取り組むためには，複数の国を複数の時間で分析する「時系列・横断面データ分析」と呼ばれる手法を採用する必要がある。また，ロスは従属変数の一期前の値を独立変数の一つに採用している。これは，ある国のある年のポリティスコアの値が，その国の前年のポリティスコアの値に影響を受けているという考え方である。世界的な景気変動によって石油価格が高騰・急落することはしばしばあることだが、それを受けて産油国がすぐに民主化したり、権威主義化したりということはない。それぞれの国の政治体制はさまざまな変化を受け流す仕組みを持っていると考えるのが妥当であり、これはつまりその年のその国のポリティスコアは、前年のポリティスコアに影響を受けることになる。このようにさまざまな統計解析に必要な知識を習得し、統計解析ソフトの使い方に習熟することは、アラビア語やペルシャ語等の現地言語を学んで現地語で情報を収集したり、現地の政治エリートの来歴や各部族の力関係に関する膨大な知識を網羅的に把握して現地の政治的・社会的文脈を把握したりすることと同等の労力を要する。

レンティア国家研究に回帰分析が用いられることでブレークスルーが生まれたように、それ以外の多くの研究テーマにおいても、様々な変数を投入してモデルを精緻化させてゆくことで、それまで説明が困難だった問いに答えが与えられるかもしれない。計量分析の手法は、本章が取り扱ったＧＤＰやポリティスコア、移民人口という伝統的な統計や指標だけでなく、新聞やtwitter等の文字情報を解析するテキストデータ分析にも拡大しつつある。こうした新しい手法を積極的に採用し、中東研究の新しい地平を開いて行ってほしい。

注

（1）この節のレンティア国家に関する記述は、Beblawi〔1987＝2016〕とLuciani〔1987〕に依拠している。
（2）プシェヴォスキらの分析にも、中東の産油国は含まれていなかった。
（3）高等学校の数学Ⅰで学んだ読者も多いことだろう。
（4）ただし、このような解釈は現実を線形モデル（一次関数で表されるような直線）で説明可能であると想定した場合に有効だが、ここで我々は線形モデルを当てはめるのが適切なのか、非線形モデル（例えば二次関数で表されるような曲線）の方が適切なのか検討していない。実際の分析においてはデータの散らばり具合や先行研究で使用されてきたモデルを参照し、適切な分析モデルが何か判断するが、ここでは回帰分析に馴染むことを最優先とし、やや乱暴であるが、線形モデルを当てはめることを前提にして簡単に話を進める。
（5）「ゴミ缶回帰モデル」といって批判の対象になる。

参考文献

中村文隆『レントと政治経済学』八千代出版、二〇一三年。

浜中新吾「中東諸国における非民主体制の持続要因――レンティア国家論の計量分析」『国際政治』第一四八号、二〇〇七年、四三～五八頁。

Anderson, Lisa. 1987. "The State in the Middle East and North Africa", *Comparative Politics,* 20(1): 1-18.

Barma, Naazneen H. 2014. "The rentier state at work: comparative experiences of the resource curse in East Asia and the Pacific," *Asia & the Pacific Policy Studies,* 1(2), pp. 257-272.

Beblawi, Hazem, Giacomo Luciani. (eds.) 1987=2016. *The Rentier States,* Croom Helm and Routledge.

Beblawi, Hazem. 1987=2016. "The rentier states in the Arab World," in Hazem Beblawi, and Giacomo Luciani (eds.), *The rentier states,* Croom Helm and Routledge.

Buxton, Julia. 2008. "Extractive resources and the rentier space: a South American perspective," in Kenneth Omeje. *Extractive economies and conflicts in the global south: multi-regional perspectives on rentier politics,* Ashgate, pp. 199-212.

Center for Systemic Peace. 2020. *Polity5: Regime Authority Characteristics and Transitions Datasets* (*Polity5 Polity-Case Format, 1800-2018*) (http://www.systemicpeace.org/inscrdata.html).

Luciani, Giacomo. 1987. "Allocation vs. Production States: a theoretical framework", in Hazem Beblawi and Giacomo Luciani (eds.), *The rentier states,* Croom Helm and Routledge.

Lipset, Martin. 1959. "Some Social Requisites of Democracy: Economic Development and Political Legitimacy", *The American Political Science Review,* 53(1), pp. 69-105.

Mahdavi, Hossein. 1970. "The pattern and problems of economic development in rentier states: the case of Iran, "in Michael Cook (ed.), *Studies in the economic history of the Middle East,* Oxford University Press, pp. 428-467.

Omeje, Kenneth. 2008. *Extractive economies and conflicts in the global south: multi-regional perspectives on rentier politics,* Ashgate.

Przeworski, Adam., Michael E. Alvarez, Jose Antonio Cheibub, and Fernando Limongi. 2000. *Democracy and Development: political institutions and well-being in the world, 1950-1990,* Cambridge University Press.

Ross, Michael L. 2001. "Does Oil Hinder Democracy?" *World Politics*, 53, pp. 325-361.

Ross, Michael L. 2012. *The Oil Curse: how petroleum wealth shapes the development of Nations*, Princeton University Press.（ロス、マイケル・L『石油の呪い　国家の発展経路はいかに決定されるか』松尾昌樹・浜中新吾訳、吉田書店、二〇一七年）

Yates, Douglas A. 1996. *The Rentier State in Africa: Oil Rent Dependency & Neocolonialism in the Republic of Gabon*, Africa World Press.

Yates, Douglas A. 2015. The Rise and Fall of Oil-Rentier states in Africa, in Andrew J. Grant, W. R. Nadege Compaore, and Matthew I. Mitchell（eds.）*New Approaches to the Governance of Natural Resources: Insights from Africa*, Springer.

Watts, Michael. 2008. "Anatomy of an Oil Insurgency: Violence and Militants in the Niger Delta, Nigeria," in Kenneth Omeje, *Extractive economies and conflicts in the global south: multi-regional perspectives on rentier politics*, Ashgate, pp. 51-74.

World Bank. 2021. *World Bank Open Data*（https://data.worldbank.org/）.

読書案内

マイケル・ロス（松尾昌樹・浜中新吾訳）『石油の呪い　国家の発展経路はいかに決定されるか』吉田書店、二〇一七年。（Ross, Michael L. 2012. *Oil Curse: How Petroleum Wealth Shapes the Development of Nations*, Princeton University Press.）

＊中東地域研究で用いられる「レンティア国家」概念は精緻にくみあげられた理論とは言えず、それゆえさまざまな解釈が可能である。解釈の幅広さは時として「レンティア国家」概念の建設的発展に資さない「批判のための批判」を呼び込んできた。理論を建設的に発展させ、中東研究に豊かな貢献を行うためには、石油収入と政治・経済体制、社会制度の関係を再現可能な形で分析する計量分析の採用が望ましい。この手法を学ぶためにも、まずは本書を一読することを勧める。

第7章　制度外政治

この章で学ぶこと

本章では、ある国家に存在する既存の制度の外部で展開される「制度外政治」について論じる。政治という営為は、時として「思わぬ」場所や空間で展開されることがある。すなわち、立法府、執政府、官僚機構、治安機関、軍といった、ある国家のなかで法的に確立された制度の外部で実質的に政治が行われる場合がある。

ここで「思わぬ」と述べたのは、一般的に政治とはこのような制度内で展開されるもの――ゆえに有権者は選挙の際以外には政治に直接関与していない――と思われがちだからである。しかし、実際には、市民が何らかの要求を訴えたり、実現したりする際に、署名運動、社会運動、路上での抗議行動を行ったり、さらには、民衆蜂起やテロのような暴力が伴うこともある。そして、こうした制度外での政治が、制度内のそれよりも大きな効果をもたらしたりする。その最も顕著な例が、民衆による革命であろう。既存の選挙や立法・行政の機能に依拠した制度内政治では生じ得なかった巨大な権力配分の変化、すなわち、体制転換が、制度外政治によってもたらされるのである。

中東では、このような制度外政治が歴史的に数多く展開され、時にその国家の政治のあり方を大きく変えてきた。それを象徴した事件が、二〇一〇年末に始まった市民による民主化運動「アラブの春」であろう。チュニジアやエジプト、リビア、イエメンでは市民による抗議デモによって長年にわたった権威主義体制が崩壊した。ただし、制度外政治は、「アラブの春」のような平和的なかたちをとることもあれば、過激なイスラーム主義者によるテロや武力による抵抗運動といった暴力的なかたちをとることもある。パレスチナやレバノンのように、外国軍による占領下において国防を担うはずの軍という制度が機能しないとき、市民による草の根の抵抗運動がそれを代替してきた。なぜ、中東ではこうした制度外政治が生起し、また、時として制度内政治に大きな変革を与えてきたのだろうか。また、なぜ、それは平和的なかたちをとることもあれば、反対に暴力的なかたちをとることもあるのだろうか。これらの問いについて、本章では、社会運動論の理論を補助線として、制度内政治のあり方の違い――権威主義体制下、民主主義体制下、外国による占領下――を手がかりに考えてみたい。

1　鍵となる制度内政治との関係

（1）社会運動と社会運動論

制度外政治を考えるうえで一つの手がかりとなるのが、社会運動論の知見である。社会運動とは、社会が抱える諸問題に対して、その改善や解決のために市民が集合的に行う行動のことを指す。そして、その社会運動が、なぜ、どのようなときに発生するのかについて、一般的な説明を与えようとする一連の理論を、社会運動論と呼ぶ。

社会運動の担い手は、制度内政治における「政治のプロ」である政治家や政党ではなく、「政治の素人」である一般の市民である。市民は、社会運動を起こすことによって、制度外政治の担い手として政治を動かす力を増大させる。社会運動は、多くの場合、利益団体や政党の多くが備えるメンバーシップや組織の仕組みを有していないため、制度外のアクターとしての性格が強くなる〔Kriesi 2011〕。

上述のように、社会運動は平和的手段を採用することもあれば、暴力的手段を選択することもある。社会運動が採用する方法や手段は、社会運動論ではレパートリーと呼ばれ、請願、会合、ストライキ、行進、建物の占拠、交通妨害、身体的危害を意図した他者攻撃などが含まれる〔タロー 二〇〇六〕。平和的／暴力的手段を含むレパートリーの違いが生じる要因と考えられているのが、制度内政治のあり方である〔della Porta and Diani 2006〕。

例えば、チャールズ・ティリーは、一七世紀以降のフランスの社会運動を国民国家という制度の形成のなかで分析し、権力に対する抗議のレパートリーが「地方的でパトロン化された」ものから「全国的で自立化された」ものへと変化したと論じた。すなわち、一七世紀に地方で起こった穀物の差し押さえ、耕作機器の破壊、領地への侵入といった実力行使は、人々が自らを取り巻く環境の改善や問題の解決のために、身近なパトロンたちに対して行った異議申し立てであった。しかし、一九世紀以降、国民国家建設が進み、中央政府の権限が拡大すると、人々は、地方のパトロンではなく、より大きな権力を持った首都の政府に挑戦するようになり、ストライキ、デモ行進、集会など、それまでの実力行使とは異なるレパートリーを獲得していった〔Tilly 1986〕。

（2）政治的機会構造

では、制度内政治がどのような状態のときに、社会運動は発生しやすくなるのだろうか。社会運動の発生の制度的要因に着目した古典的な理論が、政治的機会構造論である。そこでは、政治体制のタイプや中央集権の度合い、官僚制のあり方、政党制度などといった制度的特徴が、社会運動の発生や、それが採用する戦略、その要求の実現可能性などに影響を与えるとされた。

政治的機会構造とは、「諸集団が権力にアクセスし、政治システムを操作することができる可能性の度合い」のことであり、一般的にそれが「開かれた」状態では社会運動は起きやすく、それが「閉ざされた」状態では社会運動は起きにくくなるとされる〔Eisinger 1973〕。具体的には、領域的な地方分権が進み、立法・行政・司法が分かれ、政府が多数の政党で構成され、官僚制が制度外のアクターからの働きかけに応じやすい場合、政治的機会構造はより開かれており、社会運動は権力にアクセスしやすくなる〔della Porta and Diani 2006〕。

これを踏まえると、市民の側から見たときに、制度外政治を展開することで制度内政治に変化をもたらすことができる見込みが多いほど、社会運動を発生させることが合理的となる。以下の各節では、社会運動が発生するかどうか、そして、発生した際に平和的／暴力的のいずれのレパートリーを採用するのかについて、制度内政治との関係を軸に考えてみたい。そこでは、中東において制度外政治が政治のあり方に大きな影響を与えたいくつかの国を取り上げ、それぞれ制度内政治との関係を強く規定する要因である政治体制の違いを検討する。その違いとは、①権威主義体制下、②民主主義体制下、③外国による占領下の三つである。順番に見てみよう。

2　権威主義体制下の制度外政治

(1) 抗議デモと「民衆革命」

いつ、どのような条件において、市民は社会運動を発生させ制度外政治を展開するのであろうか。そこでまず想定されるのが、制度内政治に自らの声が反映されていない／できていないと感じ、その不満が一定程度まで高まったときである。権力の側、例えば、政治家や政党が自分たちを代表していないと感じたとき、市民は政治のあり方に変化を求めるので抗議デモや社会運動に訴える動機が生まれる。

その際、公正で競争的な選挙が行われていれば、市民は投票によって――既存の制度を通じて――政治に変化をもたらすための働きかけができる。しかし、選挙が実施されていない、あるいは、その選挙が市民の声を政治に反映できないような不備なものであれば、抗議デモや社会運動といった制度外政治が政治の変化のための唯一の手段となる。

つまり、この想定に基づけば、制度外政治は、民主主義体制よりも、制度内政治がより不公正・不公平にしか機能していないと見られる権威主義体制において展開されやすい、ということになる。事実、中東を見渡してみても、権威主義体制に対する抗議デモは、中東諸国が成立した二〇世紀半ばから頻発してきた。ただし、その「成功例」のなかには、一九五二年のエジプト革命や一九六九年のリビア革命のように、軍によるクーデタをきっかけとしたものもあり、軍がクーデタを正当化するためにそれを「民衆革命」と呼んだケースも少なくない。名実ともに市民による革命とみなすことができるのは、実は一九七九年のイラン革命など数えるほどしかない。イラン革命では、全国規模で市民が立ち上がったことで、シャーによる専制支配が終焉に追い込まれた。

しかし、ここで一つ疑問が浮かぶ。前節で論じた政治的機会構造の考え方では、それが「開かれた」状態、すなわち、社会運動が権力にアクセスしやすい状態のときに、制度外政治は発生しやすいとされる。これを敷衍すれば、権威主義体制が専制的であればあるほど、社会運動は発生しにくくなる。「成功」しないことが予想される場合――例えば、制度内政治に変化を与えることが期待できないだけでなく、軍や治安部隊による鎮圧のための実力行使に直面する可能性が高い場合――に抗議デモを起こすのは、市民にとって合理的な選択ではないからである。だとすれば、「成功」の見込みが低かったにもかかわらず、なぜ中東における権威主義体制に対する抗議デモは発生してきたのだろうか。

(2)「アラブの春」における抗議デモの発生／非発生

権威主義体制下の抗議デモの発生事例として近年の中東で最も大規模なものが、「アラブの春」である。「アラブの春」とは、アラブ諸国における長年にわたる独裁政治に対して、人々が自由や民主主義を求めて立ち上がった一連の事件のことを指す。二〇一〇年末にチュニジアで発生した一般大衆による抗議デモは、一カ月あまりで二四年間続いてきたベン・アリー政権を崩壊させた。この革命の熱狂は瞬く間に他の中東諸国にも広がり、エジプト（フスニー・ムバーラク政権、二〇一一年二月）、リビア（ムアンマル・カッザーフィー政権、一〇月）、イエメン（アリー・サーリフ政権、一一月）でも革命が起こった。シリアやバハレーンでは、政権と反体制派の間の武力衝突に発展した。

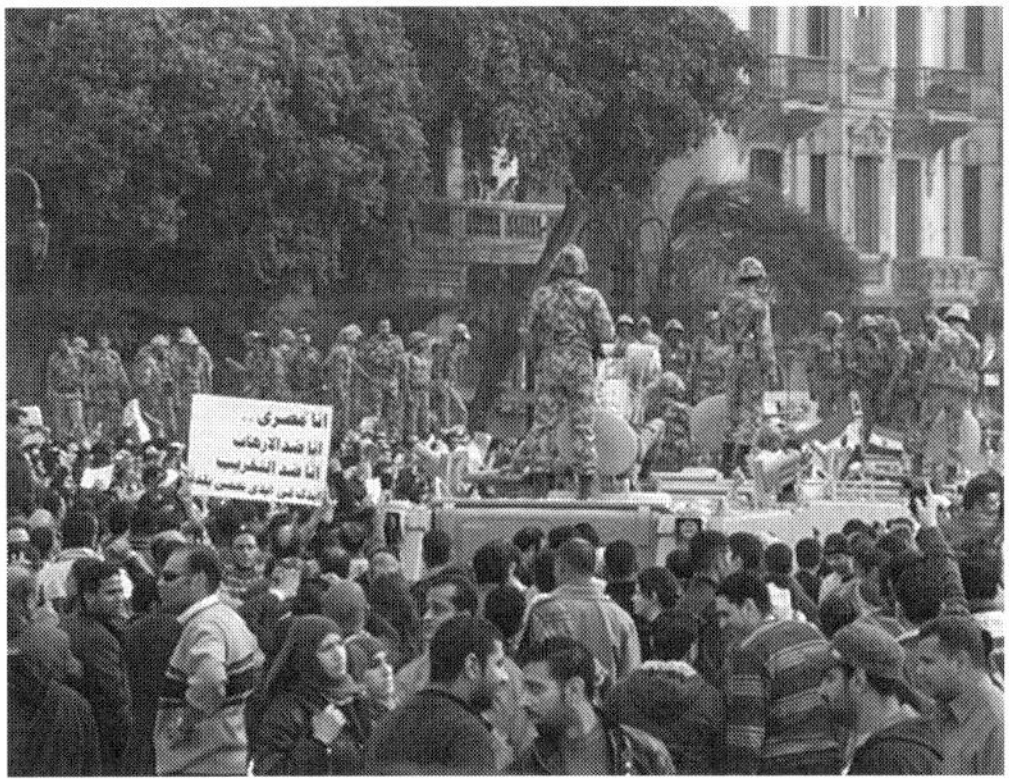

図7－1　「1月25日革命」中のカイロ市中心部（2011年1月29日）
出所：竹村和朗撮影。

中東政治学者のリーナー・ハティーブとエレン・ラストらは、アラブ諸国における社会運動の「経験」と「要求」の二つに着目することで、各国における「アラブの春」の発生要因を検討した〔Khatib and Lust eds. 2014〕。その議論を大掴みにすると、次のようになる〔今井真士 二〇一七〕。①社会運動が二〇一〇年末の時点で継続的に組織化・糾合できる政治的機会構造が存在

表7-1　「アラブの春」の政治的帰結

		社会運動の経験（政治的機会構造）	
		あり	なし
体制打倒スローガン（フレーミング）	あり	①体制転換 チュニジア，エジプト，イエメン，バハレーン[1]	②内戦 シリア，リビア[2]
	なし	③政治改革 モロッコ，ヨルダン，クウェイト	④体制維持 サウディアラビア

注：1）外部介入により体制が持続した例外。
　　2）外部介入により体制が崩壊した例外。
出所：Khatib and Lust eds.〔2014〕および今井真士〔2017〕を基に筆者作成。

していたか否か、②社会運動が二〇一一年の時点で一般市民を動員する際のフレーミング[1]として体制打倒を掲げたか否か、という二つの条件の組み合わせが、「アラブの春」の発生とその後の政治的帰結を左右した。

言い換えれば、各国の制度内政治のあり方として、社会運動が権力にアクセスし政治システムを「操作」できる可能性があったのか、そして、その「操作」の目的に権威主義体制の打倒が含まれていたのか、の二つの条件が、「アラブの春」の発生／非発生を左右したとされる。

この二つの条件の組み合わせに基づくと、「アラブの春」の発生／非発生のパターンは次の四通りとなる。①社会運動が継続的な経験を持ち、抗議デモが体制打倒のスローガンを掲げた場合、②社会運動が継続的な経験を持たないが、抗議デモが体制打倒を掲げた場合、③社会運動が継続的な経験を持ち、抗議デモが体制打倒を掲げなかった場合、④社会運動が継続的な経験を持たず、抗議デモが体制打倒を掲げなかった場合である。

社会運動の継続的な経験の有無（政治的機会構造）を横軸に、体制打倒のスローガン（フレーミング）の有無を縦軸にとると、表7-1のようなマトリクスを描くことができる。そして、それぞれの組み合わせにしたがい、各国における「アラブの春」のパターンは、「体制転換」「内戦」「政治改革」「体制維持」の四つに分類できる。①②③が変革の発生したパターンであるが、政治的機会構造が「開かれた」状態にあった場合である①③において、それが「アラブの春」の際の抗議デモへと発展し、体制転換ないしは政治改革という「成功」をもたらした。

①「社会運動が継続的な経験を持ち、抗議デモが体制打倒のスローガンを掲げた

場合」は、チュニジア、エジプト、イエメン、バハレーンのケースである。いずれの国においても、長年にわたって権威主義体制に対峙してきた社会運動が存在しており、二〇一一年に抗議の声が上がった際に一般市民の組織化・糾合を促進する役割を果たした。そして、大規模な動員が可能となった結果、権威主義体制を崩壊・動揺させることに成功した。チュニジア、エジプト、イエメンにおいては、労働運動やイスラーム主義運動、市民社会グループからなる社会運動の発生が見られ、また、それらが組織化・糾合することで権威主義体制への強力な挑戦者となっていった。そして、「アラブの春」までに体制打倒をスローガンに掲げる準備ができていた。このような社会運動の経験が「アラブの春」の時期の抗議デモを発生させる要因となったという説明は、バハレーンにも当てはまる。ただし、バハレーンは、二〇一一年に権威主義体制に対する大規模な抗議デモが起こりながらも体制転換が起こらなかった点において、例外的であった。それは、湾岸協力会議（GCC）による外部介入が、権威主義体制を崩壊の淵から救ったからであった。

②「社会運動が継続的な経験を持たないが、抗議デモが体制打倒を掲げた場合」は、シリアとリビアのケースである。シリアとリビアでは、社会運動の継続的な経験がなかったことから、抗議デモが発生しても一般市民が組織化・糾合されることなく、権威主義体制に対して一致団結して対峙する体勢が築かれることがなかった。そのため、一般市民は体制派と反体制派とに分裂し、それが、やがて、全国規模の武力衝突、すなわち、内戦へと発展していった。しかし、シリアのアサド政権が存続したのに対して、リビアのカッザーフィー政権は二〇一一年の末には崩壊したことで、内戦の帰趨は異なるものとなった。この違いを生んだのは、外部介入の有無であった。シリアでは、諸外国によるアサド政権の打倒を目的とした直接的な外部介入は起こらなかった。一方、リビアに対しては、二〇一一年に体制派と反体制派の武力衝突が激化したことを受けて、北大西洋条約機構（NATO）が、一般市民に対する「保護する責任」の名の下で、大規模な空爆作戦を実施した。その結果、カッザーフィー政権は崩壊へと追い込まれることとなった。

③「社会運動が継続的な経験を持ち、抗議デモが体制打倒を掲げなかった場合」は、モロッコ、ヨルダン、クウェイトのケースであった。これらの諸国では、社会運動が継続的に存在してきたことから、「アラブの春」の時期にはイデオロギー横断的な連合による大規模な抗議デモが発生した。しかし、抗議デモが明確な体制打倒のスローガンを掲げなかったことか

ら、その政治的帰結も、憲法の改正や野党勢力の入閣、首相の交代といった限定的な政治改革の実現に留まった。この三つの国に共通したのは、権威主義体制による野党勢力の取り込みが成功していた点であった。分断された野党勢力のなかには、体制打倒を望んでいた人々と、反対に権威主義体制の存続の方が崩壊よりも多くの便益を得られると考える人々が存在し、結果として、後者が前者を影響力において上回っていた。つまり、独裁者によって操作された社会的亀裂が、体制打倒を掲げる社会運動の組織化・糾合を阻止したのである。

④「社会運動が継続的な経験を持たず、抗議デモが体制打倒を掲げなかった場合」には、サウディアラビアが該当する。サウディアラビアでは、政府による野党勢力に対する徹底した分断と抑圧によって、社会運動の継続的な経験が蓄積されていなかった。「アラブの春」の時期にも大規模な抗議デモが発生することなく、体制打倒のスローガンが掲げられることはなかった。そのため、結局、体制転換も政治改革も起こらなかったのである。

3　民主主義体制下の制度外政治

(1)　抗議デモと制度内政治の変化

世界を見渡してみれば、言うまでもなく、市民による抗議デモは、権威主義体制下だけでなく、民主主義体制下でも起こってきた。米国の公民権運動、ヨーロッパでの環境運動や女性解放運動、中南米における先住民運動がよく知られているが、今日でも、先進諸国における反戦運動、格差や貧困の撲滅や対人地雷の撤廃を求める運動など、さまざまな社会運動が展開されている。中東も例外ではない。数少ない民主主義体制に分類される諸国であるトルコやイスラエル、レバノンなどでは、市民による抗議デモが発生してきた。

民主主義体制は、総じて見れば、権威主義体制に比べると政治的機会構造が「開かれた」状態になりやすい、つまり、市民が権力にアクセスし、政治に変化をもたらす可能性は高くなると想定できる。そして、それゆえに、社会運動は、継続的経験を持ちやすく、また、暴力的手段を選びにくくなる傾向を見せると考えられる。

しかし、政治的機会構造が「開かれた」状態であるからこそ、権力の側によって「閉じられた」状態がつくられた際に抗議の声が上がりやすくなるのも事実である。例えば、選挙制度の変更や市民的自由の制限など、権力の側が自らの便益に沿ったかたちで制度内政治を運用・変更しようとした際には、それに抗議するためのさまざまな社会運動が発生してきた。つまり、「閉じられた」状態が出現することを阻止するために、「開かれた」状態が継続しているうちに市民は抗議デモを行うのである。

図７－２　トルコ・アンカラでの抗議集会の様子（2013年）
出所：今井宏平撮影。

（２）民主主義を維持するための抗議デモ

では、トルコ、イスラエル、レバノンの事例を見てみよう。これらの国では、いわば政治的機会構造の「開閉」それ自体を争点とした抗議デモが起こってきた。

トルコにおいては、二〇〇二年一一月からほぼ継続して単独与党の座に君臨してきた公正発展党（ＡＫＰ）政権が徐々に専制的な支配を強めていくのに対して、二〇一三年に一般市民が大規模な抗議デモを行った。発端は、イスタンブルの新市街中心部のゲズィ公園の再開発計画への反対であった。一部の市民活動家が、当局による同公園の森林伐採に路上で抗議をしたのに対して、警察が催涙ガスと放水によってこれを排除しようとした。この抗議デモは、当局の強硬な姿勢に刺激されるかたちで、公正発展党政権に対する全国規模の抗議行動へと発展していった。ゲズィ公園には一万人以上の市民が集まり、抗議デモはトルコの四〇以上の都市に飛び火した。

ここで注目すべきは、「民主主義と呼ぶものは民主的な選挙によって国民の意思を通して現出される。しかし、民主主義は単に選挙だけによるものではない」という、アブドゥッラー・ギュル大統領の発言であった。つまり、政治は確立された制度の内だけでなく、その外でも展開され、権力の側はそれを尊重すべきであると述べたのである。とはいえ、レジェップ・タイイプ・エルドアン首相に代表されるように、ギュル大統領とは異なる認識を持つ政治家が公正発展党には多かった。そのため、市民の側はこうした発言を受けても公正発展党政権による専制的な政治への不満が解消されることはなく、また、政権側による取り締まりの強化が推し進められたことで、抗議デモはさらなる広がりを見せた。その結果、最終的には、司法判断でゲズィ公園の再開発の中止が決定され、抗議デモは沈静化した〔今井宏平 二〇一七〕。

イスラエルにおいては、政府による決定や政治腐敗に対して、市民による大規模な抗議デモが展開される例がたびたび見られてきた。

一九八二年のパレスチナ解放機構（PLO）の駐留部隊の掃討を目的に掲げたレバノン侵攻の際には、政府による強引な戦線拡大に対して、「ピース・ナウ」など左派の平和運動組織を中心に大規模な抗議デモが起こった。また、レバノンの首都ベイルート郊外のサブラー・シャーティーラー難民キャンプでの虐殺事件の発生によってイスラエル国内での厭戦気運が高まったこともあり、政府のレバノンに対する政策への批判的な声が高まることとなった。その結果、抗議デモは、アリエル・シャロン国防相を辞任に追い込むことに成功した。

二〇一一年には、ベンヤミン・ネタニヤフ政権による新自由主義的政策が経済格差を拡大したとして、都市部の家賃の高騰などに抗議する市民運動がテントを張って長期にわたるデモを行った。テルアビブのロスチャイルド通りを起点とした抗議集会は、ハイファやヤッファなど国内各地で展開され、争点は物価の高騰や教育制度などにまで拡大した。これを受けてクネセト（イスラエル国会）では、住宅難に対処するための時限立法を可決するなど、具体的な法的措置を講じることになった。半年近い長期にわたったこの運動は、やがて終息していったが、リーダーの一人であったイツィク・シュムリはクネセト議員に立候補し、議席を確保したことから、制度外の抗議運動は制度内政治に吸収されて終わったと見ることもできるであろう。

レバノンでは、二〇一九年末から政府に対する全国規模の抗議デモが発生するようになった。以前より指摘されてきた政治家たちの腐敗や汚職、さらには、その結果としての社会経済状況の悪化への市民の怒りの表明であった。レバノンにおいて、こうしたかたちの抗議デモの発生は珍しい現象であった。それは、同国の抗議デモは、歴史的にタテ関係（階級・階層間）よりもヨコ関係（宗派を基調とした政治勢力間）を基調に起こってきたからである。つまり、レバノンでは、一般市民が団結して政府に対抗することは少なく、抗議デモが起こったとしても政治勢力間の争いの様相を呈する――内閣や国民議会の外部で展開されたという意味では制度外政治であったが――ことがほとんどであった（青山・末近 二〇〇九）。

これに対して、宗派の違いを超えて市民が政府に対峙するかたちとなった二〇一九年末からの抗議デモは、タテ関係を基調としていた。一人による独裁ではなく「宗派制度」という特殊な政治制度に依拠した一部のエリートによる「集団による独裁（あるいは寡頭制支配）」に対して市民が立ち上がったのである。レバノンは、二〇〇五年の民主化――シリアによる実効支配の終焉――以降、政治的機会構造がそれまでと比べて「開かれた」状態となり、社会運動が継続的な経験を持つようになった。しかし、一部のエリートによる権力の独占が常態化することで「閉じられた」状態が現出していくなかで、社会運動の性格が大きく変化していったのである（末近 二〇二二）。

4　外国軍による占領下の制度外政治

（1）占領下での抵抗運動と暴力のレパートリー

他の地域と比べてやや特徴的と思われる中東での制度外政治のパターンとして、外国軍による占領下で生じた市民による草の根の抵抗運動（レジスタンス）がある。パレスチナにおけるハマース（正式名称はパレスチナ・イスラーム抵抗運動）やレバノンのヒズブッラーは、後に詳述するように、福祉や医療、社会経済開発などの社会活動を展開しながらも、軍事部門によるイスラエルに対する武装抵抗運動を継続してきた。そして、これらの草の根の社会運動とそこから発展・形成された組織は、占領軍の撤退を含めその国の「占領という政治」のあり方に大きな影響を与えた。

前節で論じたように、制度内政治へのアクセスが限定されている場合に、市民は制度外政治――その代表格が社会運動――に訴えがちとなる。これを踏まえると、外国軍による占領下では政治的機会構造が「閉じられた」状態であるとみなすことができる。しかし、民主主義体制下はもちろんのこと、権威主義体制下では権力へのアクセスの可能性が限定されながらも存在していたのに対して、占領下では完全に排除されている点に注目しなくてはならない。つまり、「政治的機会〝不在〟構造」であり、このことが、社会運動に武力による抵抗というレパートリーを選択させる要因となる〔della Porta 1995〕。

しかし、武力による抵抗は、さらには暴力の行使は、社会運動にとって両刃の剣である。というのも、暴力は「人々に強い印象を与える」一方で、「運動への共鳴者を制約して脅かして追い払ってしまう」だけでなく、その可能性をほのめかすだけでも「当局に抑圧のお墨付きを与え」てしまうからである〔タロー 二〇〇六〕。そのため、社会運動は、暴力を行使する際に、メンバーや支持者をつなぎ止めておく方策を同時に講じる必要がある。

中東における抵抗運動は、占領軍に対する武力による抵抗を共通のレパートリーとしながらも、暴力の行使に伴うこのジレンマを克服するための戦略の有無やその効果の度合いにおいて相違を見せてきた。そして、こうした抵抗運動の「成功」の事例は、しばしば「国家内国家」と呼ばれてきた。すなわち、占領下という「政治的機会〝不在〟構造」において、社会運動は制度内政治へのアクセスが不可能であるため、独自の自己完結的な制度外政治を展開すること――いわば「もう一つの制度内政治」を構築すること――が合理的な選択となる。具体的には、外国軍に対する武力による抵抗を行うと同時に、福祉や医療、社会経済開発などの社会活動を展開することでメンバーや支持者をつなぎ止め、社会運動としての生存と持続性を確保しようとする。そして、そうした制度外政治の実践が、「国家内国家」と呼ばれるような「もう一つの制度内政治」を新たに構築することにつながったのである。

(2)「もう一つの制度内政治」としての「国家内国家」

では、パレスチナのハマース、レバノンのヒズブッラー、イラクのスンナ派を中心とする武装勢力の事例を見てみよう。これらの三つの事例を取り上げるのは、それぞれの「政治的機会〝不在〟構造」における「不在」の度合いが異なるためである。ハマースとヒズブッラーは、それぞれイスラエルによる占領と自国の政治制度が麻痺――パレスチナは独立国家でないことから未整備、レバノンは内戦によって崩壊――したなかで、抵抗運動の展開と同時に社会活動を通した「もう一つの制度内政治」を構築した。これに対して、イラクのスンナ派武装勢力はアメリカによる占領に抵抗することに注力したり、一つの役割に特化したりしたため、独自の制度を打ち立てようとしなかった点で異なる。最も「不在」の度合いが高いのがパレスチナ、次に高いのがレバノン、そして、イラクが続く。この度合いの違いが、「もう一つの制度内政治」である「国家内国家」の構築の有無に影響を与えたと考えられる。

パレスチナでは、イスラエルの占領下では提供されない公共サービスを代行するかたちで、ムスリム同胞団やＰＬＯ傘下の諸派閥組織により社会福祉が提供されてきた。同じイスラーム主義運動でも、イスラーム・ジハード運動に比べてムスリム同胞団は政治・軍事活動に着手せず、一九八〇年代後半までもっぱら社会福祉活動に従事してきた。その背景には、イスラエルによる圧倒的な軍事的優位があったこと、生活の困窮のため「もう一つの制度内政治」の構築による住民の生活基盤の確保が優先されたこと、が挙げられる。しかし、一九八七年に起きた第一次インティファーダは、占領軍との直接対峙の引き金となり、ムスリム同胞団からは軍事と政治を司る部門としてハマースが設立されることとなった。

ハマースは、一九九三年に始まったオスロ合意による中東和平プロセスに反対の立場であったが、やがて政治的プレゼンスを示すためにパレスチナ自治政府選挙への参加に踏み切った。つまり、自治政府という制度が形成されたことで、制度内政治に参入するという選択肢が生まれたのである。二〇〇六年のパレスチナ立法評議会選挙で、ハマースは高い得票率で与党の座に着くことに成功した。しかし、ハマースをテロリストとみなしてきたイスラエルや欧米諸国は、この結果を認めず、新政権に対して厳しい制裁措置を発動した。さらに代替政府がファタハを中心に形成されたことで、新政権は事実上無力化され、ハマースは再び制度外に置かれることになった。占領者と国際社会による恣意的な政策が、制度内政治に参入しようとしたアクターを強制的に排除したものと見ることができよう。その結果、ハマースは、散発的な武装抵抗や「国家内国家」の構築といった制度外政治に注力せざるを得なくなった〔Kear 2019〕。

レバノンでは、一九七八年から二〇〇〇年までのあいだ領土の一部がイスラエルの占領下に置かれていた。一般に、外国軍の侵略や占領に対抗する制度として整備されてきたのが国軍である。しかし、レバノンでは一九七五年に内戦が勃発したことで、その機能が麻痺していた。制度内政治が事実上の不在となるなかで、イスラエルの占領に対抗しようとする市民に

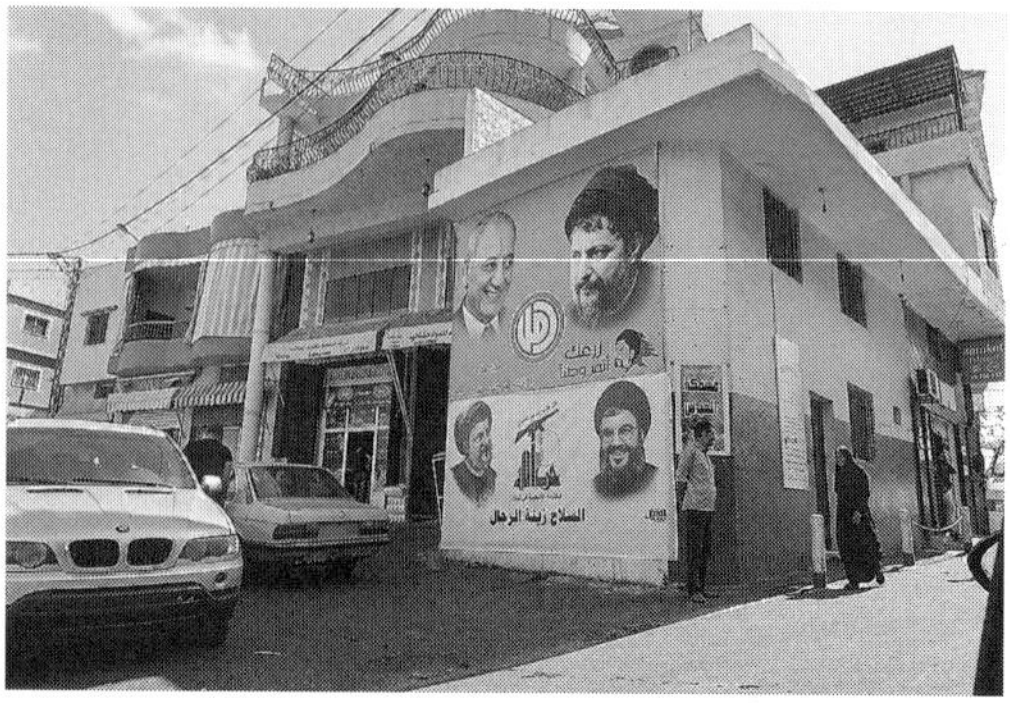

図7－3　レバノン南部でのアマルとヒズブッラーのポスター（2017年）

出所：山尾大撮影。

よる社会運動が生じたのは道理であった。こうして草の根の抵抗運動が組織化することで結成されたのが、ヒズブッラーであった。ヒズブッラーは、「殉教作戦」を含む武力による抵抗運動を通して二〇〇〇年までにイスラエル国防軍をレバノン領のほぼすべてから排除することに成功した。それと並行して、一九九〇年の内戦終結後も未整備のままに置かれていた社会インフラや行政サービスを補うかたちで、独自の医療、福祉、教育、社会経済開発、メディアなどの社会活動を展開していた〔末近 二〇一三〕。こうしたヒズブッラーによる制度外政治は、イスラエルによる侵略・占領とレバノンにおける内戦の双方によって破壊された制度内政治へのアクセス（あるいは再生）よりも、「もう一つの制度内政治」ないしは「国家内国家」の構築に重きが置かれていたと言える。ただし、一九九〇年の内戦終結後は、これらの制度外政治の活動を維持しながらも、制度内政治である政党活動にも参入しており、多数の閣僚を輩出するまでに至っている。

イラクは、二〇〇三年のイラク戦争後、戦勝国であるアメリカによる暫定統治下に置かれた。これを一部のスンナ派の市民は外国軍による占領とみなし、武力による抵抗を開始した。その中心にいたのは、とりわけ旧サッダーム・フセイン政権の支持者であった。彼らは新たな国作りから排除されたからである。彼らの一部は、アル・カーイダなどのイスラーム過激派と合流して反米闘争を行い、旧国軍の将校や兵士は独自の反米・反体制組織を形成した。反対に、米軍の支援を受けてスンナ派の部族を中心に形成された「覚醒評議会」と呼ばれる自警団もあった。しかし、ハマースやヒズブッラーとは異なり、社会活動を展開することがなく、その結果、市民の動員に苦戦することとなった。また、アメリカによる暫定統治のかたちではあったものの、戦後のイラクで制度内政治が整備されていくなかで重視されたのは、占領に武力で抵抗したり、独自の「もう一つの制度内政治」や「国家内国家」を築いたりすることではなく、新たに出現した権力へのアクセス、つまり、制度内政治への働きかけであった。そのため、戦後イラクに出現した抵抗運動は、過激なイスラーム主義を奉じる者たちのイデオロギー的な色彩を帯びた組織へと収斂していくこととなった。覚醒評議会についても、内戦の終結と秩序の回復に大きく貢献し、地方政党の基盤になるまで成長したものの、中央の政治に進出したり、公的な制度構築に影響を与えたりすることはなかった〔山尾 二〇一六；二〇二〇〕。

5　制度外政治の今後の研究課題

本章で見てきたように、政治体制の違いにかかわらず、中東では制度内政治のあり方に変化を与えようとする制度外政治が展開されてきた。このような中東政治の一つの側面としての制度外政治については、主に社会運動論の分野で分析がなされてきた。本章では、そのなかでも制度面、特に政治体制や既存の制度内政治のあり方の違い――権威主義体制下、民主主義体制下、外国による占領下――に着目しながら、社会運動の発生／非発生、そして、そのレパートリーの違いが生じてきたメカニズムを論じてきた。

しかしながら、こうした制度内政治を独立変数、制度外政治を従属変数とする制度論的な分析には限界もあることが指摘されている。それは、端的に言えば、制度の内外、あるいは、エリートと非エリート、権力と非権力を固定的に腑分けした分析は、それらが明確なかたちで観察できる場合、また、複数の事例を比較する際には有効であるが、本章の数々の事例で見てきたように、実際にはそれほど単純ではないためである。例えば、ハマースやヒズブッラーのように、制度内政治が新たに立ち上がったときにそれに合法政党として参入しながらも、武力による抵抗運動や独自の社会活動を維持したりする場合がある。だとすれば、政治的機会構造は、単純に制度内政治のあり方だけでなく、制度外政治との関係も含めた総体として捉えなくてはならなくなる。事実、社会運動論の泰斗シドニー・タローは、政治的機会構造を規定する要因として、政治的なアクター間の関係の不安定さ、エリートの分裂、影響力のある同盟者、抑圧の有無などを挙げており、制度の内外を二分法的に腑分けするべきでないと論じている〔タロー 二〇〇六〕。

中東の社会運動の研究においても、こうした固定的な腑分けに基づく前提を問い直す動きが出てきている。中東の社会運動に関する研究は、制度よりも組織化されたアクター――「社会運動組織」（ＳＭＯ）と呼ばれる――による動員に着目した分析が長らく優勢であった。その背景には、ほぼすべての中東諸国が権威主義体制であることから、「抗議と管理、体制の柔軟性と体制の転換」といった二分法が適用されがちだったこと、そして、それらの諸国における反体制派の中心がイスラーム主義運動であったことから、市民による草の根の抗議デモよりも組織化された反政府運動の動向に注目が集まってきたことがある。

しかし、二〇一〇年末に始まった「アラブの春」は、若者を中心とした市民による草の根の――組織化されていない――抗議デモを特徴としており、また、それが権威主義体制の動揺・崩壊をもたらした。そのため、イスラーム主義運動のような特定のアクターによる動員に着目した分析は、経験的にその意義を低下させることになった。これを受けて、近年では、中東の社会運動を、「メンバー間の相互作用を構成するより長期にわたる関係性」と「さまざまなアクターの即時的な活動とアジェンダを形成する相互作用の関係性」の両方に目配りし、従来の固定的な腑分けや二分法を横断的に捉えるネットワーク分析が提唱されている〔Volpi and Clark: 2019〕。

注

（1）フレーミングとは、「特定の行動や事件を社会的にどのような意味を持つものとして解釈するか、その解釈のための枠組み（フレーム）を不特定多数の人々に与えること」である〔Snow and Benford 1992〕。

参考文献

青山弘之・末近浩太『現代シリア・レバノンの政治構造（アジア経済研究所叢書5）』岩波書店、二〇〇九年。

今井宏平『トルコ現代史――オスマン帝国崩壊からエルドアンの時代まで』中央公論新社、二〇一七年。

今井真士「「アラブの春」後の比較政治学」『国際政治』一八八号、二〇一七年、一二九〜一三八頁。

末近浩太『イスラーム主義と中東政治――レバノン・ヒズブッラーの抵抗と革命』名古屋大学出版会、二〇一三年。

末近浩太「内戦後最大の政治経済危機に直面するレバノン」『中東研究』五四〇号、二〇二一年、七～一六頁。

タロー、シドニー（大畑裕嗣監訳）『社会運動の力――集合行為の比較社会学』彩流社、二〇〇六年。

山尾大「イラク国家建設と軍再建の蹉跌――政治の介入と準軍事組織の台頭」酒井啓子編著『途上国における軍・政治権力・市民社会――21世紀の「新しい」政軍関係』晃洋書房、二〇一六年、一四九～一六七頁。

山尾大「政軍関係――ＩＳ後イラクの分断と奇妙な安定」末近浩太編『シリア・レバノン・イラク・イラン』ミネルヴァ書房、二〇二〇年、九七～一一九頁。

della Porta, Donatella. 1995. *Social Movements, Political Violence, and the State: A Comparative Analysis of Italy and Germany.* Cambridge University Press.

della Porta, Donatella and Mario Diani. 2006. *Social Movements: An Introduction,* second edition, Blackwell.

Eisinger, Peter. 1973. "The Conditions of Protest Behavior in American Cities," *American Political Science Review,* 67(1), pp. 11-28.

Kear, Martin. 2019. *Hamas and Palestine: The Contested Road to Statehood.* Routledge.

Khatib, Lina and Ellen Lust eds. 2014. *Taking to the Streets: The Transformation of Arab Activism.* The Johns Hopkins University.

Kriesi, Hanspeter. 2011. "Social Movements," in Daniele Caramani eds., *Comparative Politics.* second edition. Oxford University Press, pp. 292-310.

Snow, David A. and Robert D. Benford. 1992. "Master Frames and Cycles of Protest," Aldon D. Morris and Carol McClug Mueller eds., *Frontiers in Social Movement Theory.* Yale University Press, pp. 133-155.

Tilly, Charles. 1986. *The Contencious French,* Harvard Univercity Press.

Tilly, Charles and Sidney Tarrow. 2007. *Contentious Politics.* Oxford University Press.

Volpi, Frédéric and Janine A. Clark. 2019. "Activism in the Middle East and North Africa in Times of Upheaval: Social Networks' Actions and Interactions," *Social Movement Studies,* 18(1), pp. 1-16.

読書案内

①　青山弘之編『「アラブの心臓」に何が起きているのか――現代中東の実像』岩波書店、二〇一四年。
＊エジプト、シリア、イラク、レバノン、ヨルダン、パレスチナからなる「アラブの心臓」と呼ばれる地域に焦点をあわせ、「独裁」と「民主化」といった通俗的な概念のセットでは説明しきれない各国に特有の政治現象を活写した論考集。社会運動や民兵組織、さらには部族や宗派といった社会集団が展開する制度外政治の実相を知ることができる。

②　日本比較政治学会編『インフォーマルな政治制度とガバナンス（日本比較政治学会年報第二三号）』ミネルヴァ書房、二〇二一年。
＊法制度として整備された場の外側で展開される政治に加えて、その内側で観察される「一貫性を欠くルールの執行」や「公的なガバナンス制度が関わる予期しない不公正な帰結」からなる「インフォーマルな政治」を取り上げた論文集。イラクとＵＡＥのそれぞれに関する論文が収録されているが、中東諸国以外でもさまざまなかたちで制度外政治が展開されていることがわかる一冊。

③　Asef Bayat. *Life as Politics: How Ordinary People Change the Middle East*. 2nd edition. Stanford University Press, 2013.
＊中東の市民は社会運動や民兵組織といった目に見えるかたちで社会の変革に取り組んでいない、ないしは、取り組めていないといった伝統的な見方に対して、本書は実際には組織化されていない個人が、日々の行動を通して新しい社会的空間の発見と創造をもたらしていることを丁寧に論じている。これは、制度外政治の担い手の一つである社会運動それ自体が変化を見せていることを示すものとなっている。

第8章　武力紛争

この章で学ぶこと

宗派対立という言葉を聞いたことがあるだろうか。中東の文脈では、イスラームの多数派であるスンナ派とシーア派の人間集団のあいだの緊張関係や、それが実際に暴力に発展するような現象、あるいは武力紛争のことを指す。この宗派対立が日本のメディアでも連日のように取り上げられるようになったきっかけは、二〇〇三年の米英を中心とする有志連合によるイラクへの軍事侵攻（イラク戦争）後に勃発した内戦であった。二〇〇六年二月にイラク国内にあるシーア派聖地の一つサーマッラーの聖廟が爆破されたことを直接的な契機とし、報復が報復を呼ぶまさに暴力の連鎖が起こった。毎月三〇〇〇人以上の死者が発生する凄惨な内戦の始まりである。世界のメディアはこぞってこれを宗派対立と報じ、日本のメディアもそれに追従した。

たしかに、戦後イラクには、宗派対立を生み出すような政治状況が至るところで見られた。二〇〇三年以前のサッダーム・フセイン政権は、反体制派を弾圧する強権的な統治を敷いており、シーア派イスラーム主義勢力の多くは弾圧を逃れて国外に亡命していた。戦後はこうしたシーア派イスラーム主義勢力が「凱旋帰国」し、新たな国作りを主導していった。これに対して、旧フセイン政権の中核を担っていたスンナ派は、新しい国作りから排除される傾向があった。こうして不満を募らせたスンナ派住民のあいだに、アル・カーイダなどの過激派が支持を広げ、シーア派を攻撃するようになった。その結果、宗派が異なるという理由で小競り合いが起こるようにもなった。

こうしたことが上述のシーア派聖地の爆破事件につながった。そして、宗派の違いが対立に発展する要因のひとつとなったのである。これは一九九〇年代初頭の旧ユーゴスラヴィア内戦の際に指摘されたこと、つまり以前は仲が良かった隣人が、内戦勃発を契機に、民族が違うという理由で殺し合いをするようになった状況によく似ている。

とはいえ、戦後イラクの紛争を宗派対立という枠組みで理解することには、注意が必要である。というのも、すでに簡単に述べたように、紛争の背景には宗派の違い以外に、重要なファクターがたくさん隠れているからである。何よりも、戦後イラクは大きな体制転換を経験した直後であり、非常に不安定であった。そして、新しい国作りのなかで非常に大きな権益――政治経済ポストや石油、外部からの復興支援――をめぐってさまざまな勢力がしのぎを削っていた。つまり、体制移行期の不安定のなかで、巨大な利権をめぐる対立が生じていたのであり、宗派の違いはこうした対立で政治的に利用されたにすぎない。言い換えるなら、少なくともイラクでは、宗派の違いそのものが内戦を引き起こす主因になったとは考えにくい。

こうした政治対立の結果としての宗派対立は、昨今の中東における紛争の典型例の一つであろう。そうでなくとも、中東は紛争の宝庫である。中東と聞くと、戦争や紛争、内戦やテロというイメージを持つ者は多い。はたして、中東ではどのような紛争が起こっているのだろうか。中東の戦争や紛争の性質は、時とともに変化しているのだろうか。もし本当にこの地域に紛争が多いとすれば、それはなぜなのだろうか。本章では、中東で起こった／起こっている武力紛争を概観し、それらの紛争がなぜ起こるのかについて、主として政治学の分野で蓄積されてきた一般的な議論を敷衍しながら考えてみたい。これらの作業をとおして、中東の紛争の特徴と他地域との共通点／相違点を明らかにしていくことにしよう。

1　紛争の多い中東

(1)　国家間戦争

はじめに、中東の紛争をいくつかのタイプに分けて考えてみよう。まず、長らく最も代表的な中東紛争の一つであったアラブ・イスラエル紛争について、ごくごく簡単に見てみよう（第1章も参照）。この紛争は、中東紛争とも呼ばれる四回の国家間戦争である。(1)

第一次中東戦争は、一九四八年にイスラエルが建国を宣言したことに対し、周辺のアラブ諸国が連合軍を形成し、イスラエルに宣戦布告することで始まった。この戦争では、イスラエルが一九四七年の国連パレスチナ分割決議案をこえる領域を支配下におさめ、結果的に七〇万人以上のパレスチナ難民が発生した。聖地エルサレムは分断され、西側をイスラエルが、東側をヨルダンが支配下に置いた。また、ヨルダン川西岸は同じくヨルダンが、ガザ地区をエジプトが、それぞれ実効支配した。

第二次中東戦争は、エジプトのナーセル大統領が一九五六年にスエズ運河の国有化を宣言したことに対し、英仏がイスラエルとともに軍事力を用いて国有化の撤廃を迫った戦争である。実戦そのものは、英仏とイスラエルの連合軍の優位で進んだが、米国の介入によって撤退を余儀なくされた。その結果、ナーセル大統領率いるアラブ軍の外交的勝利に終わった。

第三次中東戦争は、一九六七年にイスラエルの先制攻撃で火蓋が切られた。そして、エジプト、ヨルダン、シリアが、シナイ半島全域、東エルサレムを含む西岸、そしてゴラン高原をそれぞれ失い、大敗した。国連安保理はイスラエルに占領地からの撤退を求めたが、アラブ諸国に対してもイスラエルとの和平を結ぶことを求め、「領土と平和の交換」原則が成立した。

第四次中東戦争は、一九七三年にイスラエルに占領されたシナイ半島とゴラン高原を回復するためにエジプトとシリアの連合軍が行った先制攻撃によって始まった。軍事的にはイスラエル軍が勝利したが、過去三回の戦争と比較すると、少なくとも初期にはアラブ連合軍の優位が認められ、「イスラエル不敗神話」が崩壊した。同様に、交渉で対等な立場に立てるようになったエジプトは、イスラエルと和平条約を提携し（一九七九年）、シナイ半島が返還された（一九八二年）。

これらの中東戦争は、中東で発生した国家間の戦争では最も大きなものの一つであり、そこから波及していくつもの国内紛争が発生した。典型的なのは、ヨルダンに拠点を移したパレスチナのゲリラ組織と、国内の治安が悪化することを恐れたヨルダン政府との衝突（いわゆる一九七〇〜七一年のヨルダン内戦）であろう。イスラエルが第三次中東戦争でヨルダン川西岸とガザを占領下に置くと、パレスチナ解放機構（ＰＬＯ）がヨルダンに拠点を移したが、そのＰＬＯの掃討を目的としたイスラエル国防軍による攻撃が頻発した。これに対して、自国の安全保障を脅かすと考えたヨルダン軍がＰＬＯの取り締まりを進めた結果、ヨルダンとＰＬＯが衝突するようになった。こうしてヨルダン国内は内戦状態に陥った。

このヨルダンでの内戦は、レバノンでの内戦を引き起こす一因となった。ヨルダン内戦の結果、ＰＬＯがヨルダンからレバノンに移駐したことで、今度はレバノン国内の政治勢力間のパワーバランスが崩れ、第二次レバノン内戦が勃発した。ＰＬＯを歓迎する左派勢力とこれを嫌う右派勢力の間の国内紛争は、隣国の介入を招くことで泥沼化し、レバノンの国土を荒廃させた。

その他の国家間の戦争は、サウディアラビアとエジプトが介入した一九六二〜七〇年の北イエメン内戦や、イスラエルが参戦したレバノン戦争（一九八五年）、一九七九年のイラン・イスラーム革命の広がりを懸念したイラクとイランの八年におよぶイラン・イラク戦争、さらに一九九〇年のイラクによるクウェイト侵攻に対して、翌年に多国籍軍がイラクに攻撃を加えたことで始まった湾岸戦争、二〇〇三年の米英を中心とする有志連合によるイラクへの軍事侵攻（イラク戦争）などがある。北イエメン内戦は、旧イエメン王国の王党派とイエメン・アラブ共和国の共和派が対峙した紛争であるが、前者をサウディアラビアが、後者をエジプトとソ連が支援し、それぞれ大規模な軍を派遣して国家間の戦争の様相を呈した。

イラン・イラク戦争は、イラクが、チグリス・ユーフラテス川が合流してできるシャットゥル・アラブ川の領有権をめぐって対立していたイランに軍事侵攻したことで始まった戦争であった。だが、その主因は、上述のとおりイランで起こったイスラーム革命の波及をイラクが恐れたことに求められる。王政の打倒を主張するイスラーム革命の波及を恐れた湾岸アラブ諸国がイラクを支援したが、革命を経たイラン軍の士気は高く、戦線が膠着して八年にも及ぶ泥沼の戦いが続いた〔鳥井一九九〇；Chubin and Trip 1989〕。

湾岸戦争は、このイラン・イラク戦争で疲弊したイラクが、石油価格の引き上げのために要求した減産に応じなかったクウェイトに軍事侵攻し、一九九〇年に併合を宣言した事件を契機に生じた。この湾岸危機に対して、米国が主導する多国籍軍が、クウェイト解放のために軍事侵攻したのが、湾岸戦争である。

表8-1　中東の主要な紛争（第二次世界大戦以降）

	国家間戦争	国内紛争／内戦	国際化した内戦
1948	第一次中東戦争（パレスチナ戦争）		
1954	アルジェリア独立戦争（～62）		
1956	第二次中東戦争（スエズ戦争）		
1958		第一次レバノン内戦	
1962		北イエメン内戦（～70）	北イエメン内戦（～70）
1967	第三次中東戦争（六日間戦争）		
1970		ヨルダン内戦（～71）	ヨルダン内戦
1973	第四次中東戦争		
1975		第二次レバノン内戦（～90）	
1980	イラン・イラク戦争（～88）		
1982			レバノン戦争（～85）
1986		南イエメン内戦	
1991	湾岸戦争	シャアバーン蜂起（イラク）	
		アルジェリア内戦（～02）	
1994		イエメン内戦	
2003	イラク戦争		
2006		イラクの宗派対立	
2011		シリア内戦（継続中）	シリア内戦
		リビア内戦（継続中）	
		イエメン内戦（～12）	
2015		イエメン内戦（継続中）	

出所：筆者作成。

（2）内　戦

こうした国家間の戦争とは異なる、国内の武力紛争、いわゆる内戦はどうだろうか。歴史的には、一九九二～二〇〇二年まで続いたアルジェリア内戦、一九七五～九〇年のレバノン内戦、イラク戦争後の宗派対立に起因するとされる内戦、「アラブの春」後のシリア、リビア、イエメン内戦など、多数ある。少数派の民族が分離独立を求める運動は、クルド人のあいだで典型的に見られる。それに加え、モロッコからの独立を目指す西サハラや、キリスト教徒が多数を占める南スーダンの独立などの過程でも、紛争が勃発・継続している。

外部介入によって紛争が発生するケースも、最近の中東ではしばしば見られる。上述した二〇〇三年のイラク戦争がその典型例だろう。外部介入によって政権が崩壊し、その後の国作りの過程で諸勢力が紛争を起こし、内戦へと発展するパターンである。これと類似しているのは、もともと国内の対立であった紛争に諸外国が介入し、その結果、内戦が国際化していくという事例である。「アラブの春」以降に生じた二〇一一年のリビアやシリアでの内戦などがそれに当たるだろう。中東の主要な紛争については表8-1にまとめた。

こうして見ると、中東では、主として国家間の戦争（interstate armed conflict）が中心であった一九八〇年代までとは異なり、一九九〇年代以降（湾岸戦争以降）には国内紛争／内戦（intrastate armed conflict/civil war）が多数を占めるようになった、ということがわかるだろう。そして、二〇〇〇年代に特徴的なのは、外部介入によって国内紛争が誘発されるケースである。言うまでもなく、内戦とイスラエル軍やシリア軍の介入が複雑に絡み合うレバノン戦争や、反体制運動と外部介入が不可分に結びついた最近のシリア内戦などが示しているように、国家間戦争と国内紛争、国際化した内戦（internationalized armed conflict）は厳密に線引きできるものではない。特に外部介入のケースが多い中東では、国内紛争には外部アクターが不可分な役割を果たすことが極めて多い。だが、おおまかな傾向として、国家間の戦争から内戦などの国家内の紛争にシフトしてきたことが見えてくるだろう。

（3）内戦の広がりと定義

このように、一口に紛争といっても、国家間の戦争から内戦まで多様であり、中東では近年、国内紛争の比重が増している。なお、外部介入が引き起こす国内紛争については本章で扱うが、外部介入そのものについては、第9章で論じることにする。

内戦については、政治学や国際関係論を中心に幅広い研究の蓄積があり、すでに多くの定義が出されている。多くの研究では、①ある国の内部の紛争であること、②政府と反政府勢力の対立を含んでいること、③規模が大きいこと、などが内戦の定義として共通して指摘されることが多い。とはいえ、③の規模については、さまざまな見解がある。利用されることが多い指標のなかの一つが、米国ミシガン大学の戦争にかかわるデータセットCOWプロジェクト（Correlates of War Project）である。これは、年間の死者数が一〇〇〇人以上の国内紛争を内戦と定義している(2)。また、後述する内戦にかかわる包括的な研究を行ったFearon and Laitin〔2003〕は、年間一〇〇人以上かつ累計一〇〇〇人以上の死者数を出す国内紛争を内戦と定義している。また、紛争研究で最も頻繁に用いられるスウェーデンのウプサラ大学平和紛争研究・紛争データプログラム（UCDP）は、犠牲者数が年間二五人以上九九九人以下を小規模紛争、一〇〇〇人以上を内戦と定義している[3]。以下では、なるべくUCDPの定義にそった中東の国内紛争の事例を検討したい。本章では特に断りがない限り国内紛争と内戦を同義のものとして用いることにしたい。なお、テロについては本章では取りあげないので、イスラーム主義を扱った第2章および政治と暴力の第5章を参照されたい。

2　貧困や資源なのか、民族・宗派なのか？

（1）貧困や資源の影響

はじめに政治学で内戦（あるいは国内の武力紛争）がどのように論じられてきたのかを確認しておこう。政治学の分野で注目が集まるようになった紛争研究の主たる関心は、なぜ内戦が発生するのかという点であった。人々が殺しあう内戦が勃発する背景には、どこか共通の要因が存在するはずだと考えた政治学者は、その解明を試みてきたのである。以下では、こうした内戦研究の蓄積を参照することで、中東の紛争発生要因を考える手がかりにしたい。

内戦はなぜ発生するのだろうか。政治学を中心とする研究では、その要因は大きく分けて五つ指摘されている。すなわち、①貧困（経済発展の水準）、②天然資源、③民族や宗派などの社会的な多様性、④国家の統治能力、⑤政治体制や制度である。以下ではこれらの要因を指摘した代表的な議論を取り上げ、それが中東の内戦や紛争をどの程度説明できるのかを、一つひとつ検討していこう。

はじめに①貧困や格差、不平等などの経済的要因について考えたい。貧困が紛争を発生させるというロジックは、非常に直感的で理解しやすい。食べる物に困った者が窃盗に手を染めるように、貧困であるほど武器を手に取って戦うことを厭わなくなる、というわけである。経済学者のポール・コリアーらは、貧者は「機会費用」が低いため、経済的利益を追求してゲリラ組織に参加しやすく、その結果、そうした社会では内戦が発生しやすい、と主張する〔Collier and Hoeffler 1998; 2004〕。反対に、所得の高い者ほど反乱に参加する機会費用が高くなるため、参加しにくい。つまり、内戦などの紛争の発生には経済要因が大きくかかわっており、経済発展の水準が高い国ほど内戦が起こりにくいというわけである(4)。

さて、中東の紛争は、はたして貧困によって引き起こされることが多いのだろうか。たしかに中東諸国の国民一人当たりのGDPは、湾岸産油国を除いては、それほど高くない国が多い（第6章参照）。加えて、多くの国では社会経済的な格差も相当程度大きく、経済的な不平等に対する不満がデモなどの社会運動として噴出することも多い（第7章参照）。

ところが、多くの場合、こうした反体制デモは鎮圧されるために、紛争や内戦に発展することはまれである。多くの国で強権的な政治体制が敷かれているからである。強権的な政権下では、中央政府はしばしば弾圧で対応することが多い。一九七七年のエジプトで発生したパン暴動がその典型例である。強権的な政権が、物理的な暴力を用いて反体制デモを鎮圧し、紛争に帰結することはなかった。こうした鎮圧は、なにも権威主義体制でのみ起こることではない。形式的には民主主義とされる二〇一七年のイラクでも、電力供給や汚職に対する反発に起因するデモが鎮圧され、内戦の勃発を回避している。

エジプトのパン暴動の事例を少し詳しく見てみよう。当時のサーダート政権は、債務負担の軽減のために世界銀行に融資を要求し、それと引き換えにインフィターハと呼ばれる経済の自由化を急激に進めていた。具体的には、同政権は、小麦、米、食用油の補助金を停止し、これにより食料価格が急上昇した。当然、エジプト人の生活に欠かせないパンの価格も高騰した。これに激怒した貧困層を中心とする人々が暴動を起こした。これに対して、政府軍は弾圧に踏み切り、結果的に一〇〇〇人以上が拘束され、七九人の死亡と五〇〇人以上の負傷者を出して鎮圧された。このように、エジプトでは貧困や経済格差に起因する不満が蓄積しているにもかかわらず、それが紛争に発展することはなかった。強権的な政権が暴動を鎮圧してしまったからである〔横田 二〇〇六；河村 二〇一七〕。

別の問題を考えてみよう。貧困や格差などの経済問題が過激派を生み出し、そうした過激派に対する支持を拡大させていく、と論じられることも多い。アル・カーイダやイスラーム国（ＩＳ）が中東でしばしば勢力を拡大したり、支持を獲得したりする背景には、貧困や社会格差があるというわけである。たしかにその議論は間違っていない。とはいえ、イスラーム過激派の台頭の背景には、政権の政策に対する反発やイデオロギー的な問題、それに加えて米国の外部介入といったさまざまな要因がある。それゆえ、経済問題に限定して理解することには危険が伴う。逆の事例として、比較的経済水準の高いレバノンでは、何度も内戦が発生している。言い換えれば、単に経済水準だけでは紛争の発生要因を測れないのである。

このように、総じて言えば、中東で内戦が発生する要因は、多くの場合貧困などの経済的な問題ではない、ということがわかるだろう。

次に、②天然資源の存在が紛争を引き起こす、という議論について考えてみたい。レオナルド・ディカプリオ主演の映画『ブラッド・ダイヤモンド』で描かれている紛争ダイヤモンドをご存じだろうか。この映画は、シエラレオネ内戦（一九九一〜二〇〇二年）がダイヤモンドの採掘と売買で激化していく様子を描いている。天然資源が内戦の要因になるという点も、非常に直感的だろう。このように、世界に目を向ければ、天然資源の存在が紛争を引き起こす直接的な要因になった事例は枚挙に暇がない。それゆえ、政治学者たちは、貧困と同様に、天然資源と紛争の関係をしばしば議論の俎上に載せてきた。天然資源は、レント（不労所得）として莫大な利益を保証するため、反政府集団がその資源を確保しようとし、それが紛争につながるという〔Collier and Hoeffler 1998; 2004〕。したがって、天然資源をはじめとする一次産品の輸出がＧＤＰに占める比率が高い国では内戦が起こりやすい、と考えられているのである(5)。

中東はどうだろうか。言うまでもなく、中東は天然ガスや原油などの天然資源の有数の埋蔵量を誇る地域であり、中東の紛争を考えるときに、天然資源の存在は重要だと考える人も多いかもしれない。実際に、天然資源の埋蔵量が多い中東では、資源が紛争の要因となっているのだろうか。幸いにも、中東では資源が紛争の直接的な要因となるケースは、南スーダンなどごく一部の例外を除いてほとんどない、と言っていいだろう。というのも、中東の代表的な資源である原油や天然ガスは、中東では中央政府が集権的に管理しており、ほとんどの産油国において、国有企業が管理下に置いているからである。具体的な事例として、代表的な産油国であるイラクと湾岸産油国をいくつか取り上げてみよう。

イラクでは、二〇〇三年以前のフセイン政権下ではもちろんのこと、新体制下でも政府の石油省が管理する三つの国有企業（キルクークを中心とする一三の油田を管理する北部石油会社、バスラを中心とする南部の広大な油田を管理する南部石油会社、輸出を担当する国家石油市場機構）がすべての原油の採掘と輸出を管理下に置いている。公式には国有企業ではないものの、政府がこれらの企業の株を実質的には一〇〇％保有しているため、事実上国家が完全に管理する体制が確立している。

中東屈指の産油国であるサウディアラビアも、事情はほとんど同じである。アラムコ（Aramco）と呼ばれるサウディアラビア政府が一〇〇％の株を保有する完全な国有企業が、すべての資源を管理下に置く体制が確立している。その結果、こうした天然資源をめぐって紛争が起こりにくい。

このように、中東では、原油などの天然資源をめぐって紛争が発生する余地はほとんどない。内戦発生要因として指摘されることが相対的に多い貧困問題や天然資源は、中東においてはそれほど重要な要因とは言えないのである。

（2）民族や宗教／宗派

だとすれば、③民族や宗教／宗派などの社会的多様性はどうだろうか。旧ユーゴスラヴィア紛争やルワンダ内戦などでしばしば注目されてきたように、民族や宗教は内戦を引き起こす重要な要因の一つと認識されてきた。ルワンダ内戦では、ツチとフツという歴史的に創りあげられた民族集団が殺し合い、旧ユーゴスラヴィアでも異なる民族や宗教集団が互いに虐殺を繰り返した。こうしたいわゆる民族・宗教紛争が多数発生したために、異なる社会集団に属する者たちが一つの国家に共存する場合には、彼らのあいだで紛争が勃発しやすいという議論が説得力を持つようになった。

とはいえ、近年は、社会的多様性や社会亀裂の存在そのものが紛争や内戦につながるわけではない、という点で学界ではコンセンサスが生まれつつある。それゆえ、社会的多様性の存在そのものが直接の紛争要因となるわけではないことを前提としつつ、どのような場合に亀裂や多様性が紛争を引き起こすのかという問題の解明に取り組む研究が主流になってきた。たとえば、民族集団間の経済格差が大きい場合には、内戦発生の確率が高まるとの議論〔Cederman et al. 2011; Stewart 2005〕がある。国民全体では少数派だが、その居住地域では多数派であり、かつその地域が祖先から受け継いだ土地である場合には、内戦の可能性が高まるとの指摘〔Toft 2003〕もある。また、民族の内部で宗教の多様性が見られたり、各宗教集団の内部で民族の多様性が認められたりする状況では内戦が起こりにくい、といった条件が議論されるようになってきた。そのため、宗教民族集団の多様性が認められず、民族と宗教が一致しているような国では、民族と宗教が重なり、アイデンティティが相互に強化しあうことで集団間の断絶が深刻になるため、内戦が起こりやすいとも言われている〔Selway 2011〕。

このように、さまざまな条件が重なれば、民族や宗教などの差異は紛争につながる危険性を高めることがわかってきた。言い換えるなら、社会的多様性は、紛争を引き起こす十分条件ではなく、どのような場合に紛争を引き起こすことになるのか、その必要条件を精査しなければならない、ということである。この点は中東の紛争を理解するためにも大いに参考になる。というのも、中東の紛争を考えるとき、宗派や民族といった社会的多様性にのみスポットが当てられることが非常に多いからである。とりわけ二〇〇三年のイラク戦争以降は、スンナ派とシーア派のあいだの宗派対立がイラクやレバノンで内戦を引き起こしているとしばしば論じられるようになったのは、冒頭でも指摘したとおりである。前述の政治学の既存研究の蓄積を援用するならば、中東においても宗派という社会的多様性の存在そのものが紛争の要因ではなく、何らかの他の条件が重なることによって紛争につながるという可能性が高そうだ。

本当にそう言えるかどうか、中東の紛争のなかでも宗派対立の典型例とされるイラクの事例を取り上げて確かめてみよう。本章の冒頭でも指摘したとおり、戦後イラクで生じた対立は、スンナ派とシーア派の宗派の違いそのものに起因する紛争ではない。実際には、シーア派イスラーム主義勢力が新しい国作りの中枢を占め、スンナ派勢力を排除していったため、新たな国家の利権をめぐって各勢力が競合・対立を激化させていったのである〔山尾 二〇一三〕。さらに、戦後イラクの紛争の特徴は、同一宗派、とりわけシーア派のさまざまな政治勢力同士が激しい利権争いを繰り広げたことが紛争を解決できない主たる要因となってきた点である。世論や公的な報道では、むしろ宗派対立の扇動を回避しようとする論調が大半を占めている〔山尾 二〇一二〕。

整理しよう。中東の内戦や紛争は、ともすれば宗派対立と形容されることが多い。たしかに、二〇〇三年以降は特にその傾向が目立つようになった。ところが、以上の議論からもわかるように、一見宗派対立に起因する内戦でも、その主因は国家のさまざまな利権をめぐる対立に淵源していることがわかるだろう。このことは、内戦発生要因の一般化された議論を中東に適用できるかどうかを検討した研究〔Sørli, Gleditsch, and Strand 2005〕でも実証されている。彼らはさまざまなデータを用いて、中東イスラーム諸国の紛争を検討した結果、イスラームや産油国であるか否かといった要因は紛争の発生に統計的に有意な影響を与えていないことを明らかにした。より重要な点は、経済発展や経済成長が内戦の発生率を低下させる一方で、民族集団が権力を独占している場合は紛争が起こりやすいことを実証した点である。言い換えるなら、宗派や民族といった社会的な分断は、それ自体では紛争の発生には影響を与えておらず、新たな国作りにおける国家の権益をめぐる競合といった特定の条件下でのみ、宗派や民族が紛争を引き起こす要因になるということである。

3　国家の統治能力と政治体制の問題

(1) 国家の統治能力

だとしたら、中東の紛争を考えるときに最も重要な要素は何なのだろうか。これを考えるために最後に取り上げたいのは、内政発生要因として指摘されてきた残りの二つ、すなわち④国家の統治能力と、⑤政治体制や制度である。

まず、④国家の統治能力を見ていこう。統治能力の低さやその低下は、紛争を引き起こす要因であると指摘されてきた。代表的な研究を簡単に見てみよう。国家による統治能力を、構成員を国家に服従させることができる能力、国家が社会にさまざまな便益を提供できる能力、行政機構に対する信頼と定義した研究〔Fjeldel and De Soysa 2009〕は、信頼にかかわる変数以外は内政発生率に有意に働いていることを明らかにした。すなわち、国民を従属させたり、国民にさまざまなサービスを提供したりする能力を欠いた国では、紛争が起きやすいというわけである。

中東はどうだろうか。シリアのような権威主義体制をとる強力な国家や、第6章が扱った湾岸産油国のような政府の機能が確立した国を除き、中東の多くの国は、国家の統治能力がそれほど高くない。具体的には、二〇一一年以降のリビアや占領下にあるパレスチナ、歴史的に中央政府が脆弱であるレバノン、二〇〇三年以降のイラク、イエメンなどがその典型例である。そうした国では内戦がしばしば発生している。

標高の高い山脈が連なるイエメンでは、中央政府が国家の領域内部を完全に管理することは、極めて困難であった。歴史的に脆弱な中央政府は、国家の領域内部のインフラ整備を進めることができず、教育や保健・衛生といった基本的な行政サービスの提供もままならなかった。反対に、山脈で隔たれた集落では伝統的に部族長の権威が強大で、部族による自治が定着していた。したがって、中央政府の正当性が確立することはなかった。それゆえ、二〇一四年にホーシー派が武装蜂起したときも、特定の地域を容易に支配下に置くことができたのである。

レバノンもまた、中央政府の統治能力が低い中東の国家の典型である。同国は、スンナ派二四・〇%、シーア派三五・〇%、キリスト教マロン派二一%をはじめ（いずれも一九九〇年代のデータ）、一八の公認宗教・宗派集団が存在する多宗派国家である。独立後、この宗派間の人口比にそって政治ポストや議席が配分され、その社会集団間の勢力バランスのうえに国家が維持される宗派主義体制が敷かれてきた〔青山・末近 二〇〇九〕。言い方を変えるなら、レバノンには中央政府を支配できる多数派が存在しない。だからこそ、各社会集団のバランスを維持するために権限を分散させなければならない。そして、分権化が進んだレバノンの中央政府は脆弱である。インフラ整備を中央主導で進めていくことも、社会サービスを国家の隅々に行きわたらせることもできない。反対に、こうした脆弱な中央政府に代わってさまざまな役割を果たしているのは、ザイームと呼ばれる各宗派の有力者である。彼らが「地方ボス」として大きな権限を有し、インフラ整備や社会サービス、そしてしばしば治安維持の役割も果たしているのである。

このような状態では、各勢力間のバランスを維持するメカニズムが機能しなくなったとき、すべてのシステムが崩壊し問題が噴出する。ザイーム率いる各宗派集団が対立をはじめると、中央政府がそれを阻止する能力を持たないため、対立は容易に拡散する。拡散した対立は、すぐに内戦へと発展する。第二次レバノン内戦はその典型であろう。ヨルダン内戦によってＰＬＯが拠点をレバノンに移した結果、パレスチナ人難民が急増し、それに伴ってムスリム人口が増えることで各勢力間のバランスが崩壊した。それに加え、レバノン南部でＰＬＯがファタハ・ランドと呼ばれる支配地を確立し、イスラエルと対峙し始めると、キリスト教マロン派とＰＬＯのあいだで緊張関係が生まれるようになった。そのなかで、一九七五年四月、マロン派のファランヘ党支持者がＰＬＯ支持者に発砲した事件（アイン・ルンマーネ事件）を契機にして、凄惨な内戦が勃発したのである。

以上のような歴史をとおして脆弱国家であったイエメンやレバノンとは異なり、強固な中央政府が外部介入によって崩壊したのちに、脆弱国家になった事例が、イラクとリビアである。イラクでは、フセイン率いるバアス党政権時代には、バアス党組織を用いて国民を末端まで監視する強権的な支配体制がしかれていた。ところが、二〇〇三年のイラク戦争でそれが崩壊し、旧体制下で国家を支えてきた官僚機構が解体・破壊された。その結果、新しい国作りを支える官僚組織を一から再建しなければならなくなり、中央政府は極めて脆弱になった。それに加え、石油や再建のための外部支援といったさまざまな利権をめぐって、異なる政治勢力が競合を始めた。国家が脆弱なまま、多数の勢力が利権の争奪戦を始めたのだ。その結果、利権をめぐる対立が内戦に発展し、解体された脆弱な国家はそれを止めることができなかった〔山尾 二〇一三〕。こうして脆弱な戦後イラクで、内戦が勃発・拡大した。

同じようなことは、リビアでも起こった。カッザーフィー率いる政権は、フセイン政権期のイラクほどではないにせよ、強固な中央集権体制を敷いていた。レバノンやイエメンとは反対に、軍や治安部隊は中央政府の管理下に置かれ、各地域から有力者を登用することによって、地方に対するカッザーフィー政権のコントロールを強化した〔Obeidi 2011〕。ところが、二〇一一年の「アラブの春」に端を発する反体制運動の広がりと外部介入の結果、こうした中央集権的な支配体制が崩壊した。こうして始まった新たな国作りのなかで、中央政府の再建は一向に進まず、逆に有力者が地方で支配領域を形成し始めた。有力者どうしは競合をはじめ、それがやがて武力紛争へと発展していった。内戦が続くと、無法地帯にＩＳなどの過激派も侵入するようになった。こうしたなかで、中央政府の再建は当然進捗を見せず、群雄割拠状態の地方有力者の競合を静定する能力を持たなかった。中央政府が長期間脆弱なままのリビアでは、内戦の発生や拡大を止めることはできなかったのである。まさにイラクと同じような状況に陥ったというわけだ。

以上の事例からもわかるように、統治能力の欠如が甚だしい国では、しばしば紛争が多発している。もちろん、国家の統治能力が脆弱である状況が続いているイエメンやレバノンのような国もあれば、イラクやリビアのように、相対的に強い国家が政権交代によって統治能力を失うという事例もある。後者の事例が示しているのは、同じ国であっても統治能力を著しく喪失すると、紛争が勃発しやすくなる、という点なのである。

(2) 政治体制や制度

最後に、⑤政治体制が不安定である場合についても考えていこう。政治体制が不安定になるのは、体制移行期や、独裁と民主化のあいだの政治体制にある場合である。こうした場合には、上述のような④国家の統治能力が低下し、内戦が起こりやすくなると説明される〔Hegre 2001; Fearon and Laitin 2003〕。とりわけ、安定した民主主義と閉鎖的な権威主義体制の中間に位置する中程度の政治的自由が認められたような体制下では、潜在的に反乱を起こそうとする集団が組織化しやすいため、最も内戦が発生しやすいと指摘されてきた〔Hegre 2001; Goldstone et al. 2010〕。また、執政府のリーダーに正統性がある場合には、内戦が発生しにくいと主張する議論もある〔Gleditsch and Ruggeri 2010〕。さらに、同じように政治体制が不安定であっても、「多極共存型民主主義」の制度がある国では内戦は起こりにくいが、反対に差別や排除をもたらす不平等な

コラム⑦　多極共存型民主主義

多極共存型民主主義という概念を提示したのは、アメリカの政治学者であるアーレンド・レイプハルトであった。一般的に宗教、イデオロギー、言語、民族、文化、地域などによってさまざまに分断されている多元的な社会では民主主義を達成することが不可能であると言われてきた。しかし、こうした定説に対し、レイプハルトは多元的な社会を内包する国家においても、権力の分立にもとづく民主主義を確立することは可能であると主張し、さまざまな国の事例を参照しつつ、それを実証した〔レイプハルト 一九七九〕。中東に関連するところでは、イスラエル、レバノン、キプロスが事例として挙げられた。イスラエルはユダヤ人がアラブ人に比べ圧倒的に多いので、通常の多極共存型民主主義とは一線を画した準多極共存型民主主義とされた。レバノンは一九四三年から一九七五年までの時期を扱い、多極共存型民主主義が機能した事例として取り上げられた。そして多極共存型の民主主義が失敗した事例としてキプロスが取り上げられた。ただし、レイプハルトの考察の後、レバノンは一九八〇年に内戦を経験しており、多元的な社会で権力の分立を確立することの困難さを浮き彫りにした。

制度が存在する場合には内戦が起こりやすいという議論もある〔Reynal-Querol 2002〕。

こうした政治学の知見は、中東の紛争や内戦を考える際に極めて示唆的である。というのも、中東で内戦などの紛争が発生している国は、ほとんどの場合、体制が著しく不安定な移行期や、中程度の政治的自由と著しく不平等な制度を持った国だからである。以下では、体制移行期に紛争が発生したアルジェリアとイラク、不平等な制度が紛争を惹起したレバノンの事例を見ていきたい。

反仏独立戦争の担い手となった人民解放戦線（ＦＬＮ）を中心に、長期にわたる権威主義体制が敷かれてきたアルジェリアで、民主化の兆しが表れたのは、一九八〇年代末であった。その後、一九九一年に行われた議会選挙で、イスラーム主義を掲げるイスラーム救国戦線（ＦＩＳ）が単独過半数を獲得したことを受け、高まった政権交代の危険性を回避するために、当時の政権が選挙の無効化と複数政党制の停止に踏み切った。ＦＩＳの支持者はこれに強く反発した。混乱を回避するために軍が介入し、大統領を退陣させると同時に、ＦＩＳの指導者も多数拘束した。軍が全権を掌握する事実上のクーデタであった。ところが、民主化を支援するはずの欧米諸国は、アルジェリアにイスラーム主義政権が成立することを危惧してこの軍事クーデタを支持、あるいは黙認した。これに対して、ＦＩＳの支持者などのイスラーム主義者は急速に過激化した。一部は武装化をはじめ、反政府軍が立ち上がった。これ以降、アルジェリアは武装イスラーム集団（ＧＩＳ）と政府のあいだの殺戮が繰り返される凄惨な内戦に陥った(6)。このように、アルジェリアの事例からわかるのは、民主化が導入されて、体制移行期にある不安定な国では、選挙に対する非民主的な介入が見られた場合には、不満が爆発し、結果的に内戦につながる危険性があるということである。

同じように、大きな体制転換が内戦につながる直接的な契機になった事例が、二〇〇三年のイラクであろう。本章で何度も触れてきたように、イラクでは二〇〇三年のイラク戦争で体制転換が生じ、その後、外部介入による占領統治下で急激に民主化が進められた。特筆すべきは、軍や警察などの治安機関や中央政府などのさまざまな国家機構の再建が進む前に、選挙プロセスが開始されたことである。そこに旧フセイン政権下で弾圧され、政治参加を阻害されてきた多種多様な勢力が参加し、新しい国家の利権をめぐって激しい競合を始めた。その結果、選挙は国家の利権をめぐる争奪戦の場と化した。こうした競合や争奪戦は、しばしば制度外の行為、具体的には汚職や買収、脅迫や物理的暴力の行使などを引き起こした。再建途中にある中央政府はこうした対立を規制したり、阻止したりすることができなかった〔山尾 二〇一三〕。だからこそ、内戦は勃発し、なかなか収束させることができなかったのである。

最後に扱うレバノンは、不安定な政治体制下の不平等な制度が内戦を引き起こした事例である。すでに指摘したように、レバノンでは中央政府の統治能力が著しく低く、そのコインの裏表として地方の有力者の権限が強い〔青山・末近 二〇〇九〕。レバノンでは、上述のとおり、歪な宗派体制が敷かれており、その歪な制度が不満の蓄積を促進し、それが内戦の契機となるという悪循環が半世紀以上にわたって見られた。宗派主義体制のもとでは、宗派集団ごとに政治ポストや社会的な役割、そして職業までがある程度分かれており、そうした緩やかな制度が相対的に固定化され、流動性のない社会となっている。その結果、個人の努力による社会的上昇の機会がほとんど失われてしまった。したがって、人々の不満が潜在的に蓄積しやすい社会だと言えるだろう。さらに問題なのが、政治的な権限が過度に分散されているために、しばしば意思決定が非常に困難であるという点である。重要な政治決定ができない、あるいはそれに非常に長い時間がかかると、政局が混乱する。そして、政局の混乱は、政治的な不安定に直結する。こうした「決められない政治」〔末近 二〇一四〕は、流動性の低い社会の不満をさらに惹起した。この悪循環が度重なる内戦を引き起こし、長引かせてきたと言えるだろう。

このように、中東では宗派や宗教といった社会的多様性や亀裂が内戦の発生要因と考えられることが多いが、実際には国家の統治能力や政治体制、制度が主因になって発生する内戦がほとんどであるということがわかる。

4　中東政治における紛争研究の課題

冒頭の問いに戻ろう。中東ではなぜ紛争が起こるのだろうか、中東の紛争には何か特徴があるのだろうか。

本章が明らかにしてきたのは、宗派といった社会的多様性や亀裂が武力紛争の原因であると考えられてきた中東にあって、実際には資源や宗派といった要因が紛争を引き起こしている事例はあまり見当たらない、という点である。むしろ、国家の統治能力や政治体制の不安定さや歪み、制度の不平等さなどが主因になって発生する紛争がほとんどなのである。

したがって、中東の紛争について考える際には、宗教や宗派、民族といった一見わかりやすい対立軸にのみ注目すべきではない。その背景にある政治制度のゆがみや不安定さ、統治能力の欠如の要因にこそ、注目するべきであろう。なぜ政府の統治能力が欠如し、政治的不安定が続くのか、多角的に分析していく必要がある。

それに加え、紛争が与える影響も今後の研究課題として重要であろう。紛争はさまざまなものを破壊するが、同時に紛争はさまざまなものを作り変えるプロセスでもある。国家や国民のあり方は紛争をつうじて再建され、世論は紛争のインパクトを受けて変わっていく。こうした問題を実証的に明らかにしていく研究が、今後重要になってくると思われる。

注

(1) 中東紛争については、分厚い歴史研究が蓄積されており、Gelvin〔2014〕などが参考になる。

(2) COWプロジェクトのホームページを参照のこと（URLは章末）。

(3) UCDPのホームページを参照のこと（URLは章末）。また、当事者双方に犠牲が一定程度ある国内紛争を内戦と定義する研究もある〔Small and Singer 1982; Fearon and Laitin 2003〕。

(4) これに対しては、紛争が発生した結果として貧困が蔓延する、という逆の因果関係が存在するとの批判がある〔Miguel et al. 2004〕。また、経済が発展するほど国家の財政が豊かになり、行政や警察、軍事能力が高いため、その結果として内戦が起こりにくいという逆の因果メカニズムが働いている可能性があるとの批判もある〔Fearon and Laitin 2003〕。

(5) これに対しては、異なる統計手法を用いると、天然資源と内戦のあいだには関連はないとの指摘がある〔Fearon and Laitin 2003〕。また、天然資源の種類、資源への依存度合を細かく分析する必要があるとの批判〔Basedau and Lay 2009〕や国内経済の依存度、天然資源の位置や発掘のしやすさと内戦との関係も検討しなければならないといった批判もある〔Lujala 2010; Lujala et al. 2005〕。

(6) アルジェリアのイスラーム主義勢力や内戦については、私市〔二〇〇四〕が参考になる。

参考文献

青山弘之・末近浩太『現代シリア・レバノンの政治構造』岩波書店、二〇〇九年。

遠藤貢『崩壊国家と国際安全保障――ソマリアにみる新たな国家像の誕生』有斐閣、二〇一五年。

粕谷祐子『比較政治学』ミネルヴァ書房、二〇一四年。

河村有介『アラブ権威主義国家における再分配の政治――エジプト福祉レジームの変容と経路依存性』ミネルヴァ書房、二〇一七年。

私市正年『北アフリカ・イスラーム主義運動の歴史』白水社、二〇〇四年。

久保慶一・末近浩太・高橋百合子『比較政治学の考え方』有斐閣、二〇一六年。

酒井啓子「イラクのクウェイト侵攻――その原因とイラク側の状況理解に関する考察」アジア経済研究所編『湾岸戦争と中東新構造（中東レビュー一九九一年版）』アジア経済研究所、一九九一年、一六～一〇七頁。

末近浩太「レバノン――「決めない政治」が支える脆い自由と平和」青山弘之編『「アラブの心臓」に何が起きているのか――現代中東の実像』岩波書店、二〇一四年、八五～一一五頁。

武内進一『現代アフリカの紛争と国家――ポストコロニアル家産制国家とルワンダ・ジェノサイド』明石書店、二〇〇九年。

ドッジ、トビー（山岡由美訳）『イラク戦争は民主主義をもたらしたのか』みすず書房、二〇一四年。

鳥井順『イラン・イラク戦争』第三書館、一九九〇年。

レイプハルト、アーレンド（内山秀夫訳）『多元社会のデモクラシー』三一書房、一九七九年。

山尾大『紛争と国家建設――戦後イラクの再建をめぐるポリティクス』明石書店、二〇一三年。

山尾大『紛争のインパクトをはかる――世論調査と計量テキスト分析からみるイラクの国家と国民の再編』晃洋書房、二〇二一年。

横田貴之『現代エジプトにおけるイスラームと大衆運動』ナカニシヤ出版、二〇〇六年。

Basedau, Matthias and Jaun Lay. 2009. “Resource Curse or Rentier Peace? the Ambiguous Effects of Oil Wealth and Oil Dependence on Violent Conflict,” *Journal of Peace Research*, 46(6), pp. 757-776.

Cederman, Lars-Erik, Nils B Weidmann, and Kristian Skrede Gleditsch. 2011. “Horizontal Inequalities and Ethnonationalist Civil War: A Global Comparison,” *American Political Science Review*, 105(3), pp. 478-495.

Collier, Paul, and Anke Hoeffler. 1998. “On Economic Causes of Civil War,” *Oxford Economic Papers*, 50(4), pp. 563-573.

Collier, Paul, and Anke Hoeffler. 2004. “Greed and Grievance in Civil War,” *Oxford Economic Papers*, 56(4), pp. 563-595.

Chubin, Shahram and Charles Trip. 1989. *Iran and Iraq at War.* I. B. Tauris.

Fearon, James D. and David D. Laitin. 2003. "Ethnicity, Insurgency, and Civil War," *American Political Science Review,* 97(1), pp. 75-90.

Fjeldel, Hanne and Indra De Soysa. 2009. "Coercion, Co-optation, or Cooperation?: State Capacity and the Risk of Civil War, 1961-2004." *Conflict Management and Peace Science,* 26(1), pp. 5-25.

Gelvin, James. 2014. *The Islaer-Palestine Conflict: One Hundred Years of War,* 3rd ed, Cambridge University Press.

Geditsch, Kristin S. and Andrea Ruggeri. 2010. "Political Opportunity Structures, Democracy, and Civil War," *Journal of Peace Research,* 47(3), pp. 299-310.

Goldstone, J. A. 2019. "Protest Publics toward a New Concept of Mass Civic Action Foreword." in N. Belyaeva, V. Albert and D. G. Zaytsev (eds.), *Protest Publics: Toward a New Concept of Mass Civic Action,* Springer International Publishing Ag.

Goldstone, J. A., Bates, R. H., Epstein, D. L., Gurv, T. R., Lustik, M. B., Marshall, M. G., Ulfelder, J. and Woodward, M. 2010. "A Global Model for Forecasting Political Instability," *American Journal of Political Science,* 54(1), pp. 190-208.

Hegre, Håvard. 2001. "Toward a Democratic Civil Peace? Democracy, Political Change, and Civil War, 1816-1992." *American Political Science Review,* 95(1), pp. 33-48.

Lujala, Päivi. 2010. "The Spoils of Nature: Armed Civil Conflict and Rebel Access to Natural Resources," *Journal of Peace Research,* 47(1), pp. 15-28.

Lujala, Päivi, Nils Petter Gleditsch, Elisabeth Gilmore. 2005. "A Diamond Curse?: Civil War and a Lootable Resource," *Journal of Conflict Resolution,* 49(4), pp. 538-562.

Miguel, Edward, Shanker Satyanath, and Ernest Sergenti. 2004. "Economic Shocks and Civil Conflict: An Instrumental Variables Approach." *Journal of Political Economy,* 112(4), pp. 725-753.

Obeidi, Amal. 2011. "Political Elites in Libya since 1969" in Vandewall Dirk (ed.), *Libya since 1969: Qadhafi's Revolution Revisited,* Palgrave Macmillan, pp. 105-126.

Reynal-Querol, Marta. 2002. "Ethnicity, Political Systems, and Civil Wars." *Journal of Conflict Resolution,* 46(1), pp. 29-54.

Selway, Joel Sawat. 2011. "Cross-Cuttingness, Cleavage Structures and Civil War Onset." *British Journal of Political Science,* 41(1),

pp. 111-138.
Skrede Gleditsch, Kristian, and Andrea Ruggeri. 2010. "Political Opportunity Structures, Democracy, and Civil War." *Journal of Peace Research*, 47(3), pp. 299-310.
Small, Melvin, and Joel David Singer. 1982. *Resort to Arms: International and Civil Wars, 1816-1980*. Sage Publications, Inc.
Sørli, Mirjam E, Nils Petter Gleditsch, and Håvard Strand. 2005. "Why Is There So Much Conflict in the Middle East?". *Journal of Conflict Resolution*, 49(1), pp. 141-165.
Stewart, Frances. 2005. "Horizontal Inequalities: A Neglected Dimension of Development." in *Wider Perspectives on Global Development*, Springer, pp. 101-135.
Toft, Monisa D. 2003. *The Geography of Ethnic Violence: Identity, Interests, and the Indivisibility of Territory Preface*, Princeton Univ Press, 2003.

参考データ

• COWプロジェクトのホームページを参照のこと（https://correlatesofwar.org/）。
• UCDPのホームページを参照のこと（https://ucdp.uu.se/）。

読書案内

① 立山良司『イスラエルとパレスチナ――和平への接点をさぐる』中公新書、一九八九年／高橋和夫『アラブとイスラエル――パレスチナ問題の構図』講談社現代新書、一九九二年。
＊中東紛争／アラブ・イスラエル紛争を学ぶためには、まず読んでおきたい二冊。基本中の基本で、日本語で読めるこの問題の古典的位置づけ。本章では詳しく扱わなかった国家間の紛争（戦争）としての中東紛争の歴史や国際関係の変化を理解することができる良書。

② 青山弘之『混迷するシリア――歴史と政治構造から読み解く』岩波書店、二〇一二年／青山弘之『シリア情勢――終わらない人道危機』岩波新書、二〇一七年／青山弘之・末近浩太『現代シリア・レバノンの政治構造』岩波書店、二〇〇九年。
＊シリアとレバノンの紛争については、まずこれらを読んでおきたい。単なる紛争の時系列的な把握だけではなく、政治や社会の構

想からも両国の理解を深めることができる良書である。

③

私市正年『北アフリカ・イスラーム主義運動の歴史』白水社、二〇〇四年／酒井啓子『イラクとアメリカ』岩波新書、二〇〇二年／酒井啓子『イラク――戦争と占領』岩波新書、二〇〇四年／酒井啓子『イラクは食べる――革命と日常の風景』岩波新書、二〇〇八年。

＊本章でも取り上げたアルジェリア内戦の歴史を詳しく理解するためには、私市の書籍をはじめに読むことをお勧めする。二〇〇三年のイラク戦争がどのように起こったのか、そして戦後どのような経緯で国家建設が頓挫し、紛争へと至ったのかについては、酒井の三部作が非常に参考になる。

第9章　外部介入

この章で学ぶこと

これまで第Ⅱ部で扱ってきたテーマは、そのほとんどが内政にかかわるものだった。だが、政治は国内だけで完結しない。国と国との関係もまた、政治において重要で、その趨勢を左右する。国と国との関係は、通常は外交、対外政策といった言葉で表される。その前提になるのは、それぞれの国の政府が対等で（互恵的な）関係を前提とする二国間関係である(1)。

中東においても対等な国どうしの外交関係が行われていることは言うまでもない。だが、この地域の政治においては、こうした対等な関係に基づかない営為が多く目につく。その顕著な例が外部介入である。外部介入は中東における国際関係の縮図である。というのも中東域外からの大国の介入、中東域内からの他国の介入、そして中東域内の非国家主体の介入が入り乱れているのが中東の現状だからである。ここから中東への域外大国の頻繁な介入、現状の主権国家の国境の脆弱性、中東域内でのハイアラーキー（階層性）、非国家主体の重要性という特徴があぶり出される。

こうした問題意識に基づき、本章では中東地域および中東諸国への域外大国または、他の中東諸国への域内諸国の介入について解明する。域外大国はいわゆる西洋列強である英国、フランス、アメリカがすぐに想起されるが、地理的に中東に近いロシア／ソ連も歴史的に中東に深く関与してきた。近年では経済分野に限定されるが中国の関与も強まっている。域内大国が中東地域の他国に介入する事例も、一九九〇年のイラクのクウェイト侵攻や二〇一五年に本格化したイエメン内戦へのイランとサウディアラビアの介入など、枚挙に暇がない。域外大国と域内大国はなぜ、そしてどのように中東諸国に介入するのかに関するメカニズムを明らかにし、理解を深めるのが本章の目的である。最初に国際関係論の基本的な見方を概観したうえで、構造、アクター、アイデンティティという視点から外部介入についてまとめる。そして、三つの視点を基軸に事例を見て、外部介入に関する理解を深めたい。

1　国際関係論の分析枠組みの概要

第Ⅱ部で扱ってきた内政は、政治学や比較政治学の枠組みを概観したうえで、これを援用して、代表的な事例を説明してきた。しかし、本章で扱う事例は主に国際政治であり、国際関係論（International Relations）の枠組みから事例を検証していく。まず、本節では外部介入のメカニズムについて概観していこう。

フレッド・ハリディは、『国際関係における中東』において、国際関係理論の中東へのアプローチを歴史的分析、システムと国家に注目したリアリズム、対外政策決定論、イデオロギー・認識・規範に注目するアイディアによる分析（コンストラクティヴィズム）、歴史社会学による分析という五つに分類している〔Halliday 2002〕。レイモンド・ヒンネブッシュは、パワーもしくは構造を重視するリアリズム、構造とアクターの両方を重視するリベラリズム、アイディアを重視するコンストラクティヴィズム、英国学派（国際社会論）、歴史社会学、対外政策という六つに区分した〔Hinnebusch 2015〕(2)。

やや単純化してまとめてみよう(3)。リアリズムはパワーを重視し、国際政治は万人の万人に対する闘争状態にあると悲観的な見方をする。主権国家というアクターに注目する古典的リアリズムとアナーキー（無政府）という構造に注目する構造的リアリズム（ネオリアリズム）に大別される。リベラリズムはパワーよりも貿易、民主主義、国際組織、国際制度を重視し、他国との協調が可能であるという比較的楽観的な見方をする。構造よりもアクターを重視するが、リアリズムのように主権国家だけでなく、国際組織のような主権国家の上位の主体やＮＧＯや市民社会など主権国家の下位の主体にも注目する。また国家の枠組みを超えたトランスナショナルな活動も分析の視野に入れる。ネオリベラル制度主義もリベラリズムの一潮流

表9-1　国際関係論の見方

IRの見方／項目	目　的	構　造	アクター	アイデンティティ・規範
古典的リアリズム	国際政治全体を説明	重視せず	重　視	重視せず
構造的リアリズム	国際政治全体を説明	重　視	重視せず	重視せず
リベラリズム	国際政治全体を説明	重視せず	重　視	重視せず
ネオリベラル制度主義	国際政治全体を説明	重　視	重　視	重視せず
コンストラクティヴィズム	国際政治全体・個別の国家の行動を説明	あまり重視せず	重　視	重　視
英国学派	国際政治全体を説明	重　視	重　視	重　視
歴史社会学	国際政治史を説明	重　視	重　視	重視する潮流もある
対外政策（決定）論	個別の国家の行動を説明	重視する潮流もある	重　視	重視する潮流もある

出所：筆者作成。

で、アナーキーという構造を重視するものの、構造的リアリズムとは異なり、制度や国際組織によってアナーキー下でも協調は可能とみなす。英国学派は構造的リアリズムとリベラリズムの折衷に近く、構造を重視するがその構造であるアナーキー下で、各国の協調が可能だと考える。コンストラクティヴィズムはまず、アイディア、アイデンティティ、規範といった観念的な次元の要素が国家の行動に影響を及ぼしているとする。主権国家に固有のアイディアやアイデンティティを考慮する見方もあれば、国際法のような国際政治上での規範に注目する場合もある。歴史社会学は構造やアクターの歴史的変化を俯瞰的に検証する見方であり、対外政策決定論はアクターとして政策決定者という個人や組織に注目する見方である。以上は表9-1のようにまとめることができるだろう。

このように国際関係論の分析枠組みにはさまざまな見方があるが、本章では、①構造論、②アクターを重視する見方、③コンストラクティヴィズムという三つに因数分解し、それを軸に中東の外部介入について論じていくこととする。

2　外部介入のメカニズム

(1)　外部介入とは何か

まず、外部介入を定義しておきたい。外部介入にはいくつかの区分がある。まず、アクターに注目すると、主権国家による介入、国際組織や地域組織による介入、そして国家より下位の非国家主体による介入という三つに識別可能である。そのうえで、主権国家による介入はさらに隣国による介入、中東域内からの介入、中東域外からの介入、という三つのパターンに区分できる。また、介入の時期も平時での介入と戦時での介入に大別される。さらに介入の度合いにもグラデーションがあり、当然ながら平時と戦時では異なる。戦時であれば、物資の提供だけの介入から、軍を派遣し実際に戦闘に関与するまで、その度合いはさまざまである。加えて介入の大義、つまり介入に正当性を与える理由も重要となる。中東の地域大国であれば元々の支配地域や、民族的なつながりでの介入もあるだろう。また、域外大国の介入であれば、同盟国の保護や民主主義の擁護といった理由が挙げられる。さらに、国際社会が一致団結して介入する場合は「人道的介入」や「保護する責任」（R2P）といった概念が錦の御旗として使用された。一方で、これまでの先行研究から、外部介入は内戦や紛争を長引かせることがわかっている〔Elbadawi and Sambanis 2000〕。

（2）構造論

構造論とは、国際政治を何らかの構造的視点から分析する見方である。構造論はさらに①国際システムを軸とするものと②国際システムのサブシステムである地域システムを軸とするもの、そしてそれ以外のメカニズムを軸とするものに細分化される。

国際システムに依拠する研究の代表格は構造的リアリズムである。構造的リアリズムとは、アナーキーという国際システムが諸国家の行動を規定するとしたケネス・ウォルツの考えに依拠したリアリズムである〔ウォルツ 二〇一〇〕。ウォルツは諸国家間の関係は国際システムにおける（ハード）パワーの配分によって決定するとした。ジョン・ミアシャイマーの言葉を借りれば、「アナーキーである国際システムの構造こそが自国の生き残りを確保したいという欲求を刺激」するのである〔ミアシャイマー 二〇一九〕。ミアシャイマーに代表されるオフェンシブ・リアリズムは侵略などの攻撃的な行動、ウォルツに代表されるディフェンシブ・リアリズムは最もパワーが大きい国に対抗する（Balancing）、もしくは従順な（Bandwagoning）行動を採ると仮定される。ただし、いずれもアナーキー下の大国が主な研究対象とされた。

中東には国際政治上で大国に位置づけられる国がほとんどないので、国際システムを重視する考察が適用されることは少ない。そのなかで、核兵器という強力な軍事兵器の獲得を模索し、また、その政治体制が反米姿勢を明確にしているイランは国際システムの分析が応用される事例である。

システムに依拠する研究のうち、地域システムに依拠するものにはビルセ・ハンセン、ポール・ノーブル、ターレク・イスマイルとグレン・ペリー、青山弘之などの研究がある。

ハンセンは地域システムを重視する他の論者と異なり、中東地域の政治的変化を、冷戦期の双極性からアメリカの単極性に構造が変化したことに求めた〔Hansen 2000〕。つまり、中東地域を国際システムのサブシステム（下位システム）と捉えたハンセンは、極性の変化に中東地域は敏感に反応したと結論づけた。ハンセンの枠組みは国際システムと地域システムの折衷案となっている。

イスマイルとペリー、そして青山は中東域内の国際政治をアラブと非アラブという区分に基づき分析している〔Ismael and Perry 2013；青山 二〇一四〕。一方、ノーブルは二つの地域システムから中東政治を説明した。中東における地域システムの一番大きな括りは、アラブ諸国と非アラブ諸国の両方を扱う「中東地域システム」である。その下位区分として、イラン、イスラエル、トルコを除いた「アラブ地域システム」がある〔Noble 2010〕。また、青山はアラブ諸国のなかにも優劣があるとし、東アラブが「アラブの心臓」と呼ばれる根拠を、この地域から中東全体に大きな影響を及ぼす秩序原理、アラブ民族主義とイスラーム主義が勃興し、その発展に中心的な役割を果たした「智の中心」に求めている〔青山 二〇一四〕。

このように、ハンセン以外の論者の地域システムの基準となっているのはパワーや脅威ではなく、民族、文化といったアイデンティティもしくはアラブ民族主義のようなアイディアである。アイデンティティの要因は地理的な要因が影響を及ぼしている場合も多い。こうした視点は国際関係論のリアリスト・コンストラクティヴィズムと整合性がある。リアリスト・コンストラクティヴィズムはウォルツの国際システム重視の枠組みを尊重しつつ、アイデンティティや規範の重要性も同時に主張するものである〔Barkin 2010〕。

例えば、イスラエルのイランに対する姿勢、シリアのイスラエルに対する姿勢、アラブ湾岸諸国のイランに対する姿勢が地域システムをベースとした構造論で説明可能である。

また、エスニシティなどアイデンティティを重視した地域システムの観点からは、トルコ語圏、ペルシア語圏に一つの地域システムを見出すこともできる。トルコによるアゼルバイジャンの支援、アフガニスタンのハザーラ人のイランへの移民などもこうした観点から説明可能である。

一方で確認しておくべきことは「はじめに」でも触れた過度の一般化（over-generalization）の問題である。中東をめぐっては、スンナ派陣営、シーア派陣営、反イスラエル抵抗陣営といったくくりで政治が語られることがしばしばある。こうした過度の一般化は西側陣営とロシア・中国との対立など、国際政治においてもしばしば行われる。だが、国際政治以上に中東においては、このようなステレオタイプは適用しにくい。アラブ地域システムは、アラブ連盟としての組織的な実態があるとはいえ、その構成国どうしの関係のありようは、システムの枠組みを超えて行われることがしばしばである。そのことは、トルコ、イラン、そしてイスラエルを軸に据えてシステム論に基づこうとする場合にも言い得る。

（3）アクター重視の見方

次にアクター重視の理論的枠組みについて見ていきたい。さまざまなアクターが他国に介入する理由は、国益の追求、アイデンティティ、規範、内政が外交を拘束する場合などが想起される。また、ウォルツの弟子の一人であるスティーヴン・ウォルトはウォルツの構造論を取り入れつつも、諸国家間の関係は各国の政策決定者の脅威認識によって決定されると主張した〔ウォルト 二〇二一〕。ウォルトの考えに依拠すると、各国は自国が最も脅威を感じる国家に対抗する、もしくは従順な行動を採ると仮定される。また、特に域内大国や隣国、さらに旧宗主国などはアイデンティティに起因して域内の他国に介入することが多い。一方の域外大国、特にアメリカは介入の理由として民主主義などの規範をその理由に挙げることが多々ある。内政が外交を拘束する場合は域内大国、域外大国ともに当てはまる。特に支持率が低下しているときや選挙前など、国民からの支持を高めたい場合に介入することがある。これを「旗下集結効果」と言う。以下、もう少し中東の文脈に沿って見ていこう。

西洋列強は中東地域への介入の主要アクターであった。西洋列強はオスマン帝国期末期から中東地域の国家や社会を破壊するのではなく、既存の政治構造や国家を使用してその中に自分たちの影響力の埋め込みを図ったとカール・ブラウンは指摘している〔Brown 1984〕。具体的には帝国の宗教・宗派、民族・エスニックの多様性に着目したうえで、それらを巧みに利用し、自分たちの利益を得ることに成功してきた。この手法は現在に至るまで使用されている。つまり、近代化、マイノリティ保護、民主化、主権尊重、内戦不干渉、大量破壊兵器拡散防止、核拡散防止といったパラダイムを駆使することでその分断を図り、互いを対立させることで、自律性を奪い、パワーブローカーとしての介入を続けることである。ブラウンは、こうした西洋諸国のアプローチを「浸透システム」もしくは「東方問題システム」と称した（序章も参照）。ブラウンのアプローチが指摘するのは域外大国の介入とも言い換えることができる。西洋諸国は、中東諸国の宗教間、宗派間、民族間の相違を利用し、影響力を行使してきたが、そのことが中東の地域秩序を不安定化させてきたことは現在の中東の状況を見れば明らかだろう。もちろん、シリア内戦におけるロシアのように、純粋に同盟国を支援する形で介入する場合もある。

中東域内国家は域内の他国の政治に最も介入しやすい。域内の介入の多くは域内の大国、具体的にはイラン、イスラエル、エジプト、サウディアラビア、トルコによる介入である。エジプトの政治学者ハミード・ラビーアが言うところの「第一防衛戦」をめぐる安全保障政策に基づくものである。域内大国は、その歴史を通じてその周辺地域、周辺の弱小国家を安全保障上の「第一防衛戦」とみなし、同地における影響力の確保や脅威の排除を重視してきた。第一防衛戦が平静を保っている限り、域内大国は自ら均衡を崩すような政策に打って出ることはない。だが第一防衛戦に異変が生じると、域内大国は、それが自国の安全保障態勢を根幹から揺るがす脅威とならないよう、限定的な措置を講じてきた。各国の介入はそれゆえ、趨勢を独断的に決し得るだけの資源投入を伴わず、また時として対症療法的なものとなるがゆえに、混乱を助長することもあった。

こうした介入は、純粋に自国の安全保障上の脅威に基づいて行われることもあれば、アラブの大義、スンナ派の大義などといったイデオロギーやアイデンティティ、「テロとの戦い」、「民主化」支援といったスローガンによって正当化されることもある。

中東を構成する国家の成り立ちも中東諸国における外部介入を容易にしている。中東諸国は序章でも論じたように、「弱い国家」が多い。これは「人工国家」や「柔らかい殻」といった表現に代表されるように、現代の主権国家の前提となっている主権性——国民、領土、統治能力、対外的な承認——に問題があり、統治が不十分な国家であると言い換えることができるだろう。中東ではこうした脆弱な国家を横目に、非国家主体がその影響力を行使してきた。ムスリム同胞団、ヒズブッラー、クルド民族主義組織、そしてジハード主義組織といった主体は国境を問題とせず、中東のさまざまな国家を横断して介入、行動してきた。もちろん、こうした非国家主体の影響力が強いのは中東だけではなく、アフリカやアジアの一部でもそのような傾向がある。いずれにせよ、西洋をモデルとして一般化を行ってきた国際関係論では国際機構やＮＧＯ、市民社会以外の非国家主体の検証はまだまだ進んでおらず、中東やアフリカの事例を基に一般化を進めていく必要がある。

さきほど、支持率を伸ばすために戦争や外部介入に訴えることは、旗下集結効果として知られていると紹介したように、一般国民の認識、つまり世論も外部介入において重要である。ただし、中東の人々の国際認識を知るのは難しい。その理由として、中東の多くの国は権威主義に分類され、そこでは表現の自由をはじめとする基本的な人権が制限されていることがあげられる。そのため、これらの国で暮らす市民は、とりわけ政治にかかわる問題に関して透明性のある意見表明を避ける傾向にあると言われる（部外者である海外の研究者が意識調査しようとする際はなおさらである）。また、調査結果からは、政府の方針に沿った回答が寄せられることが多く見られる。例えば、シリア支配地域での世論調査は、おおむねロシア、中国といった政府を支援する国への評価が高い。エジプトでの世論調査では、アラブの盟主としての自認ゆえに、中華思想にも似た自国への高い評価が見られる。

一方、近年では国民の国際関係に対する意識の構造を解き明かす試みが、中東研究において盛んになり始めている〔Furia and Lucas 2006：富田 二〇〇七：浜中・青山・高岡 二〇一〇〕。一般市民の意識構造、いわゆる認知地図の分析に関しては、大きく二つのパターンがある。一つ目のパターンは自分たちが調査を行い、データを取得したうえで認知地図を構築するものである。これは富田や浜中・青山・高岡の研究が当てはまる。富田の研究がレバノンの認知地図だけを扱ったのに対し、浜中・青山・高岡はシリア、エジプト、レバノン、パレスチナ、イスラエルと広範に認知地図の分析を行っている。二つ目のパターンは、既存の世論調査を使用した二次分析である。これにはゾグビー（Zogby）社の調査を使用したフリアとルーカスの研究などがある。(4)

コラム⑧　中東諸国における世論調査

中東諸国での世論調査は、日本などの先進国とは違った困難に直面する。全国レベルの世論調査では母集団を当該国の成人男女とすることがしばしばである。しかし国によっては正確なセンサス（全数人口調査）がなされていなかったり、遠い過去に行われたきりになっていたりする。こうした国では母集団の正確な男女比や中央と地方の人口比、人口別の宗派の割合といった情報が欠落している。当該国政府は統治に当たって人口動態の情報を推計値に頼っているため、母集団の情報はこの推計値に依拠せざるを得ない。

中東諸国では政府の統計局と近しい調査会社が調査を請け負っていることもあり、世論調査をするときはこうした機関に依頼することがしばしばである。政府に近い調査会社は独自の標本抽出ノウハウを持っており、センサスの結果および人口統計の推計値に近似するように標本を集めてくれる。実査に必要な予算は標本数や現地の物価水準などに依存するが、おおむね乗用車一台を購入できる程度の金額を必要とする。

次の困難は質問票に載せる質問内容である。中東諸国の政府は権威主義体制が一般的であるため、自由民主主義国と同程度の言論の自由、学問の自由が担保されているとは言いがたい。そのため政府支持・不支持、政治指導者の好感度、政党や政治主体への評価といった質問は実施できないこともある。その一方、中東政治に関与する外国政府の評価や、政府の遂行する公共政策への評価については質問可能であることが多い（回答も一定の分散が得られる）。とはいえ政府批判を避けたり、政治的無関心を示したりする社会的望ましさバイアス（social desirability bias）は考慮しなければならない。このような権威主義体制下での世論調査に固有の困難があることを含んだうえで調査票を設計し、現地の世論調査機関に協力依頼をして、初めて実査の遂行が可能になる。中東での世論調査に興味がある方は現代中東政治研究ネットワーク（CMESP-J.net）のウェブサイトを覗いてみてほしい。

ここまで、域外大国、域内大国、非国家主体というアクター、国民に着目してきたが、実際には複数のアクターによる重層的な行動や介入がほとんどである。これは中東和平問題やシリア内戦の事例を挙げるまでもないだろう。多くの場合、域外大国がパトロン、域内大国がクライアントとなり、いくつかのフィールドで敵対する陣営同士が衝突する。末近は一九七九年から現在までの時期に、イスラエルとその同盟国であるパトロン国家のアメリカ、エジプト、サウディアラビアをはじめとした湾岸諸国と、それに対抗するイラン、シリア、ヒズブッラー、それらのアクターを後押しするソ連／ロシアという「三〇年戦争」の構図を指摘した〔末近 二〇一三〕。この構図は時代ごとに多少の変化はあるものの、現在に至るまで機能している。加えて、各アクターはそれぞれ介入を正当化するためにさまざまなレトリックやパラダイムを用いるが、それらに関しても多くのバリエーションがある。それらのレトリックやパラダイムは国際社会だけでなく、国内の有権者に向けて発せられる場合もある。

（4）コンストラクティヴィズムによる見方

本章の最初に確認したように、コンストラクティヴィズムはアイデンティティや規範が主権国家をはじめとするアクターの行動原理であると考えている。アクター重視の見方でもアイデンティティや規範に触れたが、これはアクターに焦点を当てるか、アイデンティティや規範に焦点を当てるかの違いであり、言うならば切り取り方の違いである。アイデンティティは対象となるアクターの「我々意識」や自己規定に関連する認識である〔大庭 二〇〇〇〕。そこでは宗教、宗派、民族、共通の歴史などがアイデンティティに該当する。一方、規範は「ある社会のアクター間で共有される適切な行動の基準」であり〔足立 二〇一五〕、義務や禁止という形で社会秩序を維持する機能を持つ。

アイデンティティに関連するアクターの介入は先ほど確認したので、ここでは規範によるアクターの行動について見ておきたい。中東における介入で規範が議論となったのは、一九九一年の湾岸戦争、二〇〇三年のイラク戦争、そして二〇一一年からのリビア内戦とシリア内戦、そして二〇一五年からのイエメン内戦である。

湾岸戦争の際に多国籍軍がイラクに介入することとなったが、その際にはイラクがクウェイトに侵攻したことが内政不干渉の原則に抵触するとされ、これに関連する国際連合（以下、国連）の安保理決議がいくつか出された。介入に直接的な正統性を与えたのは武力行使を容認した決議六七八であった。イラク戦争の根拠は「イラクが大量破壊兵器を保有している」ことであったが、確実な証拠はなかった。加えて、湾岸戦争時の決議六七八のような武力行使容認決議がないまま、イラクが決議六七八の停戦義務を守っていないとして介入した。

リビア内戦は自国民に攻撃を加えるカッザーフィー政権に対して、Ｒ２Ｐ[5]を根拠に安保理決議一九七三を締結し、アメリカをはじめとする有志連合が介入した。その一方で同様にＲ２Ｐの適用が可能なシリア内戦は、シリアの同盟国であるロシアが安保理の常任理事国であるため、有志連合の介入は実現しなかった。イエメン内戦にもＲ２Ｐは適用されず、二〇二〇年末の時点で、人口の六〇％に当たる二一〇〇万人が人道的援助を必要とする状況となっている。

このように、規範は介入の根拠として、特に域外からの介入に正統性を持たせるものであるが、その理由づけや介入の決定は極めて政治的に行われている。

3　事例分析

(1)　トルコのシリアへの介入

トルコが隣国シリアに介入したのは二〇一一年三月にシリア内戦が勃発してからである。しかし、一九九八年一〇月にもトルコはシリアに軍事介入一歩手前まで迫ったことがあった。この介入未遂と介入に関して、構造論とアクター重視の視点から検証したい。その前に、これらの事例について概観してみよう。

一九九八年一〇月のトルコの介入未遂は、シリアのハーフィズ・アサド政権がクルディスタン労働者党（ＰＫＫ）の党首、アブドゥッラー・オジャランを匿っていたことに端を発している。トルコは一九九六年以降、アサド政権に対し、再三オジャランをはじめとしたＰＫＫの兵士を国外追放するように訴えたが、アサド政権はその忠告を無視し続けた。一九九八年一月、そして七月に両国の外務省高官同士が話し合いを持ったが、アサド政権の姿勢は変わらなかった。事態が急転したのは一九九八年一〇月一日のスレイマン・デミレル大統領の大国民議会における「我々の再三にわたる警告にもかかわらず、シリアはＰＫＫへの援助をやめていない。もう我慢の限界である。国際社会に通達する。我々がシリアに対して躊躇せず報復を行うことを」という発言が契機であった。同日開かれた国家安全保障理事会の会合で、出席した軍部高官たちは「外交と対話による時間は終わった。もし必要となれば、我々は軍事行動さえも含む、あらゆる手段をとることができる」と述べ、シリア国境沿いで攻撃のための準備が始まった。一〇月一二日までに五万人が派兵されたが、ここに至り、アサド政権は態度を軟化させ、両国は一〇月二〇日にアダナ合意に調印し、オジャランはシリアから放逐された。

一方でシリア内戦勃発後、最初のトルコのシリアへの介入の試みの背景には、二〇一二年から一三年にかけてのトルコ領内へのバッシャール・アサド政権からの攻撃があった。トルコはアメリカを巻き込んでのシリアへの共同介入を二〇一三年夏に画策したが、ロシアの横やりが入り、うまくいかなかった。実際にトルコがシリアに介入したのは、①二〇一六年八月から二〇一七年三月までのユーフラテスの盾作戦、②二〇一八年一月から三月までのオリーブの枝作戦、③二〇一九年一〇月の平和の泉作戦であった。いずれの介入もその背景にあった主要因は、対アサド政権というよりも、トルコ政府がＰＫＫとつながっていると非難しているシリアのクルド民族主義組織である民主統一党（ＰＹＤ）およびその軍事組織である人民防衛隊（ＹＰＧ）がシリア北部で影響力を増し、領土を確保することを危惧してのことであった。

これらトルコの隣国シリアへの介入を、構造論の視点から考えてみよう。両国の関係は、国際システムおよび極性の変化によってもたらされたものではない。トルコとシリアは隣国であり、国際システムの影響は受けていない。一方で地域システムにしても、トルコはトルコ語圏の拡大や非アラブの敵視から、もしくは中東地域のシステムを大きく揺さぶる変化への対応からシリアに介入しようとしたわけではなかった。

次にアクター重視の視点から考えてみよう。トルコのシリアへの介入を促したのは、トルコの安全保障の確保である。つまりトルコのシリアへの介入もしくは介入未遂は、シリア政府に対する脅威認識に基づく場合と、ＰＫＫおよびＰＫＫとつながりのあるクルド民族主義を掲げる組織に対する脅威認識に基づく場合に大別できる。

前者に当てはまるのが、二〇一三年の夏の介入未遂である。シリアの化学兵器使用疑惑に基づき介入しようとした際は、化学兵器という殺傷能力の高い武器を警戒し、超大国であるアメリカにバンドワゴニングする形で介入しようとした。アメリカの介入は実現しなかったが、バッシャール・アサド政権は二〇一三年九月に化学兵器禁止条約に調印し、化学兵器の在庫を処分することに合意した。これにより、シリア政府の脅威が減少したため、トルコの介入も起きなかった。

残りの四つの事例（一九九八年一〇月の介入未遂と二〇一六年から二〇一九年にかけての三度の介入）はPKKおよびその関連組織への脅威認識および自国の安全保障の確保に基づいた介入であった。事実、一九九八年一〇月はハーフィズ・アサド政権がトルコの圧力に屈し、オジャランを放逐したことで、トルコは介入を取り止めたのであった。二〇一六年以降の介入に関しても、アサド政権との交戦はなく、クルド民族主義組織の後退を受け、トルコ軍は撤退している。

アイデンティティおよび規範に関するコンストラクティヴィズムの視点から見ると、二〇一三年夏の介入未遂は、大量破壊兵器の保有という規範からの逸脱を根拠としている。しかし、アメリカをはじめとした欧米諸国はこれを根拠に介入することはなかった。一方、アイデンティティから検討すると、トルコ政府およびトルコ国民のクルド民族主義に対する認識が政策に大きく関係していることがわかる。トルコ国民の約二割はクルド人であり、当然ながらトルコ政府およびトルコ国民はクルド人の存在を否定していない。その反面、トルコからの独立や自治を標榜するクルド民族主義に対しての拒否反応は強い。特にトルコ軍とPKKの抗争により、多くのトルコ国民が犠牲となっていることから、PKKおよびPKK関連組織に対するトルコ国民の眼差しは厳しい。このトルコ政府およびトルコ国民の意識はトルコのシリア介入に影響を及ぼした。

トルコのシリア介入の事例の説明は、構造論よりもアクター重視の枠組みおよびコンストラクティヴィズムの方が適しているることがわかった。このように、隣国への介入の場合は、アクター重視の枠組みおよびコンストラクティヴィズムの説明が有用である場合が多いものの、地域システムの変動が有用となる場合もある。

(2) シリア内戦への外部介入

シリア内戦は中東における最近の外部介入の最も典型的な事例だろう。内戦のきっかけは、「アラブの春」の波及、そしてバッシャール・アサド政権の長期化・権威主義・汚職が原因であった。構造論、特に中東域内のシステムを基に考えると、シリアがイラン、ヒズブッラーとともに抵抗枢軸をなして、イスラエルの安全保障を脅かしていたことに対して、対処する必要を西側諸国が意識的・無意識的に感じていた。その一方、アサド政権退陣による国家崩壊は、域内全体の秩序を不安定化させることにつながり、また、「イスラーム国」（ＩＳ）の台頭以後は、ジハーディストの跋扈をもたらしかねなかった。そのため、秩序のバランスを考えると、「燃えるがままにせよ」という政策がとられた。一方、ロシアは中東域内システムの現状維持および東地中海の橋頭堡維持を目指した。イランは抵抗枢軸の弱体化阻止を「生存をかけた戦争」とみなして介入した。ロシアとイランの介入も域内システムの維持を最優先したものであった。しかし、そのなかで多くのシリア国民が犠牲となり、あるいは難民および国内避難民として故郷を追われた。

次にアクターに着目すると、西側諸国は、「東方問題システム」に沿って、シリアの分断により影響力を行使することを目指した。それは反体制派やクルド民族主義への賛同に見て取れる。ただし、ＩＳの台頭で、西側諸国のメインターゲットは次第にアサド政権からＩＳへと移った。また、近隣諸国はシリアの崩壊が自国の安全保障に影響を及ぼすことを恐れた。言い換えれば、シリアを第一防衛戦として考え、自国の安全が保障されるように仕向けるために介入を行った。

最後にコンストラクティヴィズムの視点から考えると、国際的な規範であるＲ２Ｐはシリア内戦では全く効力を発揮できなかった。これはアサド政権と同盟関係にあるロシアが安全保障理事会の常任理事国であったことも大きかった。中東域内のアイデンティティを見ると、アサド政権を支えているのはロシア以外にイランやヒズブッラーであり、アイデンティティが作用しているようにも見える。ただし、イランやヒズブッラーにとってより重要なのは自分たちの安全保障と考えられ、アイデンティティはあくまで二次的な要因であった。

（３）ノルウェーの仲介外交

これまでの事例は安全保障に関連するものであったが、以下ではトルコ・シリア以外の外交的な外部介入の事例を見てみよう。一九九三年九月一三日、ワシントンのホワイトハウスで開かれたオスロ合意の調印式は、長期化したパレスチナ／イスラエル紛争の当事者を始め、紛争から影響を受けてきた多くの人々に希望を抱かせることとなった。この合意は、最終的な公開の場所こそ、マドリード講和会議以降の表の交渉の舞台であったワシントンが選ばれたが、実質的な交渉はノルウェーの仲介により進められたものだった。つまり、域外国ノルウェーがかかわり、実現された和平合意と言える。

ノルウェーは第二次世界大戦後、しばらく親シオニズムの立場をとっていた。しかし、一九七〇年代半ばからはパレスチナ側との関係を強め、PLOの国連オブザーバー組織としての登録に賛成するなど、双方に対して交渉が可能なパイプを築いていった。オスロ合意の立役者となったヨハン・ホルスト外相は、外務次官として一九七九年にアラファートと初の会談を行った人物である。[6] オスロを舞台にした和平仲介の努力が始まったのは、一九九二年五月頃とされる。ノルウェーのテルジ・ラーセンFAFO所長がまずは仲介役となり、エルサレムのアメリカン・コロニー・ホテルにパレスチナ側の交渉団顧問で名望家のファイサル・フセイニーと、イスラエル労働党のヨッシ・ベイリンを呼んで最初の秘密会談が行われた。その後、イスラエルでベイリンを含む左派の労働党政権が成立したことで、交渉が進展していく。翌年八月にはストックホルムで、ホルスト外相がイスラエルとパレスチナ双方の交渉窓口役に電話で提案を伝え、オスロ合意の最終合意文書を取りまとめた。

図9-1　オスロ合意の調印式（1993年9月13日）
出所：Wikimedia Commons.

二国家解決案を基本とするオスロ合意の交渉枠組みが、どれだけ中東和平の実現に有効であったかについては、後に議論の分かれるところとなる。しかし、それまで直接対話が不可能だったイスラエル政府とPLOの間で、対話による政治交渉を可能にし、パレスチナ自治政府の形成を促したという点で、オスロ合意が前例のない成果を上げたのは事実である。その結果をもたらしたのは、ノルウェーによる仲介外交だった。

構造的には、これは域外国による介入だが、それまでの冷戦下におけるアメリカやソ連といった域外大国による影響力行使とは異なり、国際システムのパワーバランスに基づくものではない。

アクター重視の枠組みで見ても、オスロ合意はアメリカやソ連といったそれまでの域外大国による介入とは異なる道筋で導かれたものであった。冷戦の終結が、アクターそのものに変化をもたらし、こうした小国外交が機能する余地を与えたと見ることもできるだろう。一方でこれは、イランやエジプトなど、中東の域内大国による介入とも異なる。むしろ、関係国との間で特定の利害関係を有さない域外の小国が主導したために有効となった仲介と見ることができる。

コンストラクティヴィズムの枠組みで見ると、ノルウェーによる仲介は、むしろ小国としてのアイデンティティを生かした外交戦略であり、他に脅威を与えない政治的立ち位置を生かして、紛争の性格への深い理解に基づき、道義的価値を推し進めるために行われたものであった〔Eriksson 2015〕。その意味では、中小国というアイデンティティがどのように国際政治に影響を及ぼすのかを見るうえで、ノルウェーの仲介は興味深い事例であったと言える。

4　中東における外部介入の課題と今後

本章では、国際関係論の枠組みを確認したうえで、中東の外部介入について構造論、アクター中心の視点、アイデンティティや規範を重視するコンストラクティヴィズムの視点から考えてきた。本章で扱わなかった他の事例――例えば二〇〇三年のイラク戦争や「アラブの春」以降のイエメン内戦――については、これら三つの視点の有効性を確認する発展課題として、ぜひ各々で考えてみてほしい。

他方で外部介入に関する学問的課題としては、こちらも中東で多くの事例がある「代理戦争」（Proxy War）と外部介入の間の関係について、ロシアや中国といった他の大国の行動も含めて、本章でまとめた三つの視点から理解できるのかどうか、といった点を挙げることができよう。また、英国とフランスの後に中東への全面的な関与を続けてきたアメリカは、次第に中東から軍を撤退しつつある。超大国アメリカの関与が低下するなか、どのような変化が見られるのかは興味深い点である。新たな大国がその穴を埋めるのか、それとも域内大国がその穴を埋めるのか、またはどのアクターも穴埋めをする意志と能力がないのか。こうした現在進行形の問題を考えるうえでも日々のニュースにアンテナを張りつつ、分析するツールを用いて読者それぞれがその解について検討していくことが重要である。

注

(1)「戦争とは他の手段をもってする政治の継続」というクラウセヴィッツの言葉が言い表している通り、伝統的な意味での戦争も対等な国家どうしの対立とみなすことができる。

(2) 加えて、これまで国際関係論において軽視されてきた、一般国民が国際政治や対外政策に影響を与えるという見方も、近年は重要視されるようになってきている。域外大国の中東への関与に関する域外大国の国民の見方は、旗下集結効果の事例研究、中東域内の諸国家の国民の見方は世論調査という手法を通じて浜中新吾・青山弘之・髙岡豊などによって実証されてきている〔浜中・青山・髙岡 二〇二〇〕。

(3) 詳しくは参考文献に挙げた今井〔二〇一七〕などを参照。

(4) 中東で国際関係に関する世論調査を実施し、公開している機関は少ない。そのなかで、二〇一三年から現在（二〇二一年）に至るまでコンスタントに国際関係に関する世論調査を実施しているのが、トルコのイスタンブルにあるカディルハス大学の国際関係学部である。

(5) R2Pの概念は、冷戦後にアフリカやバルカン半島で起こった人道危機に適切に対応できなかったという反省を出発点としている。R2Pは「介入と国家主権に関する国際委員会」（ICISS）によって二〇〇一年に提起され、二〇〇五年の国連総会首脳会合成果文書、二〇〇九年の潘基文国連事務総長による『保護する責任の履行』報告書を経て概念化された。その考えの中心は「国家および国際社会が重大な人道危機から人々を保護する責任を負う」というものである〔中内・高澤・中村・大庭 二〇一七〕。

(6) オスロに本部を置く民間研究機関でパレスチナ問題に関しても多くの社会調査を実施してきた。

参考文献

青山弘之編『「アラブの心臓」に何が起きているのか――現代中東の実像』岩波書店、二〇一四年。

足立研幾『国際政治と規範――国際社会の発展と兵器使用をめぐる規範の変容』有信堂、二〇一五年。

今井宏平『国際政治理論の射程と限界――分析ツールの理解に向けて』中央大学出版部、二〇一七年。

ウォルツ、ケネス（河野勝・岡垣知子訳）『国際政治の理論』勁草書房、二〇一〇年。

ウォルト、スティーヴン（今井宏平・溝渕正季訳）『同盟の起源』ミネルヴァ書房、二〇二一年。

大庭三枝「国際関係論におけるアイデンティティ」『国際政治』第一二四号、二〇〇〇年、一三七～一六二頁。

末近浩太『イスラーム主義と中東政治――レバノン・ヒズブッラーの抵抗と革命』名古屋大学出版会、二〇一三年。

富田広士「主要3宗派から見るレバノン市民の対外態度」小林良彰・富田広士・粕谷祐子編『市民社会の比較政治学』慶応義塾大学出版会、二〇〇七年。

中内政貴・高澤洋志・中村長史・大庭弘継『資料で読み解く「保護する責任」――関連文書の抄訳と解説』大阪大学出版会、二〇一七年（https://ir.library.osaka-u.ac.jp/repo/ouka/all/67203/9784872596069.pdf）。

浜中新吾・青山弘之・髙岡豊編『中東諸国民の国際秩序観――世論調査による国際関係認識と越境移動経験・意識の計量分析』晃洋書房、二〇二〇年。

ミアシャイマー、ジョン（奥山真司訳）『新装完全版　大国政治の悲劇』五月書房、二〇一九年。

Barkin, Samuel. 2010. *Realist Constructivism: Rethinking International Relations Theory*, Cambridge University Press.

Brown, Carl. 1984. *International Politics and the Middle East: Old Rules, Dangerous Game*, I.B. Tauris.

Elbadawi, Ibrahim and Nicholas Sambanis. 2000. "External Interventions and the Duration of Civil Wars", *World Bank Policy Research Working Papers*, No. 2433.

Eriksson, Jacob. 2015. *Small-State Mediation in International Conflicts: Diplomacy and Negotiation in Israel-Palestine*, I.B. Tauris.

Furia, Peter A. and Russell E. Lucas. 2006. "Determinants of Arab Public Opinion on Foreign Relations," *International Studies Quarterly*, 50(3), pp. 585–605.

Halliday, Fred. 2002. *The Middle East in International Relations: Power, Politics, and Ideology*, Cambridge University Press.

Hansen, Birthe. 2000. *Unipolarity and the Middle East*, Curzon.

Hinnebusch, Raymond. 2015. *The International Politics of the Middle East, 2nd Edition*, Manchester University Press.

Ismael, Tareq and Glenn Perry (eds.). 2013. *The International Relations of the Contemporary Middle East: Subordination and beyond*, Routledge.

Noble, Paul. 2010. "From Arab System to Middle Eastern System?: Regional Pressures and Constraints" in Bahgat Korany and Ali Hillal Dessouki (eds.), *The Foreign Policies of Arab States*, The American University in Cairo Press, pp. 67–165.

読書案内

①ジョージ・アントニウス（木村申二訳）『アラブの目覚め――アラブ民族運動物語』第三書館、一九八九年／ジョージ・レンツォウスキー（木村申二・北澤義之訳）『冷戦下・アメリカの対中東戦略』第三書館、二〇〇二年／酒井啓子『9・11後の現代史』講談社現代新書、二〇一八年。

＊第一次世界大戦前後の英国とフランスの中東への介入に関してはアントニウス、冷戦期のアメリカの中東への介入に関してはレンツォウスキーが詳しく論じている。冷戦後のアメリカの中東への介入を網羅的に扱った邦語の専門書は刊行が待たれるが、酒井の著書は一般書ながらバランスよくアメリカの中東への介入をまとめており、参考になる。

②Carl Brown. 1984. *International Politics and the Middle East: Old Rules, Dangerous Game*, I.B. Tauris.

＊中東の国際関係を歴史的に考察し、そこから外部介入について定式化した著書である。一八世紀後半から始まったオスマン帝国の東方問題に顕著であるように、西洋諸国家は中東地域の国家や社会を破壊するのではなく、既存の政治構造や国家を使用してその中に影響力の埋め込みを図ったとブラウンは指摘する。既存の政治構造に浸透したこの構造（ブラウンの言葉を借りれば「東方問題システム」）は、地方・国家・地域によって異なるものの、一貫して中東地域に影響を及ぼしてきた。

③Jacob Eriksson. 2015. *Small-State Mediation in International Conflicts: Diplomacy and Negotiation in Israel-Palestine*, I.B. Tauris.

＊大国では決してないノルウェーとスウェーデンという北欧の小国が、中東和平の仲介において果たした役割について、外交史上の事例に基づきながら、その有効性を理論的に明らかにしていく。

第10章　人の移動

この章で学ぶこと

本章では、中東地域からの人の移動、また中東地域に向かう人の移動について、その特色に着目しながら検討する。シリア難民やイラク難民、また歴史的により長い来歴を持つパレスチナ難民などの例に見られる通り、中東は武力紛争を受けて多くの難民を生み出してきた地域である。また湾岸産油国では、原油の商業生産開始以降、南アジアや東南アジアを含めた諸地域からの出稼ぎ労働者を多数受け入れてきた。このように人の移動の交錯する地域であるにもかかわらず、中東の人の移動は、欧米諸国で見られる移民や難民をめぐる動きとは異なる特徴を持つ。その一つの要因は、度重なる紛争や内戦（第8章参照）と、中東諸国の多くが権威主義体制をとることにある（第3章参照）。政治情勢の不安定は、中東域内での国内避難民や他地域への難民を生む。そして、長期安定した権威主義体制は、移民や難民の受け入れにおいて社会統合を前提とせず、人権保護を重視しない独特の受け入れ体制を肯定している。

本章では、こうした制度上の特色が導く、中東の移民／難民の状況について考えていきたい。まず、移民／難民研究をめぐる一般理論について、主に欧米で展開された研究に沿って概観する。次に、それらの理論や類型に沿って中東の人の移動を振り返ったとき、どのような特徴が見られるのか、事例に沿って確認していく。最後に、それらを踏まえて、中東における移民／難民研究の課題を指摘する。

1　移民／難民研究をめぐる理論と研究の展開

人の移動に関する研究は、多様な方法論でそれぞれの関心領域を取り上げ、議論と検討が重ねられてきた学際的な研究分野と言える。政治学、国際関係論のほかに、社会学、歴史学、法学、経済学、地理学、心理学、人口統計学などが分析に用いられ、難民支援や移民統合の現場に関わる実務関係者による調査も含めた膨大な研究の蓄積がある。これらをすべて網羅的に取り上げるのは困難だが、人の移動のどの側面に注目するかという点から、先行研究はおおむね以下の二つの流れにその展開を分けて捉えることができるだろう。すなわち、第一に移動の決定要因、移動過程と移動形態の類型の分析、第二に移民が受け入れ国の社会に統合される過程についての分析である〔カースルズ・ミラー 二〇一一〕。

（1）移動の決定要因、移動過程と移動形態の類型

第一の点については、経済学の新古典派理論に基づき、人の移動する原因をプッシュ要因とプル要因で説明する「プッシュ・プル理論」が有名である〔Ravenstein 1889〕。送り出し国からの移動を促すプッシュ要因としては、人口増加や生活水準の低さ、政治的抑圧、経済的機会の不足などが挙げられる。逆に人の移動を引き寄せるプル要因としては、労働需要や生活水準の高さ、政治的自由、より良い経済的機会などが挙げられる。中東地域からヨーロッパへ、また南アジアや東南アジアから湾岸産油国へ移動する移民／難民や出稼ぎ労働者もまた、基本的にはこの理論の枠組みで捉えることができる。損得勘定により移動が選びとられることが、この理論の前提とされており、合理的選択モデルと言える。移動は労働の需給に基づいて起こるため、長期的には労働市場は均衡に到達し、賃金レベルはグローバルな平等につながると想定されていた。

しかし実際には、移動が続いても政治・経済的不均衡は解消されず、貧困国の労働は搾取され、不平等な発展は継続した。そうした構図をより構造的に捉えたのが、一九七〇年代から八〇年代に注目を浴びた世界システム論である〔ウォーラーステイン 一九八二〕。後進的な「周辺」の立場に置かれた第三世界から、経済的に発展した「中心」の資本主義国へ人は移動

し、前者を後者が支配する世界経済のシステムは維持されていくという説明である。経済活動に目を向ける世界システム論では、特に植民地とその宗主国との間の人の移動が注目された。しかしその後、状況は変化し、第三世界の一部は都市化や急速な経済発展を遂げたことから、「周辺」とされてきたアジア・アフリカ諸国に向かう移民人口は一九九〇年代以降急速に拡大した。つまり、低開発の非民主主義国が多い周辺、言い換えれば「南」から、民主主義で経済的に発展した中心、言い換えれば「北」への移動というモデルだけでは、こうした現代の「新展開」を説明することはできない〔松尾・森 二〇二〇〕。

新古典派と構造的アプローチは、ともにその一面的な分析のために、人の移動の複雑な側面を捉えることができなかった。これに対して一九八〇年代に登場した移民の新経済学は、移動に関する決定の際に影響を与える、より幅広い要因に着目するものだった〔カースルズ・ミラー 二〇一一〕。新古典派のプッシュ・プル要因の役割を認めながら、それに加えて送り出し国と受け入れ国の間の歴史的関係や、移住する人々の属するコミュニティの存在、ブローカーなど仲介業者の存在などが与える影響を考慮に加えるのが、新経済学理論の特徴と言える〔O'Reilly 2016〕。つまり経済的要因だけでなく、政治的・社会文化的な要因が複合的に移動に作用することを認め、それらの影響を世論調査や聞き取り調査などの手法で理解しようとするアプローチである。実際、二〇一五年に起きた欧州難民危機では、シリアやアフガニスタンからの難民の移動を助けるブローカーが大きな役割を果たしたことが指摘されている〔Tinti and Reitand 2016〕。

労働移民の新経済学によるアプローチを、さらに発展させたのが移民システム理論である。地理学から始まった移民システム理論と、社会学・人類学に由来する移民ネットワーク理論は、ともに社会科学の分野横断的な移民理論の構築を志向している〔カースルズ・ミラー 二〇一一〕。従来の研究が構造またはアクターのどちらかのみに注目し、その関係性の理論化を試みてこなかったのに対して、移民システム理論は移動を決定する個人（アクター）から、それを取り巻く環境（構造）に視野を広げ、その相互作用を分析の対象とした。あるいは世界経済や国家間関係、受け入れ国の制定する法律や制度などをマクロ構造とし、移民（アクター）自身がもつネットワークや慣習などをミクロ構造と呼ぶことで、移民の動きをミクロ構造とマクロ構造の相互作用の結果として捉えようとする。そこではさらに、ブローカーや雇用斡旋業者など、移動を媒介する役割を引き受ける集団をメソ構造として位置づける場合もある。

移民ネットワーク理論では、移民や定住を進めるうえで移民自身が活用するインフォーマルな社会的ネットワークに着目する。後の事例でも見るように、中東からの移民[1]／難民にもこの点は強く当てはまり、先に移民した親族や友人が導き手となる場合が多い。むしろ先行する移民／難民は、後に家族呼び寄せが可能かどうかで移動先の国を選択する傾向が見られる。その結果として見られる移動は「連鎖移民」（chain migration）と呼ばれる。移民の成功は、こうした社会的ネットワーク（社会関係資本）の他に、個々の移民が持つ適応能力や移民先で活かせる技能など（文化資本）の多寡により左右される場合が多い。

グローバル化の進展は、ＳＮＳの普及などの技術発展を伴い、遠く離れたコミュニティの間でのネットワークの形成を促す。その結果、頻繁に起きる越境移動は、トランスナショナル・コミュニティの創造につながる〔Levitt and Glick-Schiller 2004〕。アメリカとラテンアメリカなどの間で起きる労働者の循環的な移動は、「脱領土化された国民国家の出現」にも結びつき、ナショナル・アイデンティティや国内政治にも大きな影響を与えるという〔Basch et al. 1994〕。こうしたトランスナショナリズムの研究は、コミュニケーションの手段が対面的なものに限られず、バーチャル・コミュニティにまで拡張するという点では、極めて現代的な移民／難民の実態を描き出すものと言えるだろう。中東ではシャーム地域内[2]での難民の動きや、欧米など各地に移住した中東出身者が築くトランスナショナルなネットワークがその一端を示す。

（2）移民の社会統合過程とシティズンシップ

次に先行研究で注目される第二点、つまり移民の社会統合過程について見ていきたい。移動してきた人々を長期的に受け入れ、将来的には国籍を付与することを想定する欧米諸国では、その統合方針や受け入れ政策をめぐり試行錯誤が重ねられてきた。その背景には、フランスや英国のように海外植民地を有する国で、本国との間の人の移動が歴史的に頻繁であったことが指摘できる。本国人による入植のほかに、植民地生まれのクレオールと呼ばれる白人や、アルジェリアでアルキと呼ばれた仏体制側のアラブ・ベルベル人の軍人や官吏がいたことは、その歴史の長さと関係の複雑さを示す一例と言えよう

〔アンダーソン 二〇〇七：松浦 二〇一九〕。

植民地の解放後は、宗主国への大規模な引揚や、その後も続く旧植民地からの人々の労働移民の受け入れや統合が問題となった。また同様に第二次世界大戦後は、不足する労働力を補うためにドイツをはじめ各国が二国間協定等で出稼ぎ労働者を受け入れた。一時的な出稼ぎ労働と思われたところ、彼らが予想に反して定住し始めたことにより、その社会統合を真剣に検討する必要に迫られた。

移民の社会統合については、受け入れ国社会や文化への同化（assimilation）をめぐる議論に始まり、完全な同化までは求めない統合（integration）、より個々の文化を尊重した多文化主義（multiculturalism）など、次第に多様性を重視する方向でのあり方が模索されてきた。その反面、多文化主義は移民／難民コミュニティと受け入れ国社会の間でのセグリゲーション（分断、住みわけ）を生む結果ともなり、これを失敗と受けとめる国も出てきた。その結果、近年の欧米諸国では「同化への回帰」が進んでいるとの指摘もある〔ブルーベイカー 二〇一六〕。とはいえこれらの議論は、帰化要件が厳しく、そもそも移民／難民を公式に社会統合しようとする意図が希薄である中東諸国には、あまり当てはまらない。

より中東に適合的な分析の枠組みとしては、統合を目指さない移民政策や、移民／難民の法的地位、受け入れに伴うセキュリタイゼーション(3)の問題などが挙げられるだろう。次節以降では、以上で述べた理論的枠組みに対して、中東地域の事例がどのような発展を促すのか、検討してみたい。

2　移動の促進要因としての紛争、石油、宗教

（1）プッシュ要因としての紛争、プル要因としての石油

中東をめぐる人の移動の決定要因に注目するなら、まずは戦争や内戦などによる強制移動が多いことが指摘されるだろう。二〇〇〇年以降だけに着目しても、二〇〇三年に始まるイラク戦争、二〇一一年に「アラブの春」の影響を受けて始まったシリア内戦など、戦火を逃れて当該国内外で大規模な人の移動が起きた。中東で最も長期に及ぶ紛争とされるイスラエル・

パレスチナ紛争からは、一九四八年のイスラエル建国時点で約七五万人の難民が生まれ、その子孫を含めて今日では難民登録人数は約五七〇万人となっている。ここからは、移動の前提条件または強力なプッシュ要因として、戦争が位置づけられることがわかる。他にも、アサド政権下で反体制運動を展開したムスリム同胞団や、イラクのサッダーム・フセイン政権など権威主義体制下での抵抗運動の弾圧は、政治亡命に近い形での人の流出を促した。なかでも一九九一年の湾岸戦争後に起きたシャアバーン蜂起は、イラク南部のシーア派地域で戦後勃発した民衆蜂起に対する弾圧を逃れて、多くのイラク人が国外へ逃れた典型的な事例である〔酒井 二〇一八〕。政治変動を受けた移動としては、同じくイラクから一九七九年のイラン革命後に、革命思想に共鳴したイスラーム主義者が逃れた例などが挙げられる。

一方で、経済的動機に基づく活発な人の移動も見られる。原油の商業生産開始以降、急速に経済発展を遂げた湾岸諸国では、建設労働などのために、南アジアや東南アジアなどから多くの出稼ぎ労働者を引き寄せた。彼らの受け入れには、カファーラ制度と呼ばれる独特の慣習が存在する。カファーラ制度は公的な制度ではなく、ビザ発給者と受給者の間の非対称な関係に基づく社会的慣習である。カファーラとは、身元引受人を意味するアラビア語のカフィールに由来するが、今日では移民と国民の非対称な関係の象徴に位置づけられる。湾岸アラブ諸国では、就労目的で滞在する外国人に対するビザ申請の権利は、その外国人を雇用する法人ではなく、受け入れ国の個々の国民に認められている。雇用者とカフィールは重複する場合もあるが、関係のない場合もある。移民が労働契約を延長する際にはビザの更新が必要となるが、その場合にはカフィールに手数料を支払うことも少なくない。また、就労実態のない雇用契約を作成してビザだけ発給し、カフィールがその手数料を稼ぐという脱法ビジネスも存在する。正規ルートであれば移民の渡航費用や住居の手配等はすべて雇用者負担となるが、この脱法ビジネスにおいては就労実態がないため、渡航費用のすべてが移民の負担となるだけでなく、職もなく住居もない移民は渡航後に著しく不安定な状態に置かれる。また、現在は違法となっているが、カフィールのなかには移民からパスポートを取り上げる者も多く、その場合は移民が自分の意思で帰国できなくなる。カファーラ制度は不法滞在者を生み出し、また違法な移民労働市場を生み出す温床として湾岸アラブ諸国でも長年問題視されてきた。このため、バハレーンでは二〇〇六年に移民労働者を一元的に管理・保護する労働市場監督庁が設立されることで、カファーラ制は一掃された〔松尾二〇一五〕。現在ではクウェイトやアラブ首長国連邦、カタルでもカファーラ制の廃止が検討されているが、具体的な手段の確立には至っていない。

こうした大規模な労働者の受け入れは、全人口に占める移民の割合が国民を上回るという、世界的にも例の少ない「国民マイノリティ国家」という状況を生んでいる〔堀拔 二〇一六〕。これらの人の移動は三つの条件が作用した結果である。第一に、元来の人口規模が小さいところに莫大な原油収入が生み出されたため、労働力不足が発生したという労働力供給の問題である。第二に、湾岸アラブ諸国は国内に石油以外の生産部門をほとんど持たず、国内で販売される際の大半が輸入品で賄われているため、必要とされる労働力の大半は単純労働に従事する低技能労働者となり、これが途上国の余剰労働力を惹きつけた点である。第三に、湾岸アラブ諸国では移民労働者には大半の公的サービスが適用されないために移民受け入れの財政的なコストが発生しないという点である。

経済的理由による逆方向の人の流れ、すなわち中東から域外への移動としては、レバノン移民の存在がよく指摘される。たとえば日産で代表取締役会長を務め、国外逃亡で注目を集めたカルロス・ゴーンはレバノンの出身である。祖父がブラジルへ移動して事業に成功した後、彼自身はレバノンとフランスで教育を受け、フランスでミシュラン社に就職し、南米事業部を任されてブラジルに赴任している。その後も自動車産業で業績を伸ばし、アメリカ、日本などで経営責任者の地位についたゴーン氏は、五カ国語を操り国際的にビジネス部門で活躍する典型的なレバノン移民と言える。ほかにもレバノンからは、西アフリカや中南米などに多くの移民が輩出されている。コーエンはこうした移動を「交易ディアスポラ」と呼んだ〔コーエン 二〇〇一〕。だが実際には、多くのレバノン移民は一九七五年からの長期化した内戦の影響を受けて移動したとの側面もある。このような経済というプル要因と、紛争というプッシュ要因による複合的な動機での移動が多く見られるのも、中東の人の動きの特徴と言えよう。

（2）移動の決定要因としての宗教

経済以外の社会・文化的な移動促進要因による、中東に独特の人の移動としては、イスラーム教の発祥の地としての、教育や巡礼、宗教ツーリズムによる移動が挙げられる（安田 二〇一六）。「聖地の守護者」としてメッカ、メディナを擁するサウディアラビアや、イスラーム教の最高学府の一つ、エジプトのアズハル大学など、イスラーム教の中心地に向かっては、恒常的に他のイスラーム諸国からの人の移動が見られる。イスラーム暦により時期が限定されるハッジ(4)のほかに、どの時期に行ってもよいウムラには、老若男女が訪れる。イスラーム圏では巡礼を専門とする旅行業者があり、登録することにより順番待ちでサウディアラビア行きのツアーに参加することができる。

また宗教に基づく極めて特殊な移動の形としては、中東に建国された唯一のユダヤ人国家イスラエルへのアリヤー（移住）が挙げられる。ヨーロッパ・キリスト教社会での宗教的差別と迫害から逃れるため建国されたイスラエルでは、シオニズムというイデオロギーに基づき、自国の多数派人口をユダヤ教徒が占める状態を維持せねばならない。一九世紀末から一九四八年のイスラエル建国までには、五次にわたるアリヤーによって、ユダヤ人人口は二〇倍以上に膨れあがった。イエメンやスーダン、エチオピアなどからは、飛行機を飛ばしてユダヤ教徒をイスラエルに空輸するという大規模な輸送作戦も行われた。これらはパレスチナ・イスラエル紛争の原因を作り出したシオニズム（ユダヤ教徒多数派の国家建設を目指す政治イデオロギー）思想という特殊な事情に基づく移民と捉えることができる。

このように、中東における移民には、移動の動機に宗教的理由が絡み、それぞれのプル・プッシュ要因となっている様子がうかがわれる。

（3）ヨーロッパへの移動という選択と連鎖移民

移動を決定する個人（アクター）と、移動を促す構造の相互作用に着目した移民システム理論が中東で当てはまる事例としては、二〇一五年にEU諸国で起きた欧州難民危機での人の移動を挙げることができる。その前年にイラクのモースルで発足した「イスラーム国」が、スンナ派以外の宗派人口に対して過激な暴力を用いたことで、「アラブの春」以降のシリア紛争が激化し、生まれた難民の問題は国際的に大きな注目を集めた。ドイツは従来の取り決めであったダブリン規約の適用を一時的に停止して、シリア難民を優先的に受け入れる旨を表明した。当時のドイツ経済は堅調であり、高齢化に伴う労働力不足を補うためにも、国外からの人の移動を受け入れる用意があった。こうしたマクロ構造のなかで、シリアおよびすでに周辺国に逃れていた人々のなかから、ドイツをはじめEU諸国を目指す人の流れが生まれたのである。

こうした最近の例をはじめ、人権を重視する欧米諸国では、内戦期のレバノンや、紛争の続くパレスチナ、イラクなどからの庇護申請が認められる可能性が高かった。「積極的外交政策」を掲げるスウェーデンでは、第二次世界大戦後、中東地域をはじめ紛争国からの移民／難民を多く受け入れてきた〔清水 二〇一三〕。こうした受け入れ環境と、家族再統合の可能性について、多くの移民／難民は事前に情報収集をしたうえで、目的地をある程度定めて移動の決断を下していた。

だが受け入れの環境が整っても、実際に移動できたのは、紛争下の人々のごく一部でしかない。移動には仲介業者に支払う金銭や、長距離の不安定な移動に耐える体力などが必要であり、これらを兼ね備えた人々が、アクターとして移動を主体的に選択することになった。その結果、初期の移民／難民としては、新たな土地で生活基盤と経済基盤を築ける可能性の高い、比較的若年層の独身男性が先行して移動する例が多く見られた。

この他にも、やや古い例としては、第二次世界大戦後にドイツなどと二国間協定を結び、労働者を送り出したトルコ人の移動なども挙げられる。こちらは戦後の労働需要、および国家間協定というマクロ構造の変化を受けた移動である。加えて、送り出し国であるトルコ政府も積極的に移動を後押しした〔今井 二〇一九〕。注目されるのは、一九七三年のオイルショックを受けた各国政策と、実際のトルコ系移民の動向だ。ドイツなどヨーロッパ諸国では、景気に応じて短期的に雇用条件を変更できる、使い捨ての労働力としてトルコ人を受け入れていた。そのため、経済状況の悪化したオイルショック以後は、その雇用のうちきりと新たな労働者の募集停止を決定した。しかし実際には、これらの外国人労働者は帰国せず、むしろ難民庇護制度を利用した経済難民が増加することになった〔昔農 二〇一四〕。こうした動向は、人の移動をめぐる受け入れ構造に対して、アクターの行動がむしろ矛盾する形で作用した例と言えるだろう。

人の移動の過程において、大きな役割を果たしたのは、移民ネットワーク理論が示すように、先行する移民と、出身国に残してきた親族との間のネットワークの存在である。欧米の多くの移民／難民受け入れ国においては、人道的規範に基づき家族呼び寄せの権利が認められている。こうした規定に基づき、中東からの移民の間でも「連鎖移民」が多く見られる。家族呼び寄せの権利は、一親等（配偶者と両親、子ども）までしか認められないことが多い。しかし、移動先で国籍を取得するなど、安定した生活基盤を築いた中東出身の移民／難民の間では、より文化や背景の近い配偶者を求めて、出身国へ里帰りする例も多くみられる。こうして成立した新しい家族が、新たな「連鎖移民」の基盤となり、さらなる人の移動を促進していく。

（4）ジハーディストのネットワーク

ネットワークに基づき移動する人の流れとしては、このほかにグローバル・ジハードの存在が挙げられる。イスラーム的理念に基礎を置くとされる呼びかけに応じて、世界各地からシリアやイラクなどの戦闘地域に集結したジハーディストの存在は、特に二〇一四年の「イスラーム国」の台頭以降、世界的な注目を集めた。二〇一五年の時点で、一〇〇カ国以上から二万人を超える人々がシリアやイラクに潜入したとも推計されている。戦地に集まる人々の送り出し国はサウディアラビアやチュニジア、モロッコなどアラブ諸国が中心を占めたが、フランス、ドイツ、英国、アメリカなど欧米諸国などからも参加者が集まった。

こうしたグローバル・ジハードのための人の移動は、現代では一九八〇年代のソ連のアフガニスタン侵攻以降、連鎖的に続いてきた動きと言える。ソ連軍の撤退後、祖国に凱旋したジハーディストは治安上の懸念要素として監視の対象とされた。その結果、元戦闘員たちは、居心地の良い居場所、すなわち戦闘地域を求めて、イラクへ、そしてシリアへと移動を繰り返していくことになった。トランスナショナルなジハーディストのネットワークが形成され、各地で既存の秩序や体制に抵抗する運動が展開されることとなるのである（高岡 二〇一九）。

こうしたネットワークは、一面ではイスラーム教徒の間のウンマと呼ばれる共同体意識に基づき形成されたものと言える。しかし当然ながら大半のイスラーム教徒は、武力を用いた政権転覆や市民を狙った過激な行動に賛同しているわけではなく、宗教が過激主義を促したわけではない点には留意が必要である。また米墨国境などで循環的な移動の反復が見られたトランスナショナルな移民に比べて、一度中東地域で戦闘行為に参加したジハーディストは、治安上の影響への懸念から、送り出し国側で、受け入れを拒否され帰国が困難となる場合がある。現代社会では、個人の移動だけでなく治安管理の枠組みもグローバルな広がりとネットワークを構築しているためである。その点ではむしろ、一見移動が困難に思われる難民とその家族などの方が、トランスナショナルなネットワークを柔軟に生かした選択的な移動が可能と言える。一定の要件を満たした難民による家族呼び寄せなどは、人道上認められるべき権利として受け入れ国側で保障されているからである。

3　統合されない移民／難民とエスノクラシーの論理

中東における人の移動の事例として、最後に移民の社会統合過程について検討する。ここまでは主として中東から域外に向かう動きに注目してきたが、他方で受け入れ国としての中東の実態はどうなのか。法的枠組みで言えば、中東諸国では、国籍付与の条件に宗教や民族などの要件が問われ、厳しい帰化要件を課す国が多い。関係当局による恣意的な判断が重視される場合も多く、そもそも移民／難民を公式に社会統合しようとする意志が希薄である〔Parolin 2009〕。一方で、難民受け入れについても、大半の国は難民条約などの国際的な難民レジームに加入しておらず、UNHCR〔国連難民高等弁務官事務所〕などは、中東の各国政府とMoU（Memorandum of Understandings）(5)に基づき活動を展開している〔錦田 二〇〇九〕。受け入れ当時の政治状況に応じて、難民は「難民」とも「客人」（Foreign Guest）と呼ばれる場合もあり、受け入れ自体が経済戦略の一つとして用いられる場合もある〔今井 二〇一四〕。そうした環境は、受け入れには否定的な態度を示すようにも思われるが、実際には近隣諸国からの多くの難民を受け入れている。「アラブの春」以降に生まれたシリア難民の大半は、レバノン、ヨルダン、トルコなど周辺の中東諸国で受け入れられた。だが難民となって一〇年近い歳月がたつにもかかわらず、彼らに認められた国籍や就労権といったシティズンシップは限定的である。

他方でこうした難民を、同じ中東で経済的には裕福な国である湾岸アラブ諸国で受け入れてはどうか、という提案は、ときおり非中東研究者などの間から聞かれる。しかし実態は、湾岸アラブ諸国での難民受け入れは進んでおらず、難民の側も移動の目的地に選ぶことは少ない。その背景には、これらの国々で発展してきた、独特の合理性に基づく移民の受け入れ体制があると言えるだろう。以下ではその内在的な論理に目を向けてみたい。

湾岸アラブ諸国では、移民と彼らを受け入れる国民との間に歴然とした格差が存在し、その格差がむしろ、統治の安定に利用されている。そこで形成される統治形態は「エスノクラシー」（ethnocracy）と呼ばれる。エスノクラシーとは、支配エリートとそれ以外の集団の区分が、民族境界と一致する形態であり、「民族統治」と訳されることもある。個々人は一般的に、自身の先天的な属性（母語や宗教、肌の色等の外見的特徴など）によって民族への帰属が決まるが、この属性が多様であるため、エスノクラシーの形態も多様である。例えば、南アフリカで見られたアパルトヘイトやオーストラリアで見られた白豪主義といった人種に基づくエスノクラシー、イスラエルのユダヤ主義（ユダヤ教徒と非ユダヤ教徒のイスラエル人の間での格差）に見られる宗教に基づくエスノクラシーなどがある。

エスノクラシー概念は、この概念を用いてウガンダの統治形態を分析したマズルイによって生み出されたが〔Mazrui 1975〕、後にロングヴァによって湾岸アラブ諸国の一つクウェイトにも拡張された〔Longva 2005〕。クウェイトでは帰化が事実上認められておらず、国民と移民の境界は先天的な属性として機能するため、エスノクラシーを生み出す土壌が準備される。また、湾岸アラブ諸国では、国民には多様なサービスが無償で提供されるが、移民はその対象外である。さらに、主に民間部門に就労する移民と、主に公的部門に就労する国民との間の給与格差は三倍から七倍に達するなど、両者の格差は目に見える形で存在している。

一方で、湾岸アラブ諸国では、一般国民と支配家系の間には政治参加の権利において大きな格差が存在している。国民の多くが公的部門で行政業務にたずさわる少数派となり、低賃金で物品を販売する移民が多数派となることで、一般国民と移民の間には、統治する側と従属する側という政治的・社会的役割が割り振られた。これにより、一般国民であっても、あたかも少数派の統治エリートに属しているかのような社会が形成される。すなわち、湾岸アラブ諸国のエスノクラシーは、国民と移民の間の格差を顕在化させることによって、支配家系と一般国民の間の政治的格差を不可視化する効果を生み、権威主義体制の維持に貢献しているのである。

政治学的な類型で言うなら、エスノクラシーは、「権力者支持基盤理論」（Selectorate Theory）〔Mesquita et al. 2005〕と共通する点が多い。権力者支持基盤理論は、首相や大統領といった為政者と、それを支える「勝利者連合」、および「有権者」の三者から構成される社会を想定する。為政者は、自身の支持者に優先的に資源配分を行う。支持者のなかから別の人物を支持する裏切り者が出た場合には、その裏切り者を勝利者連合から除名して資源配分の対象外とし、空いた席を「有権者」のなかから補充する。この仕組みを通じて為政者は「勝利者連合」の結束を維持し、自身の地位を確実にする。権力支持基盤理論では、勝利者連合が拡大されて有権者の範囲と一致する形態を民主主義に位置づけ、勝利者連合が有権者よりも小さい場合を権威主義体制に位置づける。前者では資源配分は公共財の提供を意味することとなり、後者の場合は家産制における私財の配分となる。大量の移民を受け入れ、国民と移民の間の格差を生成し、移民に帰化の機会を与えないことで維持される「湾岸アラブ型エスノクラシー」とは、大量の移民を受け入れることで特権的な資源配分を享受できない「有権者」を厚くし、国民を少数の「勝利者連合」に位置づけるシステムである〔松尾 二〇二〇〕。

このように、「湾岸アラブ型エスノクラシー」が興味深いのは、そのシステムの巧妙さだけでなく、それが自律的に維持される仕組みを持っている点であろう。例えば、湾岸アラブ諸国のように石油という有限の資産を有し、国民がその配分にあずかる社会においては、資産の配分権利を持つ人口が増えることは、一人当たりの配分額が減少することを意味する。この時、移民に資産配分の権利を認める国民は、どの程度存在するだろうか。仮に移民がほとんど存在しなければ、国民は資源配分をめぐって支配家系と対立する事態も想定され、それは民主化につながるかもしれない。しかし移民が存在することで、国民は移民と国民が平等となる民主化のインセンティブを低下させ、支配家系の特権――権威主義体制の存続――を承認することになる。

移民の帰化や統合を全く前提としない湾岸アラブ諸国の受け入れ制度は、長年にわたり移民／難民の受け入れに苦労してきた欧米諸国の歴史や価値観からすれば、極めて特異な存在と見られがちである。しかし、石油と移民と権威主義が結びついた「湾岸アラブ型エスノクラシー」は、権威主義的な為政者が強制する制度でも、「移民の包摂」という規範に無知な国民の錯誤でもなく、合理的選択の結果とも言えるのである。

ここに見られる合理的選択と「移民の包摂」という規範の不一致は、湾岸アラブ諸国だけでなく、ヨーロッパや北米諸国における近年の動向のなかでも確認される。例えば、今日のヨーロッパおよび北米諸国では、帰化を認められる移民は原則的に高学歴・高技能・高資産であることが条件となる「選択的移民受け入れ制度」を導入してきている〔小井土 二〇一七〕。この制度は、受け入れ国における資産の一人当たりの配分額（教育や医療等のサービスを通じた税の再配分）が、税収への貢献が低い移民を多数受け入れることで減少することを回避するための制度である。

一方で、帰化の対象とならない低技能移民を、湾岸アラブ諸国が大量に受け入れることができるのは、原油という天然資源からのレント収入に国家財政が大きく依存しているからである（第6章参照）。歳入のなかで税収が占める割合が小さいため、こうした受け入れが可能だが、歳入税収に依存する一般の民主主義体制の国々では、移民受け入れの財政的コストと、受け入れによる労働力の確保という利点、また受け入れた移民を含めた社会を構成するメンバーに平等の権利を保証するという目的との間のバランスを、その時々の世論や経済状況のなかで保つためにも、受け入れる移民を選択せざるを得ない。このように、「エスノクラシー」の概念は財政と社会構成の観点から移民と政治体制のあり方を再考し、国際的に比較してゆくうえでの手がかりを提供していると言えよう。

4　中東における移民／難民研究の課題

このように、中東では、そこを起点とした移民／難民や、そこに向かう出稼ぎ労働者など、双方向的に活発な人の移動が見られる。しかし移動と受け入れのパターンについては、紛争や宗教など異なる要素の影響も見られ、欧米中心に展開されてきた移民／難民の理論枠組みだけでは説明が困難な事例もあることが確認された。その要点は、以下のようにまとめることができる。

まず、中東では武力を伴うものを含めて紛争が頻発しているにもかかわらず、国際的に構築されてきた難民レジームでの対応が困難な場合が多い。すなわち、中東域内での難民条約や難民議定書への批准国が少ないため、国際法とその批准、国内法制化による難民保護のシステムが機能しにくいと言える。現状では多くの国々がＭｏＵで対応しているが、そうしたアドホックな対応では安定的な難民保護体制を構築するのは困難である。

次に、中東では移民／難民に対する人権保護の意識が相対的に低く、彼らの労働等の権利が十分には保障されないのみならず、突然の物理的な強制送還などのリスクにさらされている。ビザの発給と身元引受をセットにするカファーラ制度は、一見そのリスクを減らすシステムのようだが、実際には制度を悪用した搾取や、不法滞在の元凶ともなる面があった。

最後に、エスノクラシー理論で指摘されたように、中東には移民／難民の統合に向かわない独特の論理が存在し、常態化している。労働需要と人口規模の小ささ、レント収入の存在によって「国民マイノリティ国家」となった国では、統合がむしろ非合理的な選択肢となる場合もある。パレスチナ難民の帰還権はアラブ諸国全体で支持された権利でもあったため、避難先国での統合はむしろその権利を妨げるものとみなされることにもなった。

こうした独特の環境を背景に、中東の移民／難民に関する議論としてこれまであまり考察されておらず、今後の進展が望まれる研究課題としては、次のようなものが挙げられる。

第一に、人の移動のグローバルな連関のなかでの中東の位置づけについてである。二〇世紀末以降のグローバル化の進展により、人の移動はより簡便に頻繁なものになっている。そんななか、中東をめぐっては本章でもすでに指摘したように第三世界内部の「南」「南」移動が多く見られる。だが一方で、二〇一五年の「難民危機」のように依然として「南」から「北」への移動も見られ、同時に中東内部での移動も起きている。これらは個々の動きとして分析されることはあるが、社会構造的には相互にどう位置づけられるのか、例えば「グローバル・ヒストリー」などの視点などから分析・再評価が可能なのではないか。

第二に、中東におけるシティズンシップのあり方である。既述の通り、中東では移民／難民の人権が軽視される傾向があるが、これは必ずしもアラブ・イスラーム地域における規範意識が低いことを意味するわけではない。かつて盛んに見られたアラブ・ナショナリズムやパレスチナの「大義」の支持などの歴史的経緯も関係しており、中東独特の領域概念や集団意識をも考慮に入れた上で、そのシティズンシップをめぐる捉え方を理解する必要がある〔Davis 1997〕。さらにそれが、欧米的な規範概念や権利意識とどう接合し得るのか、検討する必要があるだろう。

第三に、将来的で未知数な課題として、新型コロナウイルスの影響が挙げられる。感染拡大防止のため、一時的に規制が強まり制限された人の移動だが、ワクチン接種は格差を伴いつつも次第に普及し、それによって人の移動も徐々に再開されることが期待される。そうした「コロナ後の世界」に中東をめぐる移民／難民の動きがどう変化していくのか、注目される。

注

（1）移民と難民は、移動の際の自発的な選択の有無などにより、区別されることも多いが、移動の実態に着目するならその差は極めて曖昧と言わざるを得ない。戦火の拡大により極めて危険な状況に置かれても、自宅に残ることを選択する人もおり、その意味では難民となる際にも自発的な選択は介在している。また越境移動の有無により、統計上は難民と国内避難民が区別されるが、その差も移動する側の実態の違いに即したものではなく、むしろ受け入れ国側の都合による登録の違いと言える。そのため、本章では移民、難民、国内避難民といった移動を伴う集団を移民／難民として総称する〔錦田 二〇一六〕。

（2）シャームとは、今日のシリア、レバノン、ヨルダン、パレスチナ／イスラエル、イラク北部、トルコ南部を指す〔青山 二〇一四〕。

（3）セキュリタイゼーション（安全保障化）とは、国際関係論のなかのコペンハーゲン学派と言われるグループが提唱した、社会的アイデンティティが脅威にさらされる点に着目した学問的枠組みである〔Buzan, Wæver and Wilde 1998〕。最近では社会的アイデンティティが脅威にさらされること、もしくはそのことを利用した政策についてもセキュリタイゼーションという用語を使用するようになっている。ここでは、後者の意味でセキュリタイゼーションを用いている。

（4）イスラーム教の六信五行に基づく断食月中のメッカ巡礼。

（5）個別の合意内容を書面化したもの。相互の信頼関係に基づき履行され、法的拘束力はない。

参考文献

青山弘之「「混沌のドミノ」に喘ぐ「アラブの心臓」」青山弘之編『「アラブの心臓」に何が起きているのか――現代中東の実像』岩波書店、二〇一四年、v～xxi頁。

アンダーソン、ベネディクト（白石隆・白石さや訳）『定本　想像の共同体――ナショナリズムの起源と流行』書籍工房早山、二〇〇七年。

今井宏平「トルコの移民・難民政策」小笠原弘幸編『トルコ共和国における国民形成と現在の課題』九州大学出版会、二〇一九年、二三一～二五三頁。

今井静「ヨルダンにおけるシリア難民受入の展開――外交戦略としての国際レジームへの接近をめぐって」『国際政治』一七八号、二〇一四年、四四～五七頁。

ウォーラーステイン、イマニュエル（川北稔訳）『近代世界システムI――農業資本主義と「ヨーロッパ世界経済」の成立』岩波書店、一九八一年。

カースルズ、S／ミラー、M・J（関根政美・関根薫監訳）『国際移民の時代　第四版』名古屋大学出版会、二〇一一年。

小井土彰宏編著『移民受入の国際社会学――選別メカニズムの比較分析』名古屋大学出版会、二〇一七年。

コーエン、ロビン（駒井洋訳）『グローバル・ディアスポラ』明石書店、二〇〇一年。

酒井啓子「イラクにおける1991年インティファーダの記憶と祖国防衛」千葉大学グローバル関係融合研究センター・ワーキングペーパーNo.二、二〇一八年。

清水謙「スウェーデンにおける「移民の安全保障化」――非伝統的安全保障における脅威認識形成」『国際政治』一七二号、二〇一三年、一七二～一九九頁。

昔農英明『「移民国家ドイツ」の難民庇護政策』慶應義塾大学出版会、二〇一四年。

髙岡豊「イスラーム過激派の系譜――アフガニスタンから「イスラーム国」まで」髙岡豊・溝渕正季編著『「アラブの春」以後のイスラーム主義運動』ミネルヴァ書房、二〇一九年、二八七～三一二頁。

錦田愛子「ヨルダン政府とイラク難民――イラク戦争後の難民の動態」『文教大学国際学部紀要』一九巻二号、二〇〇九年、六三～八二頁。

錦田愛子編『移民／難民のシティズンシップ』有信堂高文社、二〇一六年。

細田尚美編『湾岸アラブ諸国の移民労働者――「多外国人国家」の出現と生活実態』明石書店、二〇一四年。

堀拔功二「「国民マイノリティ国家」の成立と展開――アラブ首長国連邦における国民／移民の包摂と排除の論理」錦田愛子編『移民／難民のシティズンシップ』有信堂、二〇一六年、一〇六～一二七頁。

松浦雄介「フランス植民地帝国崩壊と人の移動――最終局面としてのアルジェリア戦争」蘭信三・川喜田敦子・松浦雄介編『引揚・追

放・残留——戦後国際民族移動の比較研究』名古屋大学出版会、二〇一九年、一〇〇～一二七頁。
松尾昌樹「湾岸アラブ諸国における移民・労働市場改革——バハレーンの事例」『アジア・アフリカ研究』五五巻三号、二〇一五年、一～二五頁。
松尾昌樹「湾岸アラブ諸国の移民社会——非包摂型移民制度の機能」松尾昌樹・森千香子編著『移民現象の新展開』（グローバル関係学6）岩波書店、二〇二〇年、七二～九〇頁。
松尾昌樹・森千香子「一元的な移動のあり方・捉え方を問いなおす」『移民現象の新展開』（グローバル関係学6）岩波書店、二〇二〇年、一～一九頁。
宮治美江子編・駒井洋監修『中東・北アフリカのディアスポラ』（叢書グローバル・ディアスポラ3）明石書店、二〇一〇年。
安田慎『イスラミック・ツーリズムの勃興——宗教の観光資源化』ナカニシヤ出版、二〇一六年。
Basch, L., N. Glick-Schiller, and C. S. Blanc. 1994. *Nations Unbound: Transnational Projects, Post-Colonial Predicaments and Deterritorialized Nation-States*, Gordon and Breach.
Buzan, Barry, Ole Wæver and Jaap de Wilde. 1998. *Security: A New Framework for Analysis*, Lynne Rienner Publishers.
Davis, Uri. 1997. *Citizenship and the State: A Comparative Study of Citizenship Legislation in Israel, Jordan, Palestine, Syria and Lebanon*, Ithaca Press.
Levitt, P. and N. Glick-Schiller. 2004. "Conceptualizing Simultaneity: A Transnational Social Field Perspective on Society," *International Migration Review*, 38(3), pp. 1002-1039.
Longva, A. N. 2005. "Neither Autocracy nor Democracy but Ethnocracy: Citizens, Expatriates and the Socio-political System in Kuwait," in Paul Dresch and James Piscatori (eds.), *Monarchies and Nations: Globalization and Identity in the Arab States of the Gulf*, I.B. Tauris.
Mazrui, Ali A. 1975. *Soldiers and Kinsmen in Uganda: The Making of a Military Ethnocracy*, Sage.
Mesquita, Bruce Bueno de, et. al. 2005. *The logic of Political Survival*, The MIT Press.
O'Reilly, Karen. 2016. "Migration Theories: A Critical Overview" Anna Triandafyllidou (ed.), *Routledge Handbook of Immigration and Refugee Studies*, Routledge.
Parolin, Gianluca Paolo. 2009. *Citizenship in the Arab World: Kin, Religion and Nation-State*. Amsterdam University Press.

Ravenstein, E. G. 1889. "The Laws of Migration," *Journal of Statistical Society*, 52, pp. 241–305.
Tinti, Peter and Tuesday Reitand. 2016. *Migrant Refugee Smuggler Saviour*, Hurst.

読書案内

① Gianluca Paolo Parolin. 2009. *Citizenship in the Arab World: Kin, Religion and Nation-State*, Amsterdam University Press.

＊比較法学の立場から、中東諸国の国籍法とシティズンシップについて、宗教、文化などを踏まえたうえでの国籍取得・帰化要件などを分析した一冊。関心のある国から辞書的に読むことも可能だが、特に前半を通読することで、親族やイスラームなど中東における主要な要素の法律上への影響を理解することができる。

② ジョージ・ボージャス（岩本正明訳）『移民の政治経済学』白水社、二〇一七年。

＊移民経済学の大家によって書かれた、移民現象を政治経済学的に平易に分析・解説した内容になっている。対象はアメリカだが、中東に置き換えても学ぶべき点が非常に多い。移民現象を差別や人権の観点からだけでなく、経済的・社会的効果や政策評価の観点からも学習したい人には、多くのヒントを与えてくれる。

③ 細田尚美編『湾岸アラブ諸国の移民労働者――「多外国人国家」の出現と生活実態』明石書店、二〇一四年。

＊移民送り出し国と受け入れ国の両方の専門家が共にフィールド調査を行うことで得られた知見をもとに執筆されており、バランスの取れた内容になっている。移民人口が受け入れ国の国民人口を上回るという特殊な状況がいかに作られるのか、またそうした社会がどのようにして破綻せずに維持されてゆくのか、その仕組みを、受け入れ制度や移民の生存戦略から分析している。

おわりに

本書の企画はミネルヴァ書房の堀川氏から編者の今井が中東に関する教科書の執筆についてお話し頂いたことに端を発している。その後、政治学および国際関係論の視点から中東政治を研究している中堅の研究者の方々に声がけさせて頂き、教科書の構想を練り上げた。当初は中東の政治史を柱とする教科書という話であったが、執筆者同士で話し合い、よりディシプリン（分析概念）と中東の現状に重きを置く形の教科書とさせて頂いた。

ディシプリンと中東の現状分析にこだわった背景は執筆者によって異なるが、編者としては二つの点があった。一つ目は応用力を養うという点である。編者が勤務する日本貿易振興機構アジア経済研究所は日本における地域研究の発展を担ってきたという自負が研究所のアイデンティティの一つとなっているが、その一方で現在ではディシプリンに重きを置いて地域を分析する研究者が多くを占めている。研究の世界でもこの両立は世界的な傾向である。また、会社に就職したり、起業を目指したりするような学生にとってもディシプリンの習得と現状分析の両方が必要ではないだろうか。日本では中学や高校の勉強、特に文系の学習が詰め込み型と言われて久しい。もちろん、知識のインプットは重要である。ある国の事象を調べる作業はインプットの延長と言えるだろう。一方、ディシプリンを学び、さまざまな事象に適用し、分析し、そこから何かを理解する作業は応用である。社会人が直面する現実は応用の連続である。日本は大学までが詰め込み型の勉強で、社会に出て突然応用を求められる（この点、個人的には理不尽だと感じている）。やや飛躍するかもしれないが、本書の学習は応用力を養うことを念頭に置いており、この点は社会に出た時にさまざまな形で役に立つのではないだろうか。

二つ目は、中東に関する教科書と政治学や国際関係論の教科書との間の乖離である。中東に関する教科書の多くは史的記述、もしくは各国別になっていることが多い点は「はじめに」でも触れた。一方で政治学や国際関係論の教科書の多くは欧米や東アジアを事例として取り上げることがほとんどである（例外は本書の執筆者の一人である末近氏の共著である『比較政治学の考え方』有斐閣、二〇一六年）。こうした乖離を解消したいという狙いが本書にはある。

また、本書は教科書としての一体性を優先するために執筆者全員が全ての章に関与するスタイルを採った。そのため、各章ごとに執筆者は明記していない。編者である今井は執筆するうえでの章立て、内容の確認、執筆後の全体の調整といった点でイニシアティヴをとらせて頂いた。

我々のわがままを聞いて頂いた堀川氏、そして同じく編集に関わって頂いたミネルヴァ書房の冨士氏には感謝の言葉もない。そして、本書の原稿に貴重なアドバイスの数々を頂いたのが東京外国語大学大学院総合国際学研究院の青山弘之氏である。また、教科書の構想段階でミネルヴァ書房から刊行されている『教養の東南アジア現代史』の編者の一人である日本貿易振興機構アジア経済研究所の上席主任調査研究員、川中豪氏に相談させて頂き、章立てなど参考にさせて頂いた。日本貿易振興機構アジア経済研究所の斎藤純氏、高千穂大学の竹村和朗氏には貴重な写真を提供して頂いた。重ねて御礼を申し上げる。

教科書は執筆し、刊行されて終わりではない。その後、授業で活用されたり、独学する学生・社会人に利用されたりする中で有用な点や問題点が明らかになり、鍛えられるものである。本書に関しては、事例は限定的であり、読者の応用力に負う部分も多い。そのため、中東政治は本書一冊で完成するものではないが、有用な道しるべにはなるのではないかと考えている。本書が読者に鍛えられ、末永く利用されることを心より祈願している。

二〇二一年一一月末日

今井宏平

貧困　187, 188
ファタハ　31, 53
*プシェヴォスキ，A.　141
*フセイン，サッダーム　37, 120
フセイン・マクマホン条約　27
部族　125, 126
プッシュ・プル理論　224
*ブライデス，L.　95, 110
ブローカー　225
プログラミング　155
文民統制（シビリアン・コントロール）　114
*ベギン，メナヘム　122
包摂－穏健化仮説　101
暴力装置　113
保護する責任（R2P）　206, 213
*ホメイニー，ルーホッラー　33, 34, 51, 52
*ホルスト，ヨハン　217

ま　行

マドリード中東和平会議　36
マフディー軍　125
緑の運動　39
民主化　5, 157, 160
　——第四の波　39
　——要求運動　40
民主主義　147, 157
　——の度合い　14, 145
民主統一党　214
民族　190
　——主義　97
ムジャーヒディーン　34
ムスリム同胞団　49, 54, 117, 132
*ムバーラク，ホスニー　54, 57, 117, 123
*ムルスィー，ムハンマド　57, 123
モサド　118
モデル　149, 151-153, 158

や　行

*ヤースィーン，アフマド　56
有意水準　150
ヨルダン内戦　184
世論　210
弱い国家　9

ら　行

ラーイクリキ　50
*ラーセン，テルジ　217
*ラビン，イツハク　36, 122
リアリズム　204
*リダー，ラシード　48
立憲君主制　72
リビア　194
リベラリズム　204
リベラル　97
リンチピン君主　82
歴史的経験　156
*レザー・シャー，モハンマド　33
レパートリー　164
レバノン　172, 175, 193, 197
　——移民　229
連鎖移民　226, 231, 232
レンティア国家　80, 156, 160
　——論　137, 139, 140, 142, 145, 146
　半——　139
レント　138, 139, 236, 237
ローザンヌ条約　27
*ロス，M.　141, 142

わ　行

ワッハーブ運動　48
湾岸アラブ型エスノクラシー　235
湾岸アラブ諸国　16
湾岸危機　37
湾岸戦争　184

欧　文

Arab Barometer Project　103
ISCI（イラク・イスラーム最高評議会）　125
Israel National Election Studies（イスラエル国政選挙研究）　98
Israel National Election Studies dataset　111
MoU　233, 236
R（統計分析ソフト）　155
UNHCR（国連難民高等弁務官事務所）　233
World Values Survey　103

政治体制　70, 195
政治的機会構造　165
政治不信　102
制度外政治　163
西洋中心主義　16
セーヴル条約　26
世界システム論　224
石油　16, 138
石油・天然ガス　146, 147, 148, 151, 152
石油の呪い　81, 137, 140, 141, 142
『石油の呪い』　141
セキュリタイゼーション　227, 238
セグリゲーション　227
積極的外交政策　231
選挙権威主義　90
専制君主制　72
全体主義　71
ソ連のアフガニスタン侵攻　34

た　行

第一防衛戦　209
大統領制化　105, 106
代理戦争　218
多極共存型民主主義　195
ダブリン規約　230
*ダヤン，モシェ　122
タンジマート　7
地域研究　159
仲介　218
中小国　218
中東　2-5, 16
中東戦争
　第一次――　29, 183
　第二次――　30, 183
　第三次――　31, 183
　第四次――　32, 183
中東ダミー　153-156
中東地域システム　207
中東紛争　182
徴税　138
抵抗運動　173
テロとの戦い　5
天然資源　189
統計的有意性　150
統治の正当性　153
東方問題　3, 6
　――アプローチ　8
　――システム　26, 209, 216
独立変数（説明変数）　149, 150
都市化　12
トランスナショナリズム　11
取り込み（コオプテーション）　83
トルコ　116, 121, 124, 128, 171
　――・ナショナリズム　22

な　行

*ナーセル，ガマール・アブドゥル　29, 30, 53, 117
内戦　186, 187
ナショナリズム　8, 22
ナフダ（覚醒）党　57
ならず者国家　38
難民レジーム　233, 236
ヌスラ戦線　61
*ネタニヤフ，ベンヤミン　36
ノルウェー　217

は　行

バアス党　30, 120
ハガナー　121
*バグダーディー，アブーバクル　61
バスィージ　119
ハッジ　230
バドル軍団　125
ハマース　53, 55, 175
*バラク，イフード　122
バルフォア宣言　27
パルマッハ　121
パレスチナ　175
パレスチナ解放機構（PLO）　31, 53, 184
パレスチナ分割決議　28
パワーシェアリング　93
*バンナー，ハサン　49
パン暴動　188
非稼得性　138
非承認国家　11
ヒズブッラー　53, 55, 56, 176
*ビン・ラーディン，ウサーマ　37, 59, 60

規範　212
九・一一事件　60
脅威認識　208
業績投票　101
競争的権威主義（体制）　90, 96, 105
共和制　71
極端な多党制　99
近代化　2, 7, 8
近東　4
クウェイト　157
クーデタ　123, 124
*クトゥブ，サイイド　59
クルディスタン労働者党（PKK）　113, 128, 129, 214
クルド人　23
クルド・ナショナリズム　24
クルド民族主義組織　215
グローバル・ジハード　232
軍　115, 121
軍産複合体　132
君主制　71
経済的な豊かさ　13
計量分析　137, 149, 151, 155, 156, 158, 159
決定係数　151, 153
*ケマル，ムスタファ　50, 116, 121
権威主義体制　69, 130, 137
原油　189
権力者支持基盤理論　234
交易ディアスポラ　229
公正発展党（AKP）　54
構造的リアリズム　206
交絡変数　148, 152
コオプテーション　83, 91, 129-132
国王のジレンマ　80
国際移民　157
国際化した内戦　186
国際労働移民　15
国内紛争／内戦　186
国民マイノリティ国家　229, 237
国家間の戦争　186
国家情報局（MİT）　116
国家の統治能力　192
ゴドゥス軍　119
*コルスタンジュ，D.　93, 110
コンストラクティヴィズム　205, 212
コンピューター　144

さ　行

*サーダート，アンワル　54, 59, 188
ザイーム　94, 193
サイクス・ピコ協定　4, 27
最小二乗法　144
サドル派　125
ザラメ　94
*ザワーヒリー，アイマン　60, 61
散布図　142
三枚舌外交　27
産油国　145, 146
シーア派　181
時系列・横断面データ分析　159
失敗国家　9
シティズンシップ　226, 237
ジハード　53, 58-60
ジハード主義者　38
ジハード団　59
支配的与党　95
シャアバーン蜂起　228
社会運動　164
社会運動論　164
シャバク　118
*シャロン，アリエル　122
自由公正党　57
従属変数（非説明変数）　149, 150
宗派　190
宗派主義（体制）　102, 193
宗派対立　181, 182, 191
主権国家　9, 16
準軍事組織　125
植民地解放戦争　30
植民地国家　49, 73
新中東　6
人民動員隊　127
人民防衛隊　214
*スィースィー，アブデルファッターフ　58, 117, 123
スンナ派　181
政教一元論　45, 46
政軍関係　114

索　引

（＊は人名）

あ　行

アイデンティティ　98, 212
＊アサド，ハーフィズ　213
＊アサド，バッシャール　214, 215
＊アッザーム，アブドゥッラー　60
アナーキー　206
＊アフガーニー，ジャマール・アッディーン　48
＊アブドゥ，ムハンマド　48
＊アラファート，ヤーセル　31
アラブ・イスラエル紛争　183
アラブ首長国連邦　157
アラブ地域システム　207
アラブ・ナショナリズム　23, 53
アラブの心臓　6, 207
アラブの春　39, 40, 56, 57, 61, 117, 123, 163, 167, 185
アラブの反乱　23
アラブ連合共和国　30
＊アリー，ベン　57
アリヤー　230
アル・カーイダ　58-61, 188
アルジェリア　196
安保理決議二四二号　31
イエメン　192
イスラーム　156
イスラーム革命　32
イスラーム救国戦線（FIS）　55, 196
イスラーム国（IS）　38, 58, 61, 113, 126, 188, 216, 230, 232
イスラーム集団　59
イスラーム主義　98
——政党　100
イスラーム統治体制　34
イスラーム法（シャリーア）　45, 48, 50, 58
イスラエル　28, 118, 121, 122, 172
委任型民主主義　104
委任統治　26
＊イノニュ，イスメト　121
移民システム理論　225, 230
移民・難民　15, 16, 226
移民ネットワーク理論　225, 231
移民の社会統合　227
イラク　119, 125, 126, 176, 191, 193, 196
イラク戦争　37, 181
イラン　34, 119
イラン・イラク戦争　184
インターネット普及率　12
インティファーダ（民衆蜂起）　35, 55
ヴェラーヤテ・ファキーフ　51
ウムラ　230
エジプト　116, 122, 132, 188
エスノクラシー　156, 157, 234
エルバカン　51
欧州難民危機　225
王朝君主制　81
＊オジャラン，アブドゥッラー　128, 213, 215
オスマン帝国　3, 7, 22, 49, 50
オスロ合意　36, 216, 217
オリエンタリズム　16
オリエント　2

か　行

回帰係数　149, 150
回帰直線　143, 144, 146, 147
回帰分析　142, 148, 158, 159
外生性　138
外部介入　205
格差　187
覚醒評議会　61, 126, 176
拡大中東政策　38
革命の輸出　34
革命防衛隊　117
ガザ攻撃　36
＊カッザーフィー，ムアンマル　57
カファーラ制度　228, 237
＊ガンツ，ベニー　122
旗下集結効果　208
危険地帯　11
疑似国家　11
北大西洋条約機構（NATO）　116
＊キッチェルト，H.　92

《執筆者紹介》（五十音順，＊は編者）

＊今井宏平（いまい・こうへい）
編著者紹介欄参照

末近浩太（すえちか・こうた）
立命館大学国際関係学部教授

錦田愛子（にしきだ・あいこ）
慶應義塾大学法学部准教授

浜中新吾（はまなか・しんご）
龍谷大学法学部教授

松尾昌樹（まつお・まさき）
宇都宮大学国際学部准教授

山尾　大（やまお・だい）
九州大学大学院比較社会文化研究院准教授

横田貴之（よこた・たかゆき）
明治大学情報コミュニケーション学部准教授

《編著者紹介》

今井宏平（いまい・こうへい）

1981年　生まれ。

2011年　トルコ中東工科大学国際関係学部（Ph.D. International Relations）。

2013年　中央大学大学院法学研究科政治学専攻博士後期課程修了（政治学博士）。

現　在　独立行政法人日本貿易振興機構アジア経済研究所，地域センター中東研究グループ研究員。

主　著　『中東をめぐる現代トルコ外交――平和と安定の模索』ミネルヴァ書房，2015年。
『トルコ現代史――オスマン帝国崩壊からエルドアンの時代まで』中央公論新社，2017年。
The Possibility and Limit of Liberal Middle Power Policies: Turkish Foreign Policy toward the Middle East during the AKP Period (2005-2011), ROWMAN & LITTLEFIELD, 2017.

教養としての中東政治

2022年３月31日　初版第１刷発行　〈検印省略〉

定価はカバーに
表示しています

編著者　今　井　宏　平

発行者　杉　田　啓　三

印刷者　江　戸　孝　典

発行所　株式会社　ミネルヴァ書房

607-8494　京都市山科区日ノ岡堤谷町１
電話代表（075）581-5191
振替口座　01020-0-8076

共同印刷工業・藤沢製本

ISBN978-4-623-09344-1

Printed in Japan

中東・イスラーム世界への30の扉　西尾哲夫・東長靖 編著　四六判三九二頁 本体二七〇〇円

ルポルタージュ イスラムに生まれて　読売新聞中東特派員 著　四六判二九〇頁 本体二四〇〇円

プライマリー国際関係学　足立研幾ほか 編　A5判三一二頁 本体二八〇〇円

同盟の起源　スティーヴン・M・ウォルト 著　今井宏平・溝渕正季 訳　A5判四五〇頁 本体五五〇〇円

「アラブの春」以後のイスラーム主義運動　髙岡豊・溝渕正季 編著　A5判三三六頁 本体三五〇〇円

シリーズ・中東政治研究の最前線　中村覚 監修

①トルコ　間寧 編著　A5判二五六頁 本体三八〇〇円

②シリア・レバノン・イラク・イラン　末近浩太 編著　A5判二七六頁 本体四五〇〇円

③イスラエル・パレスチナ　浜中新吾 編著　A5判二六四頁 本体四〇〇〇円

ミネルヴァ書房
https://www.minervashobo.co.jp/